Thomas Lojek

Liebe lieber

unbeschwert

Arun

Arun-Verlag, Engerda 28, D-07407 Uhlstädt-Kirchhasel,
Tel.: 036743-233-0, Fax 036743-233-17,
email: info@arun-verlag.de, Internet: www.arun-verlag.de.
Titelbild: Björn Ulbrich.
Lektorat: Gudrun Brück.
Buchgestaltung: Arun.
Gesamtherstellung: GGP Media GmbH, Pößneck.

ISBN 978-3-86663-012-3

Inhaltsverzeichnis

Kapitel 1

Einführung

Was ist Tantra?

Tantra ist ein Bewusstsein. Es ist keine Kategorie, keine Religion, kein Glaube, kein Konzept. Es ist eine Erfahrung – wie ein frischer Windhauch, der dich während eines Spaziergangs erreicht. Du kennst diese Erfahrung bestimmt: Du gehst, hast es nicht eilig, bist ein wenig versunken, und nimmst trotzdem die Natur um dich herum wahr. Und plötzlich – ein Windhauch – ein bisschen stärker und frischer als die übrigen, die dich auf deinem Weg bisher erreicht haben. Auf einmal ist die Welt frisch und klar. Die Luft so reich und gesund, angenehm kühl – das Leben ist da und hat dich berührt. Alles ist in Ordnung und so wie es sein soll. Das ist Tantra. Wenn dich der Windhauch des Lebens erreicht und alles in Ordnung ist, dann bist du dem Geist des Tantras begegnet.

Tantra ist wie ein Windhauch. Du kannst es weder greifen noch einfangen. Du kannst es nicht in Begriffe oder Kategorien zwängen. In dem Moment, in dem du es versuchst, hast du dich bereits vom Tantra entfernt. Von seinem Tanz, von seiner Stille.

Wenn Religionen das Land sind, dann ist Tantra das offene Meer. Weit, beweglich, fließend. In der Tiefe voller Geheimnisse, an der Oberfläche manchmal still und friedlich, manchmal wild und stürmisch. Aber darunter liegt eine Welt voller Wunder. Ein Ozean der Freiheit, der Farben, des Lebens. Dieser Ozean bringt die unterschiedlichsten Farben und Formen hervor. Er birgt hohe Wellen und tiefe Abgründe. Es ist ein Ozean der Abwechslung, des Reichtums – schillernd, verführerisch, abenteuerlich, manchmal wild und gefährlich, dann wieder sanft und lieblich. Und doch: Voller Stille. Je reicher seine Pracht wird und je aufbrausender der Ozean an der Oberfläche ist, desto stiller sein Zentrum. Das ist Tantra. An der Oberfläche mag der Sturm toben, in der Tiefe zieht das Leben seine Bahnen in tausenden Farben und Formen – aber unter all dem, in seinem Zentrum – dort herrscht ewige Stille. Kein Sturm, kein Geräusch, keine Form kann jemals dort hin gelangen. Hier herrschen nur Friede, Stille und eine ewige Präsenz.

Tantra ist der Tanz um diese Präsenz, diese Stille. Tantra ist das Leben in all seinen Formen und Farben. Mit all seinen Phänomenen. Tantra ist der einzige Weg, der Ja sagt zu allem, was ist. Man könnte sagen: Tantra ist ein JA. Das absoluteste und totalste JA, das es gibt. Es ist Gottes JA zu seiner Schöpfung. Tantra ist ein göttliches JA.

Religionen und spirituelle Schulen sagen den Menschen normalerweise: Tu dieses nicht, tu jenes nicht. Tantra sagt: Tu alles, was du möchtest. Denn es änderst nichts daran, dass in der Tiefe Stille und Ewigkeit herrschen. Du kannst schreien, lachen, weinen, stehlen, schenken, lügen, ehrlich sein, lieben, hassen, verführen, streiten – was auch immer. All das sind die Farben der Oberfläche. Doch in der Tiefe, in der Unbeweglichkeit – dort wird nichts von all dem eine Rolle spielen. Denn die Tiefe, das Zentrum ist still, unbeweglich und unberührbar. Weder Leben noch Tod, weder Streit, noch Verfehlungen oder große Taten können es verändern oder beeinflussen. Es war und ist – unabhängig von dem, was ihr tut und denkt. Es wird weder berührt von euch noch von euren Taten, Worten, Plänen, Vorstellungen und Konzepten. Es ist ewig, frei und unberührbar.

Darum ist Tantra ein wilder Tanz um die Stille im Zentrum. Je wilder und feuriger der Tanz, je lauter und lebendiger das Lachen und die Musik – desto nachhaltiger die Stille in seinem Zentrum. Darum ist Tantra der lebendigste und farbenfrohste aller spirituellen Wege – er führt direkt über das Leben zur Stille. Viele Schulen gehen den umgekehrten Weg: Sie versuchen die Stille, die Verbindung und die Seligkeit herzustellen – durch Meditation, durch Techniken, Gebete, Vorschriften. Tantra sagt: Wirf all das über Bord und sei, was du bist, hier und jetzt. Denn alles führt zu Gott. Du kannst Millionen Wege wählen – irgendwann führen sie dich alle zurück nach Hause. Denn alle Wege sind von Gott erschaffen, also kannst du sie auch alle beschreiten. Da sie durch ihn geschaffen wurden, führen sie dich auch zu ihm zurück. Egal, welchen du wählst.

Religionen und spirituelle Schulen sagen im Gegensatz zum Tantra: Komm her, wir haben den direktesten und besten Weg für dich ausgesucht. Diesen musst du gehen – dann kommst du zu Gott, ins Nirvana, ins Himmelreich – was auch immer. Tantra sagt: Geh wohin du willst. Das ganze Universum ist erschaffen durch göttliche Kreativität und

Götter sind in jedem Phänomen und an jedem Ort – also egal, wohin du dich auch wendest, der göttliche Segen ist immer gegenwärtig.

Aus diesem Grund ist Tantra sehr weiblich. Es ist sehr verzeihend. Wie eine Mutter ihren Kindern aus Liebe immer wieder verzeihen wird, so verzeiht Tantra alle Irrungen und Wirrungen des menschlichen Daseins. Religionen verdammen, Tantra verzeiht. Und zwar so vollständig und total, dass es göttlich ist. Darum ist allein schon die Akzeptanz des Tantras in sich göttlich. Jesus spricht von Verzeihung, fordert euch dazu auf. Tantra ist Verzeihung. Man kann es nicht trennen. Wer immer tiefer in das Tantra geht, wird immer mehr Verzeihung finden. Für sich selbst, für die Menschen, für die Welt. Bis es zur totalen, letzten ultimativen Verzeihung kommt. Dann herrscht nur noch Frieden. Denn dort gibt nichts mehr zu verdammen und zu bezweifeln, zu verurteilen oder zu trennen. Dann ist alles Gott. Und das ist Tantra.

Darum hat Tantra eine sehr weibliche Qualität. Es empfängt und verzeiht. Gott ist eine Frau im Tantra. Nur eine Frau kann so viel Verzeihung und Liebe hervorbringen, wie sie notwendig ist, um Geduld mit der Schöpfung zu haben. Die Schöpfung ist ein großer Kreis. Sie bringt Leben und Formen hervor und lässt sie wieder verschwinden oder sterben. All das sind Qualitäten der Frau. Gott ist eine Frau – vergesst das niemals. Nur Frauen können Leben geben. Niemals der Mann. Deswegen müsst ihr euch mit einem weiblichen Gott anfreunden, wenn ihr tief ins Tantra eintauchen wollt. Ihr seid gleichzeitig ihre Kinder und Geliebten – sie hat euch erschaffen, nun ruft sie euch zu sich zurück, verführt, lockt, bietet Geheimnisse, Abgründe und Freuden. Nur Frauen können das. Darum lasst euch auf einen weiblichen Gott ein, wenn ihr etwas über Tantra erfahren wollt. Stoßt den alten Vater als Gott über Bord und habt einen Sinn für das Weibliche in der Schöpfung. Sie wird euch den Weg leiten.

Denn tatsächlich ist das Universum eine Verführung. Gott verführt euch, ihn zu sehen. Ihn zu entdecken. Je näher ihr ihm kommt, desto liebevoller und verführerischer wird er. Darum ist Gott eine Frau. Die Schöpfung verführt euch zu Gott. Darum ist auch Tantra eine Verführung. Tantra ist der Weg der Verführung. Es ist eine Verführung zu Gott. Und sie ist genauso schillernd, farbenprächtig, unkonventionell und undurchsichtig wie jede andere Verführung. Ihr müsst euch darauf einlassen. Nicht fragen, einfach mit der schönsten aller Geliebten ins Bett sinken und euch dem Spiel und der Kraft der Liebe hingeben. Dann wird Tantra euch berühren. Tantra ist Liebe, Tantra ist Verführung, Tantra ist Gaunerei. Alle großen Verführer sind Gauner. Jesus war ein großer Verführer – er hatte die schönsten Frauen an seiner Seite. Er war sehr gewitzt und wusste, wie man den Hunger und das Verlangen des Menschen weckt. All diese schönen Geschichten, Gleichnisse – diese farbenprächtige Sprache voller Bilder und Emotionen. Die Frauen müssen ihm zu Füssen gelegen haben. So ein schöner Mann, so schöne Worte. Was für ein Verführer. Und was für ein Gauner. Hungrig hat er die Menschen gemacht – nach dem Himmelreich, nach Liebe, nach Nächstenliebe, nach Versöhnung. Noch heute fragen sich die Menschen: Kann man diesen Worten trauen? Sie sind viel zu schön, um wahr zu sein. Alltag und Leben sind ganz anders – rau, ohne Liebe, Aufmerksamkeit und Verzeihung. Und da kommt dieser Tischler daher und spricht vom Paradies, vom Himmelreich, von Liebe, Nächstenliebe und Sanftmut. Man mag es kaum glauben, aber trotzdem ist das Verlangen geweckt. Und die Menschen folgen ihm.

Darum merkt euch: Alle großen Weisen sind Gauner. Sie können gar nicht anders. Sie empfinden keinen Ernst in ihrem Dasein, wie es die Menschen tun, die von großen Zielen und Aufgaben reden. Es gibt für sie keine Aufgaben und Ziele mehr. Sie sind Gott. Welche Ziele sollte ein Mensch da noch haben? Darum hütet euch vor den Menschen, die Gott nahe sind: Sie ergaunern eure Herzen, verführen euch zu mehr Leben, Liebe und Aufmerksamkeit. Ihr könnt ihnen niemals trauen. Denn jedes ihrer Worte ist schillernd, voller Farbe und Leben. Eure Frauen werden euch verlassen und die Kinder zu ihnen laufen. Jesus sagte: Wir sind Fischer. Menschenfischer. Doch tatsächlich sagte er: Wir sind Gauner und Verführer. Wir ergaunern die Herzen der Menschen und führen sie zu Gott. Und ihre Freude, ihre Seligkeit in dieser Begegnung – das ist unser Lohn.

Diese Begegnung ist Tantra. Sie ist die Gaunerei Gottes, der nichts anderes im Sinn hat als dich zu verführen. Dazu hat er ein ganzes Universum geschaffen. Nur um anzugeben. So groß ist die Liebe zu seinen Kindern. Sobald du anfängst, dich wohl zu fühlen in seinem Universum, dich zu Hause fühlst und bereit bist mit ihm zu spielen – in dem Moment bist du bei ihm. In dem Moment bist du auf dem Weg zurück nach Hause. Tantra ist dieser Weg. Wenn du ihm folgst, dann ist das Universum dein Zuhause und Gott dein bester Freund und deine Geliebte.

Was ist der Weg des Tantras?

Um den Weg des Tantras zu verstehen, müsst ihr etwas über den Verstand lernen. Alles, was aus dem Verstand kommt, ist giftig. Der Verstand ist die große Illusion und die große Hürde der Menschen. Seine ständige Aktivität ist das ganze Unglück der Menschen. Die Aktivität des unablässigen Denkens ist zum Krebsgeschwür des Einzelnen und der gesamten Menschheit geworden. Tantra ist eine Einladung, diesen Pfad zu verlassen. Weg von Verstand – hin zum Leben.

Wie ihr vielleicht selbst schon oft bemerkt habt, ist es für fast alle Menschen schwierig, ihr Leben in ein Gleichgewicht zu bringen. Ständig leben sie mit einem Konflikt zwischen Gefühl und Verstand. Zwischen Denken und Fühlen. Neben dem Kampf zwischen diesen beiden Polen im menschlichen Dasein erzeugt der Verstand durch seine unablässige Tätigkeit ein beständiges Gefühl davon, dass etwas fehlt, dass alles so noch nicht perfekt ist, dass mehr erreicht, mehr getan, mehr verändert werden muss. Mehr Geld muss her, mehr Anerkennung, mehr Gegenstände, mehr Erfolg, mehr Liebe, eine bessere Frau, ein besserer Mann, mehr Sex – die Liste ist endlos. Ja, sogar mehr Gott, mehr Religiosität, mehr Frieden muss für den Unsinn her halten, der da in den Köpfen der Menschen abläuft. Ständig sind sie damit beschäftigt, mehr Gegenwart Gottes auf Erden zu fordern und richten damit nur Unheil an – denn sie folgen mit dieser Forderung nur ihrem eigenen Schatten. Dem Schatten des Verstandes. Und dieser hat sich über die Menschen und die ganze Welt gelegt, verdunkelt ihr Dasein und bringt Unheil über den ganzen Planeten.

Wie entsteht dieser Prozess der Verdunklung durch das Denken? Der Verstand ist unfähig zu erschaffen. Er nimmt nur auf. Er ist wie ein Netz, das ständig Informationen der Welt auffängt und sammelt. Dazwischen ordnet er sie so an, dass sie dem Menschen nützlich sind. Soweit war dies ein sinnvoller und wichtiger Schritt in der Evolution. Aber dann geschah etwas, das nun korrigiert werden muss – oder es wird die ganze Menschheit zugrunde richten. Der Mensch hat sich verfangen in diesem Netz und glaubt nun, dass all die eingefangenen Informationen ihn selbst ausmachten. Und darin liegt das ganze Elend – denn die Informationen sind so vielfältig und unterschiedlich, dass kein Mensch mehr durchblickt. Ständig muss es sich deswegen in seinem Innern die Frage stellen: Wer bin ich denn jetzt eigentlich? Die Information meiner Eltern sagt dieses, die Information meiner Freunde sagt jenes, die Gesellschaft sagt das, meine Lehrer haben mir dagegen etwas anderes beigebracht – Chaos und Verwirrung. Der Mensch ist dazu übergangen, die Bruchstücke an Informationen in seinem Gehirn für die Wahrheit zu halten. Er hat sie deswegen zu seiner Identität gemacht. Aber wie kann das sein? Wie können diese Bruchstücke deine Identität sein? Wie kann das, was du im Laufe der Jahre eingesammelt hast, du selbst sein? Das ist so als würde ein Kind, das Steine aufgesammelt hat, sagen: „Diese Steine – das bin ich." Es ist natürlich Unsinn. Das Kind hat die Steine aufgesammelt – es ist nicht zu Stein geworden. Diese falsche Identifikation richtet die ganze Verwirrung und das ganze Unheil im Menschen und seinem Leben an.

Du kennst diesen Prozess sicherlich aus deinem ganz alltäglichen Leben: Du hast gute Laune, dein Chef war zufrieden mit dir und du hast etwas Besonderes in deinem Job erreicht. Also kommst du nach Hause, beschwingt, aufgeladen und glücklich. Dort wartet deine Frau auf dich und die ist verdammt sauer auf dich, weil du sie nicht abgeholt hast, wie es eigentlich mit ihr besprochen war. Du hat es vergessen, weil der Tag so aufregend und erfolgreich für dich gewesen ist. Jetzt tobt sie, beschimpft dich und droht dir die Trennung an, weil ihr zu diesem verpatzten Treffen natürlich auch gleich noch ein Dutzend anderer Verfehlungen einfallen, die du in letzter Zeit begangen hast. Du fühlst dich betreten und schuldig. Gleichzeitig ist ein seltsamer Prozess in dir in Bewegung geraten. Zwei völlig unterschiedliche Informationen über dich selbst prallen in deinem Innern auf einander und fangen an sich zu bekämpfen. Aber was stimmt denn nun? Bist du ein toller Typ, auf den dein Chef stolz sein kann? Oder bist du ein unzuverlässiger Mistkerl, wie deine Frau in diesem Moment behauptet? Zwei unterschiedliche Situationen – zwei Aussagen – in einer Situation, die ihr bestimmt alle in ähnlicher Weise kennt. Und schon toben plötzlich zwei intensive Stimmungen in dir: Du bist super! Du bist das Letzte! Aber was davon stimmt denn nun eigentlich? Und wer bist du in diesem ganzen Chaos aus Meinungen und Informationen?

Es ist nur ein einfaches Beispiel. Der Prozess verläuft in Wahrheit natürlich viel komplexer und auf unterschiedlichen Ebenen ab. Aber er führt dazu: Du weißt nicht mehr, wer du bist. Und da du es nicht weißt, suchst du nach Bestätigung durch Andere, durch Dinge, durch intensive Erfahrungen oder Wissen – sie sollen dir Halt geben im Chaos. Das gelingt jedoch immer nur kurz… dann ist das Chaos zurück und übernimmt erneut das Ruder. Also strengst du dich noch mehr an, suchst noch mehr, versuchst noch mehr, machst, tust, kämpfst, lügst und streitest – nur um dem Chaos des Denkens zu entgehen.

Das ist das Dilemma des Verstandes. Es führt dich fort von dem, was du wirklich bist und überfrachtet dich mit Illusionen und falschen Eindrücken. Nichts davon hat etwas mit der Wahrheit zu tun. Es erzeugt nur einen künstlichen Dauerkonflikt in dir, mit dem du dich dann dein ganzes Leben lang herumschlägst ohne jemals zu den Quellen deines Daseins vorzustoßen. Denn der Dauerbeschuss aus Informationen und Bedürfnissen in deinem Kopf hält dich ständig davon ab. Er zieht dich weiter – von jenem Ziel zu jenem Wunsch. Von einer Vorstellung über dich zur nächsten.

Tantra ist der Ausstieg aus dieser Spirale. Aus diesem Teufelkreis. Es wirft den Verstand über Bord mit seiner Polarität, mit seinen Extremen, mit seinen falschen Informationen und stößt dich gleich mit hinterher – über die Reling ins Meer. Es ruft: Schwimm… Und lass den Unsinn bleiben. Von nun an zählt nichts mehr, was du weißt oder was du gelernt hast. Nichts davon ist wahr. Nichts davon bist du. Nur du allein bist. Was immer du bist. Und jetzt schwimm und hör auf, Fragen zu stellen oder wichtigtuerisch über irgendwelche Formeln und Weisheiten zu reden. Sie werden dir nichts nützen. Dort draußen ist nur der Ozean. Und du. Also hör auf zu denken und zu diskutieren. Schwimm. Hier draußen bist du ganz allein. Nur du selbst bist bei dir. Schwimm, solange bis Gott dich holen kommt – oder geh unter. Beides spielt keine Rolle. Am Ende kehrst du dorthin zurück wo du her kommst.

Tantra ist dein Ausstieg aus dem Verstand. Er ist nur eine Maschine in deinem Kopf. Gefüllt bis oben hin mit allerhand Müll und Unsinn. Es gibt noch etwas... tief in dir. Weiter unten. Im Ozean. Dazu lädt Tantra dich ein. Es ist eine Entdeckungsreise. Eine Entdeckungsreise ins Leben, deren Ziel ganz genau feststeht: Die ureigenste Quelle. Die Stille in der Mitte. Die Ursache, die alles hervorgebracht hat. Auch dich. Und darum wirst du auch immer wieder zu ihr zurückkehren. Tantra ist dein Weg nach Hause. Tantra ist dein Zuhause.

Aber bevor du das realisierst, musst du erst einmal aus deinem Verstand raus. Um die anderen Dimensionen deines Daseins zu erschließen. Der Verstand ist nur eine von vielen Dimensionen – und dazu noch eine sehr flache, sehr machtlose. Darum stellt Tantra dich auf den Kopf. Tantra stellt immer alles auf den Kopf – das ist sein Weg. Tantra nimmt jede Wahrheit, die allgemein anerkannt und verkündet wird, und verkündet deren Gegenteil als sinnvollere Wahrheit. Für Tantra ist Krieg Frieden. Für Tantra ist Sünde Göttlichkeit. Für Tantra ist Hass Liebe. Oben ist Unten. Moral ist Verwerflichkeit. Lüge ist Wahrheit. Tod ist Leben. Das ist die Welt des Tantra.

Wenn du nicht lernst, mit beiden Augen zu sehen, wirst du blind bleiben. Es wird immer ein Schatten anwesend sein in deiner Sichtweise. Darum fordert dich Tantra auf: Öffne beide Augen, um vollständig sehen zu können. Schau durch das Auge des Hasses, um Liebe wahrnehmen zu könne. Schau durch das Auge des Todes, um leben zu können. Schau durch das Auge der Lüge, um Wahrheit entdecken zu können.

Die Wahrheit ist immer auf den Pfaden abseits der Allgemeinheit zu finden. Merkt euch das. Dort wo viele Menschen sind, kann niemals Wahrheit sein. Dort herrschen die Illusion, die Unwahrheit, die Lüge. Dort ist zuviel Verstand aktiv. Zuviel unterschiedliche Sichtweisen sind unter einen Hut zu bringen, zu viele Interessen durchzusetzen – dort herrschen der Konsens, die Mittelmäßigkeit, die Verblendung. Aber niemals die Wahrheit. Die Wahrheit ist wild und sie wächst am Wegesrand. Darum schickt dich Tantra in den Wald, um dort nach den Blüten der Wahrheit zu suchen. Es verlangt von dir, im Dreck zu wühlen, Sümpfe zu betreten und dir die Finger schmutzig zu machen. Mit den keimfreien und sauberen Religionen der zivilisierten Welt hat das natürlich wenig gemeinsam. Aber von dort hat sich Gott auch schon längst zurückgezogen. Dort haben die Bürokraten und Priester, die Verwalter und Buchhalter das Ruder übernommen. Gottes Anwesenheit werdet ihr dort nicht finden. Höchstens eine zähe Melange an kollektiver Selbsttäuschung, Illusion und Dummheit in ihrer reinsten Form.

Tantra ist intelligent, weil es wild ist. Weil es niemals in die Hände der Verwalter und Priester gefallen ist. Es ist immer noch so roh und wild wie vor Tausenden Jahren. Es ist ein Tanz. Nichts Ernsthaftes oder Schwerfälliges. Wenn du mich fragst: Was ist der Pfad des Tantras? Dann sind die Antworten einfach: Lieben, Lachen, Verführen, Tanzen, Musik, Schönheit, Sex, Poesie, Tabus, Kunst, Provokation, das laute, freche Spielen der Kinder, die Augen der Frauen, die Hände der Männer – alles, was den großen, organisierten Religionen zuwider ist. Dort findest du den Geist des Tantras. Das sind seine Wege. Alles, was dich aus deinem Denken, aus deinem Verstand heraus führt – und dir den Reichtum des Lebens eröffnet – das ist Tantra. Zuerst entdecke, dass du nicht dein Verstand bist, dann tritt hinaus und staune… und dann fang an zu schwimmen….

Ich verstehe die Rolle des Verstandes noch nicht richtig. Wir haben gelernt, dass der Verstand die Lösung aller Probleme ist. Du sagst, der Verstand ist die Quelle aller Probleme.

Der Verstand hat sich im Menschen so intensiv entwickelt, dass er alle anderen Teile des Menschen unterdrückt. Seine Aktivität ist so dominant geworden, dass du die übrigen Aspekte des Lebens vor lauter Denken nicht mehr wahrnimmst: Gefühle, deine Natürlichkeit, wichtige Wesenzüge wie Freundschaft, Vertrauen und Liebe – und letztendlich vor allem dein Sein, aus dem alles kommt. All das ist überlagert worden vom Denken. Wie ein Teppich hat es sich über all deine Wesenzüge gelegt und verdunkelt sie vor dir.

Der Mensch besteht nur noch aus Verstand: Denken, Denken, Denken. Ein Gedanke löst den anderen ab, eine Information folgt der nächsten. Der ständige Ablauf des Denkens ist so stark geworden, dass er eine Bedrohung ist. Der Verstand ist zur existenziellen Krise des Menschen geworden. Immer wieder hat es auf diesem Planeten große Krisen des Lebens gegeben, durch die ganze Arten verschwunden sind und das natürliche Gefüge durcheinander gebracht wurde. Die aktuelle Krise des Menschen ist eine dieser großen Krisen – erzeugt durch den evolutionären Entwicklungs-Schritt „Verstand".

Für die Entwicklung des Lebens auf dieser Erde ist der Zeitraum, in dem der Verstand existiert, nur ein geringer – nun hat sich die Lage aber durch die Auswirkungen des Verstandes auf diese Welt dermaßen verschärft, dass der Mensch am Scheideweg steht: Entweder er bewältigt die Hürde „Verstand" oder er wird untergehen. Die Zeichen sind allgegenwärtig – die Zerstörung der Umwelt, chronische Krankheiten, neuartige Seuchen, Klimawandel, Artensterben. Die Umwälzung ist im vollen Gange. Entweder der Mensch wird sie bewältigen und über den Verstand hinausgehen – den nächsten, notwendigen Schritt vollziehen – oder Mutter Natur wird ihn von der Liste der geduldeten Wesen auf diesem Planeten streichen und andere Arten werden die Entwicklung des Lebens auf dieser Erde fortführen. Der Mensch ist nicht zwingend notwendig dafür. Er ist nur ein Teil. Eine Möglichkeit. Nicht die Krönung der Schöpfung oder ähnlicher Unsinn, den der Verstand in seinem Rausch der Selbstgefälligkeit produziert hat. Entweder der Mensch findet seinen Platz oder er wird gestrichen. Das ist der Stand der Dinge auf dieser Welt. Und um die Möglichkeit der Fortführung des menschlichen Lebens zu erhalten, ist es wichtig, die Funktionsweise des Verstandes zu durchschauen – dann verliert er seine Dominanz über dich und kann dich nicht mehr täuschen und zum Narren halten, wie er es jetzt ständig tut.

Der Verstand führt dich ständig fort. Weg von dir selbst. Jeder Gedanke, der sich in dir regt, hat mit Gegenständen, Zielen und Informationen zu tun, die von außen kommen oder sich mit dem Äußeren beschäftigen. Entweder ist es eine Information von außen, die dich ablenkt, eine Information von anderen Menschen, die dir ein falsches Bild von dir vermitteln. Oder du beschäftigst dich mit Zielen und Absichten, die die äußere Welt verändern oder dir angenehmer gestalten sollen. Hinzu kommen die vielen Gegenstände, mit denen sich dein Denken beschäftigt und die es unbedingt haben will, weil es davon ausgeht, dass diese Gegenstände dein Leben besser, abwechslungsreicher oder spannender machen werden.

Siehst du die allgemeine Richtung des Denkens? Es bewegt sich immer weg von dir – hin zu Objekten, Vorstellungen und Informationen, die außerhalb von dir selbst sind. Niemals bewegt sich das Denken zu dir hin. Immer nach außen. Wenn du dem Denken nun unablässig folgst, führt es dich immer weiter weg von dir selbst – schon bald kannst du deine Gefühle nicht mehr wahrnehmen. Dein Sein geht völlig unter, weil es viel feiner und stiller ist. Alles, was dich selbst ausmacht, verschwindet nach und nach in diesem Strom der Objekte, den Reizen und Informationen der äußeren Welt. Und bald kennst du nichts anderes mehr als Objekte, Meinungen, Informationen. Deine Gefühle, dein ureigenstes Sein – dazu hast du den Kontakt verloren und sie kommen dir unangenehm und fremd vor, wenn sie auf irgendeine Weise hin und wieder den Strom des Denkens durchbrechen und in deine Wahrnehmung geraten.

Aber wer bist DU in diesem Wahnsinn? Wer bist DU in dieser ganzen Flut aus Informationen, Meinungen, Wünschen, Zielen, Leidenschaften, Gegenständen, Bedürfnissen? Wer bist DU?

Die Menschen beschränken sich heute darauf, ein Haus, ein Auto, einen Partner, Kleidung, Versicherungen, Kontostand und Image zu haben. Aber das sind alles äußerliche Informationen. Und was passiert, wenn man sie dir weg nimmt? Wenn du sie verlierst? Dann ist die Krise, das Leid da. Wenn deine Frau dich verlässt, wenn deine Geschäfte den Bach runter gehen, dein Kontostand schwindet, das Finanzamt dein Haus pfändet – das sind die großen Krisen des modernen Menschen. Aber das sind nur künstliche Krisen, weil der Mensch nur den Verstand und seine Objekte kennt. Gefühle hat er in so einer Krise oft nicht – die Gefühle, die ihn dann erreichen und unter Druck setzen, sind lange aufgestaute Emotionen, die alles nur noch schlimmer für ihn machen. Auf sein natürliches Sein kann er nicht bauen – er hat es nie erfahren. Spiritualität? Wie sollte er in so einer Situation offen für das Unberührbare sein? Sein Leben hat sich um greifbare Objekte gedreht – das Unberührbare wird ihm daher keine große Hilfe sein. Er kennt es nicht. Hat es nie erfahren. Nimm einem Menschen alles, was er hat – und die Verzweiflung ist da. Sie rührt daher, dass er nie erfahren hat, dass ihn selbst nicht das Denken, die Gegenstände und die Gesellschaft anderer Menschen ausmachen. Sein Dasein hat noch andere Aspekte. Aber der Verstand mit seinem ewigen Denken hat ihn davon fortgeführt. Er kennt sie nicht, also kann er auch nicht darauf bauen.

Aber seid euch sicher: Alles wird euch im Leben genommen. Im Äußeren könnt ihr nichts festhalten. Auch wenn der Verstand sich noch so sehr darum bemüht und es euch einflüstert. Es ist unmöglich, irgendetwas auf Dauer zu haben. Alles wird genommen. Früher oder später. Das einzig Beständige ist der ewige Wandel. Spätestens wenn der Tod kommt, wird euch alles genommen. Das ist die größte Krise, der größte Schrecken des Menschen überhaupt: Der Tod. Denn er nimmt euch rücksichtslos und unabwendbar alles, was mit eurem Denken verknüpft ist. Mit dem Finanzamt kann man verhandeln, mit dem Tod nicht. Er nimmt ohne zu fragen, ohne zu verhandeln. Wenn er kommt, dann musst du Haus, Ehefrau, Kinder, Freunde, Autos, Bargeld, Aktien, Anzüge, Versicherungen, Titel, Erfolge – alles zurücklassen. Ohne Wenn und Aber. Daher die größte Furcht des Menschen: Der Tod. Da er sein Leben im Verstand zugebracht hat – in einem Prozess, der ihn von sich selbst weg hin zu Objekten und Informationen der äußeren Welt geführt hat, ist ihm nichts darüber hinaus bekannt. Er kennt nur, was man anfassen, hören, sehen, artikulieren oder messen kann. All das verschwindet im Tod, denn die Sinne hören auf zu existieren. Damit kommt die große Krise. Was nun? Alles, was bisher bekannt und zuverlässig war, verschwindet – was bleibt dann noch? Solange der Mensch keine Antwort auf diese Frage hat, wird der Tod ein Schreckgespenst für ihn sein, das ihm alles nimmt, was er kennt und schätzt – und das zu seiner totalen Auflösung führt. Meister aller Zeiten haben über diese dumme Angst des Menschen gelacht – denn der Tod nimmt nur einen Aspekt von dir – einen unbeständigen und unzuverlässigen noch dazu. Wenn der Aspekt der materiellen Wahrnehmung von dir gewichen ist, eröffnet sich ein viel größerer Reichtum. Ein ewiger, allgegenwärtiger, vollendeter Reichtum, den dir kein Wunsch, keine Hoffnung, kein Ziel auf dieser Erde jemals geben kann. Aber du kennst diese Dimension von dir selbst nicht. Du bist eingebunden im Denken. Im Verstand. Er hat dich von all den anderen Möglichkeiten des menschlichen Daseins fortgeführt. Darum ist er die Quelle allen Leidens, aller Angst, jeglicher Verblendung geworden.

Wenn du als Mensch wieder ganz, vollständig, unsterblich und erfüllt werden willst, so muss du den Weg aus dem Verstand hinaus betreten. Die Krise der Menschheit ist auch deine persönliche Krise. All deine Ängste, Probleme, Leiden sind nichts anderes als kleine Splitter der großen menschlichen Krise „Verstand". All die Sorgen, Leiden und Nöte, die ihr mit euch schleppt, werden im Verstand geboren und zerren euch weiter. Die Krise der Welt, die sich in Kriegen und Gewalt äußert, in der Krise zwischen den Geschlechtern – zwischen Mann und Frau, in der Krise zwischen den Generationen, in der Krise der Umwelt und in der Vielzahl von Krankheiten. All das sind giftige Früchte der unablässigen Aktivität des Verstandes, denn jede Aktivität des Verstandes zerrt euch immer weiter weg – weg von euch selbst und damit auch weg von der wahren Begegnung mit anderen Menschen. Wenn ihr euch selbst nicht kennt, wenn ihr nie anwesend und gegenwärtig seid, weil euer Denken euch fortwährend woanders hin schleppt, dann werdet ihr auch nie einem anderen Menschen vollständig begegnen können.

Wie könntet ihr auch? Ihr kennt euch ja nicht mal selbst, wie solltet ihr da jemand anderen vollständig wahrnehmen? Alles, was ihr wahrnehmt, ist der Andere durch den Schleier eurer eigenen Vorurteile, Wünsche, Bedürfnisse und Ängste. Ihr nehmt den Anderen als Verzerrung wahr – als Zerrbild eures Verstandes, nicht als Menschen in seinem So-Sein, wie er tatsächlich ist. Ihr könnt den Anderen analysieren, beurteilen, lenken, manipulieren – aber auf ihn einlassen könnt ihr euch nicht, denn der Verstand würde das niemals zulassen. Im Aufeinander Einlassen, im Akzeptieren liegt kein Ziel – und ohne Ziel ist der Verstand machtlos. Jedes Phänomen ohne Ziel und Absicht kann er nicht greifen. Also dringt er auch in die zwischenmenschlichen Beziehungen ein mit seinen Zielen, Absichten und Ängsten und vergiftet sie. Die große Krise zwischen Mann und Frau ist eine Krise des Verstandes, der zur allgegenwärtigen Dominanz geworden ist. Kein Mensch akzeptiert den anderen Menschen so wie er ist – es gibt immer was zu verbessern, zu verändern, zu steuern. Noch schlimmer, wenn der ganze Vorgang von Psychologie vergiftet wird – dann ist der Verstand noch rücksichtloser und will zerstören, verletzten, zugrunde richten, töten. Keinerlei Nähe und Begegnung ist dann noch zwischen Menschen, zwischen Mann und Frau, zwischen Kind und Eltern möglich.

Psychologie und Pädagogik sind nicht der Ausweg aus der Krise zwischen den Menschen. Der Konflikt zwischen Mann und Frau lässt sich mit diesen Mitteln nicht lösen. Wie viele Versuche, Therapien, Ansätze gibt es dazu? Besser geworden ist es nicht. Das liegt daran, dass Psychologie im Verstand bleibt – sie analysiert, lenkt und rationalisiert. Aber die Antwort liegt jenseits des Denkens – wenn du durch Verstand und Emotionen zurückkehrst zum Sein. Dort liegt die Antwort. Es ist keine rationale Antwort, und auch keine emotionale – es ist eine existenzielle, die dir gleichzeitig die Fülle und Ewigkeit deines Daseins eröffnet. Die moderne Psychologie bewegt sich im Rationalen – bestenfalls dringt sie ins Emotionale vor. Aber was jenseits von Emotion und Ratio ist, bleibt ihr verborgen. Sie leugnet es sogar, da sie sich selbst als Wissenschaft definiert. Und da sind wir wieder in der Dimension des Verstandes: Wissenschaft basiert auf messbaren, logischen, empirischen Ergebnissen. Und alles, was messbar und zu beobachten ist, sind Äußerlichkeiten. Man könnte sagen: Der Mensch versucht den Teufel mit dem Beelzebub auszutreiben. Er versucht, Äußerlichkeit mit äußeren Mitteln zu behandeln. Er ist wie jemand, der im Inneren eines brennenden Hauses das Feuer mit Feuer bekämpfen will – statt einfach das Haus zu verlassen. Draußen ist die Gefahr vorbei und er ist in Sicherheit. Im Inneren wird er sterben und verbrennen. Aber was macht er? Statt den Ausgang nach draußen zu suchen, hantiert er mit Feuer, um das Feuer zu löschen. Es ist absurd. Ein absurdes Theater. Aber das machen Psychologie und Pädagogik in unserer Welt. Ihr Bemühen in Ehren, aber es ist ein aussichtsloser Kampf. Und er führt zu nichts: Die Irrenhäuser dieser Welt werden immer voller, die Krisen der Menschen immer verzwickter, der Verstand immer verrückter. Hoffungslos.

Darum weise ich auch auf den Weg des Tantras hin. Auf ihm werdet ihr lernen, alles über Bord zu werfen: Die Objekte, das Denken, die Emotionen, die Psychologie – Alles. Und hinab zu steigen zur Wahrheit. Zum Sein. Zur Allgegenwart. Zur verborgenen Harmonie. Das Leben ist kein Widerspruch. Es kommt euch so vor, weil der Verstand Widerspruch ist. Das liegt an all den verschiedenen Informationen, die ihr im Lauf des Lebens aufnehmt, und die nun in der Suppe des Denkens in eurem Kopf kreisen und euch jede Sekunde etwas anderes über euch, das Leben, die Welt erzählen – bis ihr nicht mehr durchblickt und euch das Leben ausweglos und ohne echte Harmonie erscheint. Tantra ist der Notausgang aus diesem Dilemma. Tantra ist die Tür, auf der steht: EXIT!

Hat Tantra nicht viel mit Sex zu tun?

Nein, Tantra ist Leben. Das vollständige Leben. Da Sex zum Leben gehört, hat Tantra ihn nie ausgeschlossen, wie es viele Religionen und spirituelle Schulen getan haben, um sich den ganzen Ärger rund um den Sex zu ersparen. Sie gehen davon aus, dass Sex den Menschen nur ablenkt. Tut er auch. Aber er ist nun mal da und der Mensch kann nicht gegen ihn leben. Darum sagt Tantra: Es ist viel anstrengender zu versuchen, dem Sex aus dem Weg zu gehen oder ihn zu bezwingen als ganz natürlich mit ihm zu leben. Akzeptieren wir ihn einfach, wie er ist. Wenn er da ist, dann wird er gelebt, wenn er nicht da ist, haben wir Zeit für andere Dinge.

Tantra macht kein großes Aufheben um Sex. Eigentlich ist es viel unsexueller als alle Religion. In den großen Religionen ist die Angst vor Sex allgegenwärtig. Sie meiden und verdammen ihn, wo sie nur können. Sie gehen den Frauen aus dem Weg. Dem Körper. Der Liebe. Dem alltäglichen Begehren und Leiden zwischen Mann und Frau. Sie heben einfach alles auf eine geistige Ebene. Allerdings machen sie sich dadurch erst recht zum Sklaven des Sex. Denn er ist die Basis des Lebens. Er ist das Fundament, auf dem das Leben steht. Durch dieses Wegblenden des natürlichen Fundaments ist er tief eingedrungen in das Unterbewusstsein der Religionen und ihrer Anhänger. So tief, dass er sie überall hin verfolgt – in ihre Predigten, in ihre Schriften, in ihre Vorschriften, Sündenregister, Träume und Gedanken. Man kann ihn spüren – man muss nur nah genug heran gehen. Ihre Priester, ihre heiligen Schriften, ihre Tempel und Kunstwerke – sie alle kreisen direkt oder indirekt um Sex oder um die Angst und Vermeidung von Sex. Es fängt im Christentum direkt mit der Schöpfungsgeschichte und dem Paradies an. Alles voller Sex. Natürlich nicht offen – aber verdeckt und subtil. Und auf diese subtile Weise ist er viel gegenwärtiger in den Religionen als im Tantra. Die Religionen sind heimlich und auf eine unterschwellige Weise viel sexbesessener als Tantra.

Im Tantra hat der Sex seinen Platz bekommen und damit hat es sich. Den Teil, den er im menschlichen Leben einnimmt, den hat er auch im Tantra eingeräumt bekommen. Und das war´s dann auch. Keine subtilen Versteckspielchen, keine allgegenwärtige Paranoia und keine Angst. Tantra sagt ganz klar und einfach: So und so ist das mit dem Sex. Hier fängt er an, da hört er auf. Er ist Teil von dir, aber eben nur ein Teil. Also mach nicht zu viel an ihm fest. Und schon gar nicht dein ganzes Seelenheil. Wenn er da ist, lebe ihn. Wenn er dir hilft, dann nutze ihn. Ansonsten zerbreche dir nicht zu viel den Kopf darüber. Sex gehört in den Unterleib. In deinem Kopf hat er nichts zu suchen. Er geschieht – er wird nicht von dir gemacht.

Aber das ist in den großen Religionen passiert: Weil sie ihn umgehen wollen, hat Sex sich in ihnen als ein Gedanke eingenistet – als ein Konzept, eine Vorstellung. Er ist nicht mehr das, was er ursprünglich war: Ein natürlicher Prozess, der geschieht und dann vergeht. Weil dieses Geschehen und Vergehen in den Religionen nie vollständig stattfindet, ist er zu etwas Permanentem geworden. Heimlich, verborgen – aber permanent. Weil der Sex auf diese Weise keine Chance hat, sich einfach auszuleben und dann zu vergehen wie alles Natürliche vergeht. Auf diese Weise ist er zu einem Schreckgespenst geworden. Deswegen ist er nun allgegenwärtig, wie ein unausgesprochenes Geheimnis immer anwesend in den Köpfen derjenigen ist, die davon wissen, aber nicht darüber sprechen dürfen. Tantra spricht das Geheimnis offen aus: SEX. Und es ist ein kurzes Wort. Nur drei Buchstaben. Damit ist die Sache ganz schnell erledigt.

Tantra hat die Sexualität einfach akzeptiert und in seinem Weg als natürliches Element aufgenommen, wie es sich gehört. Der Mensch ist ein Ganzes – fängt man an, an ihm herum zu schneiden, muss man sich nicht wundern, dass man ihn verkrüppelt, ihm Wunden zufügt oder ihn umbringt. Deswegen sagt Tantra: Das Risiko ist die Sache gar nicht wert. Die Gefahr, dass ein dauerhafter Schaden bleibt, ist viel zu groß. Deshalb lassen wir den Sex einfach da, wo er ist – im Unterleib und im Alltag der Menschen.

Für die asketischen oder puritanischen Religionen ist das natürlich schon der Gipfel der Verwerfung, wenn Tantra den Sex einfach als gegeben und menschlich akzeptiert. Dabei ist er so natürlich. Er ist die Quelle unserer Geburt, unseres Daseins. Wenn wir ihn abtrennen, trennen wir uns von unserer Schöpfung, von unserer Geburt, von unserer ganzen Existenz ab. Wir werden durch Sex geboren und wir leben für Sex und wir sterben, wenn der Sex uns am Ende unseres Lebens wieder verlässt. Wie können wir den Urgrund unserer Existenz auf dieser Welt einfach leugnen oder von uns trennen? Es geht nicht. Darum sagt Tantra: Mach nicht so viel Aufhebens um Sex. Er ist da, also folge ihm, wenn es an der Zeit ist oder lass es bleiben, wenn du keine Lust dazu hast. Ganz einfach. Ganz klar. Völlig natürlich. Darum ist Tantra gar nicht so sexuell, wie du vielleicht annimmst.

Gibt es denn nicht viele Sex-Praktiken und Techniken im Tantra?

Kann schon sein. Aber Natürlichkeit braucht keine Techniken. Und es reicht völlig aus, wenn ihr natürlich seid. Es gibt sicherlich im Tantra auch die Schule der Sexualität. Denn Tantriker haben zu allen Zeiten die menschliche Sexualität erforscht – wie jedes andere Phänomen auch. Tantriker sind nun mal Forscher. Sie sind neugierig und sehr pragmatisch veranlagt. Sie haben sich gefragt: Wenn der Sex so eine Macht über uns hat – wie können wir diese für uns nutzen? Dadurch sind allerhand Geheimschulen und Techniken entstanden, die sich der Erforschung von Sex gewidmet haben. Und tatsächlich gibt es sinnvolle Techniken in der tantrischen Sexualität, die sehr wirksam sein können. Aber das ist von Mensch zu Mensch und von Situation zu Situation verschieden, so dass es Unsinn wäre, generelle Regeln und Techniken unter das Volk zu bringen – mit der Aufschrift: Das ist Tantra. Denn das ist es nicht. Natürlich gibt es heute im Westen allerhand Material dazu – aber nichts davon ist wirklich authentisch. Allerhand Esoterik-Unsinn oder Pornografie in spirituelles Vokabular gekleidet. Haltet euch nicht damit auf. Es reicht, wenn Sexualität echt ist, natürlich und liebevoll. Der Rest führt euch nur wieder fort von euch – zu neuen Konzepten, Wunschvorstellungen und Zielen, die mit eurer wahren Natur überhaupt nichts zu tun haben. Seid natürlich. Das genügt.

Kapitel 2

Der Streit zwischen Mann und Frau

Als du von der Dominanz des Verstandes gesprochen hast, hast du die Krise zwischen Mann und Frau angesprochen. Dabei ist mir der ständige Konflikt von Mann und Frau in den Sinn gekommen. Ist der Verstand auch die Ursache für die große Krise zwischen Mann und Frau und damit für die Entfremdung zwischen den Geschlechtern verantwortlich?

Ja, das hast du sehr richtig erkannt. Wie ich gesagt habe, hat das Denken so sehr überhand genommen, dass es alle anderen Prozesse im Menschen unterdrückt und ihn von seinen anderen natürlichen Wahrnehmungsweisen entfernt. Gefühle sind zum Beispiel ein wichtiges Phänomen im Menschen. Sie sind viel älter, natürlicher und unverfälschter als der Verstand. Sie stammen aus einer Zeit, als es noch keine verbale Kommunikation oder Einflussnahme auf die Umwelt durch den Verstand gab. Damals mussten Gefühle den Geschöpfen und Menschen den Weg weisen. Es gab keine Logik, kein intellektuelles Abwägen der Möglichkeiten. Es war die Zeit der Natürlichkeit – die Zeit der Unschuld, die Zeit im Paradies. In dem Moment, als der Verstand im Menschen erwachte, wurde er aus dem Paradies der unbekümmerten Natürlichkeit vertrieben. Denn fortan hatte er die Wahl – gehe ich den Weg links oder den Weg rechts? Davor hätte ihn irgendein Instinkt, irgendeine Regung einfach in die eine oder andere Richtung getrieben. Jetzt – mit der Aktivität des Verstandes ausgestattet – musste der Mensch auf einmal stehen bleiben, überlegen und eine Wahl treffen. Sieht der Pfad links eher nach leckeren Früchten und einem sicheren Weg aus? Oder lauern auf ihm hungrige Tiere, schwierige Bedingungen und ungenießbare Früchte? Was ist mit dem Weg rechts? Dort könnte ebenfalls beides auf ihn warten. Er musste also stehen bleiben, lernen abzuschätzen und nach objektiven Anhaltspunkten für seine Entscheidung suchen – während ihn vor dem Erwachen des Verstandes einfach ein direkter Impuls ohne Überlegung weiter getrieben hätte.

Damit hat der Mensch seine Unschuld verloren. Denn er wurde berechnend. Er lernte zu kalkulieren, abzuschätzen, sich zu fürchten und seinem Bedürfnis nach Sicherheit und Genuss absichtlich zu folgen. Aber der Preis war hoch. Er hat die fließenden, furchtlosen, naiven und natürlichen Gefilde der Gefühle und Instinkte verlassen. Er hat vom Apfel der Erkenntnis – der Frucht des Verstandes – gekostet und in diesem Moment sein angestammtes Paradies verlassen. Es war ein notwendiger Schritt in der Entwicklung – aber auch ein verwirrender, schmerzhafter. Aber alle Übergänge sind so. Sie alle sind von großen Krisen, Leid und Verwirrung geprägt. Ohne sie gibt es keinen Fortschritt. Nur Stillstand. Und das ist gegen das Leben. Nur der Tod ist vollkommen still – Leben strebt immer weiter voran. Darum hat Mutter Natur den Menschen in diese Entwicklung hin zum Verstand getrieben. Andernfalls würde alles Leben auf dieser Welt immer unbewusst bleiben – und das ist nicht der Sinn der Schöpfung. Die Schöpfung strebt ihrem eigenen göttlichen Erwachen entgegen – und so auch der Mensch.

Die Größe des Menschen liegt darin, eine Wahl treffen zu können. Aber darin liegt gleichzeitig auch sein ganzes Elend, sein ganzes Scheitern. Jetzt ist der Moment gekommen, da er aus der Krise hervortreten muss, um ganz und vollständig zu werden. Der Verstand wird weichen und den Menschen freigeben – damit die Last zum Instrument werden kann. Zum Nutzen der Welt und zum Nutzen der Menschheit.

Dieses Prinzip musst du verstehen, wenn du den Zustand zwischen Mann und Frau verstehen willst. Tatsächlich ist es so, wie du es bereits erkannt hast: Der Kampf, der Streit zwischen Mann und Frau resultiert aus dem Kampf des Verstandes gegen die Gefühle. Verstand und Gefühl liegen ständig im Clinch. Genau wie Mann und Frau.

Der Verstand will kontrollieren, unterdrücken, voranschreiten, Ziele setzen – wie ein Mann. Die Gefühle wollen fließen, Freiheit, zirkulieren, Freude am Moment genießen – wie eine Frau.

Der Streit im Inneren des Menschen findet sein Pendant im Äußeren durch den Streit zwischen Mann und Frau. Im Grunde streiten dort Gefühl und Verstand – nicht Mann und Frau. Der eine will das andere nicht verstehen, noch akzeptieren, noch seine Vorzüge und Nachteile annehmen.

Aber beide brauchen einander. Ohne Gefühl ist der Verstand eine rücksichtlose Maschine, die äußerst gefährlich ist und nur Leid und Unheil produziert. Für den Verstand ist jeder Mensch ein Konkurrent – je eher und effektiver der Konkurrent verschwindet, desto sicherer und besser. Es bleibt mehr für mich, wenn der Andere verschwindet, sagt sich der Verstand. Das ist die Effizienz des Verstandes. Klar, logisch, effizient und kalt. Konzentrationslager, ethnische Säuberungen, Massenmorde und all die Gräueltaten des Menschen sind die direkten Auswirkungen des Verstandes in dieser Welt. Es ist eine eiskalte Logik. Verschwindest du, bleibt mehr für mich. Also muss ich dich auslöschen, dann bin ich sicherer und reicher als vorher. Ich töte deine Kinder, dann können sie mir nicht gefährlich werden, ich nehme mir deine Frau, dann habe ich eine Frau mehr, ich nehme mir dein Haus, deinen Besitz und dein Geld – dann bleibt das alles für mich. Ich muss dich nur auslöschen und vernichten – und die Welt gehört mir. Das ist die tödliche Vernunft des Verstandes.

Ohne Gefühl ist der Mensch auf diese Weise gefährlicher als jedes Raubtier. Denn er ist klüger, vorausschauender, effizienter und gründlicher. Erst das Gefühl kann aus dem Verstand ein vollständiges Instrument machen. Eine Verbindung hervorbringen, die Mitgefühl, Freundschaft, Miteinander erlaubt. Und diese sind absolut notwendig, wenn die Menschheit jetzt noch überleben will. Sie braucht den Geist der Kooperation und des Mitgefühls – ansonsten wird sie verschwinden.

Hütet euch vor allen Menschen, die ihre Gefühle beschnitten haben und aus dem Verstand heraus funktionieren. Ihre Effizienz ist von großer Klugheit und ihre Überlegung von tödlicher Präzision. Das „Du" ist etwas, das ihnen nur im Weg für ihr „Ich" steht. Meide diese Menschen als Freunde, Partner, als Leitfiguren. Sie bringen großes Unheil über dich und alle Menschen um sie herum.

Auf der anderen Seite braucht das Gefühl den Verstand. Ansonsten bleibt der Mensch sprunghaft, undurchsichtig, ziellos – wie ein Blatt im Wind. Ihr kennt sicherlich alle diese Menschen, die Opfer ihrer Gefühle sind. Nie kannst du dich auf sie verlassen. Mal sind sie vergnügt und bezaubern ihr ganzes Umfeld, dann sind sie wieder deprimiert, gemein und unerträglich. Sie sagen, dass sie dich lieben und verhalten sich im nächsten Moment so als wärst du ihr schlimmster Feind. Sie ziehen von einer Tätigkeit, von einem Versprechen zum nächsten, nichts kann sie lange halten oder binden. Sie sind nicht zu greifen, schillernd und immer in Bewegung. Hüte dich auch vor diesen Menschen. Sie bringen ebenso viel Unheil über dich, wie die reinen Verstandes-Menschen. Allerdings ist es in ihrer Natur, dass ihr Unheil weniger konkret ist – es ist fließend, oft ungreifbar und verwirrend. Aber Glück und Freude werden dir auch diese Menschen nicht bereiten. Ihr Unheil ist viel subtiler und langfristiger als die kühle, schneidende Art der Verstandes-Menschen.

Die Vollständigkeit des Menschen ist in der Mitte zu finden. Wo weder Gefühl noch Verstand dominieren. Wo der Verstand Gefühle in sinnvolle Bahnen lenkt und Gefühl dem Verstand Sensibilität und Einfühlungsvermögen geben. Das ist die Waage, in der Menschen ihr Gleichgewicht finden.

Aber kommen wir darüber zurück zu Mann und Frau. Was sich auf diese Weise im Inneren des Menschen vollzog, hat natürlich auch in seine Beziehungen Einzug gehalten. Jahrhunderte lang hat der Mann die Frau unterdrückt und ausgebeutet. So wie der Verstand den Menschen übernommen, unterdrückt und zu seinem Sklaven gemacht hat. Genauso hat es in der äußeren Welt der Mann mit der Frau gemacht. Sie war eine Sklavin ohne Stimme, ohne Recht. Sie war der Willkür des Mannes, seiner Leidenschaft und seiner Macht völlig ausgeliefert. Ein Gegenstand, ein Besitztum – das man klein und beschnitten halten musste, dem man das Recht auf Eigenständigkeit und eine eigene Intelligenz und Stimme verbieten musste, um das eigene Vorrecht auf Dominanz und Machtausübung nicht zu gefährden. Und in vielen Regionen dieser Welt geht dieses Leid der Frau immer noch ununterbrochen weiter.

In der westlichen Welt dagegen hat sich die Frau eine Gleichstellung erkämpft. Das Dilemma hat sich allerdings trotzdem nicht für sie gelöst. Tatsächlich ist die Frau in der heutigen, modernen Welt noch kranker und verwirrter als früher. Sie hat sich die Freiheit erkämpft – aber die nützt ihr nichts. Sie hat ihr Leben zwar physisch und gesellschaftlich besser gemacht – innerlich geht der Kampf jedoch weiter. Die Frauen heute sind frustriert und wütend auf die Männer. Sie haben jetzt ihre Freiheit, aber was sollen sie damit anfangen? Männer sind weiterhin emotional unzugänglich, weichen ihnen aus, benutzen, degradieren und belügen sie. Die neue Freiheit der Frau ist hohl – denn sie hat nichts, worauf sie sich in ihrer neuen Freiheit beziehen kann. Die Männer treten immer noch die Flucht an, belügen sie weiterhin, um an Sex zu kommen. Sie machen die Frauen zum Spielzeug ihrer Begierden im Namen der Freiheit. Oder in der Berufswelt zur Konkurrentin. Zu Hause zur absurden Ikone, die es vorzuzeigen gilt – aber die Liebe bleibt aus, denn das alte Dilemma zwischen Verstand und Gefühl ist immer noch anwesend, nur dass es sich heute im Namen einer vermeintlichen Freiheit abspielt. Es ist die vielleicht bitterste Erkenntnis für die Frauen von heute: Eine Freiheit zu haben, die kein Glück bringt.

Eine Freiheit, die Glück bringt, wird sich erst einstellen, wenn Verstand und Gefühl zueinander finden. Solange werden sich die Geschlechter fremd bleiben.

Der Mann muss Mitgefühl entwickeln. Die Frau muss lernen, Grenzen zu ziehen.

Männer sind gefangen in ihrer Illusion vom totalen Sex. Frauen in ihrer Illusion von totaler Liebe. Es sind die zwei Seiten der einen Medaille: Illusion. Und zwar Illusionen, die den Menschen versklaven und das Miteinander zwischen Mann und Frau unmöglich machen.

Der Mann phantasiert andauernd vom Sex. All seine Gedanken, all seine Bestrebungen sind Sex. Alles, was er an Zeit vertut, um Macht, Geld, Einfluss, Anerkennung zu erlangen – seine Ziele, Visionen, Bestrebungen – sie alle sind Ableitungen seiner unendlichen Gier nach Sex mit Frauen. Ständig sucht er den totalen Sex. Selbst wenn ein Mann zweihundert, dreihundert Frauen gehabt hat, kann er immer noch der Illusion nachhängen, dass er das ultimative Sex-Erlebnis noch nicht gehabt hat. Dass es noch mehr zu erleben, intensiver zu erleben, mehr zu erobern und zu erfahren gibt. Dahinter steht der Wunsch, wieder mit seinen Gefühlen zu verschmelzen. Die Sehnsucht des Mannes ist es, wieder Einheit mit seinen Gefühlen zu erfahren. Im Sex, wenn er im Schoß der Frau ist, dann ist er dieser Einheit sehr nahe. Darum sucht er sie immer wieder und hofft, durch den Schoß der Frau wieder ein Ganzes zu werden. Aber das ist eine gefährliche Situation. Denn Ganzheit erlebt der Mensch nicht auf dieser Ebene. Nur Illusion. Die Gefühle, die Energie, der Sex – die Heimkehr in den Schoß – all das berauscht ihn und gaukelt ihm Einheit vor. Doch die Einheit des Menschen liegt ganz woanders. Viel tiefer – nicht im Verstand, nicht im Gefühl – auch nicht in der Verbindung aus Verstand und Gefühl. Für einen Moment kann die Verbindung von Verstand und Gefühl einen Einblick geben – einen Vorgeschmack. Aber auch da muss der Mensch hindurch gehen, um zu seinen tiefsten Gründen vorzustoßen. Dann sind Gefühle und Verstand nur noch wie Wolken über ihm – die hin und her ziehen – und er begegnet dem Bewusstsein. Seiner wahren Heimat, jenseits der sinnlichen Wahrnehmungen. Alle Geschöpfe suchen danach, denn es ist die einzige unvergängliche Heimat in einem sich ständig verändernden Universum. Auch der Mann sucht im Grunde danach – ohne es zu wissen. Aber an der Oberfläche sehnt er sich primär nach der Verschmelzung mit seinen Gefühlen, da ihn der Verstand besonders stark von der äußeren Welt und der Welt seiner eigenen Gefühle trennt. Der Verstand ist ein männliches Phänomen, das den Mann noch viel stärker im Griff hat als die Frau und ihn damit viel stärker von seiner Natur trennt. Deswegen sind Männer so aggressiv und ruhelos. Sie sind viel weiter von ihrer Natürlichkeit entfernt als Frauen. Und aus diesem Grund, aufgrund dieser erheblich stärkeren Trennung sind Männer so sexsüchtig. Es ist eine uralte Sehnsucht. Eine Sehnsucht nach Heimkehr. Nach Frieden. Aber eine hoffungslose, denn sie spielt sich für ihn nur an der Oberfläche ab und führt ihn niemals in die tieferen, wahren Gründe seines Daseins. Dorthin, wohin es ihn wirklich hinzieht. Der Mann lebt in einem schrecklichen Dilemma. Und so lange er weitermacht wie bisher wird dieses Dilemma immer fataler für ihn, denn er ist wie ein Hamster im Rad, der rennt und rennt und rennt und niemals ankommt. Auf die gleiche Weise ist der Mann in seinem Hamsterrad der Sexualität gefangen. Er will Sex und Sex und Sex – ohne jemals anzukommen.

Die Frau hingegen sehnt sich nach einer höheren, geistigen Verschmelzung, der sie den Namen Liebe gegeben hat. Seht ihr die Wirkungsweise der Illusionen? Die Frau sehnt sich als Wesen der Gefühle nach der Verschmelzung mit dem Verstand, dem Geist. Der Mann sucht als Wesen des Verstandes die Verschmelzung mit der Welt der Gefühle. So wie der Mann dem Sex hinterher hechelt, hechelt die Frau ihrer Illusion der großen, idealen Liebe hinterher. Beides ist gleich dumm.

Die heutigen Frauen sind wegen der Fixierung des Mannes auf Sex völlig frustriert und wütend auf ihn. Sie beschimpfen ihn, haben den

Respekt vor ihm verloren und wenden sich immer mehr von ihm ab. Aber ihre Illusion der idealen, großen Liebe – einer geistigen Einheit in Liebe und Leben, ist eine genauso dumme und gefährliche Illusion. Und sie ist nur die Kehrseite der männlichen Illusion. Die Frau wirft dem Mann Materialismus und Sexismus vor, weil er ständig nur an ihrem Körper interessiert ist. Sie selbst missbraucht dafür den Mann ständig für ihre emotionalen Projektionen von idealer Partnerschaft, totaler Einheit und Seelenverwandtschaft. Das ist genauso dumm wie Sexismus. Allerdings ist es romantischer und subtiler – deswegen erhaben über jede Kritik. Die Frau kann den Sexismus des Mannes kritisieren – und die Welt wird verständnisvoll mit dem Kopf nicken. Doch wer die dumme Fixierung der Frau auf Romantik, seelische Einheit und Liebe kritisiert, wird ganz sicher als gefühlloses Monster an den Pranger gestellt. Frauen haben auf diese Weise still und heimlich ihren Selbstschutz vor der Entlarvung ihrer Illusionen und Lebenslügen in eine moralische Keule gepackt, die in unserer Gesellschaft über jeden Zweifel erhaben ist. Aber sie ist genauso giftig und gefährlich für ihre Seelen und für das Zusammenleben von Mann und Frau wie Sexismus.

Die Fixierung der Frau auf die romantische Liebe ist genauso dumm und schädlich, wie die Fixierung des Mannes auf Sex. Beide Fixierungen machen die wahre Begegnung zwischen Mann und Frau unmöglich. Der Mann wendet sich frustriert von den Frauen ab, weil kein lebendes Wesen jemals die Ansprüche und Ideale der romantischen Frauen erfüllen kann. Heute lieben Frauen ihre Stars und Helden aus Kino, Fernsehen und Musik mehr als ihre echten Männer. Denn diese Kunstprodukte, die immer alles richtig machen, die richtigen Worte finden und die „wahre" Bedeutung von Liebe in ihren Filmen, Liedern und Gedichten vorgeben, diese Retortenprodukte sind die ideale Projektionsfläche für die ewigen Bedürfnisse der Frauen. Aber all das ist weltfremder Unsinn.

Genauso unsinnig wie die Pornografie der Männer. Und die virtuellen, künstlichen Sexgöttinnen, die ihre Leinwände, Magazine und Computer zunehmend bevölkern. Wo ist da noch die reale, lebendige und empfindsame Frau zu finden? Es sind nur noch perfekte Körper mit ewiger perfekter Bereitschaft zum perfekten Sex. Totaler Hokus Pokus.

Und wegen diesen Hirngespinsten wenden Mann und Frau sich voneinander ab. Machen sich das Leben zur Hölle. Die Illusionen sind angenehmer, pflegeleichter. Auch wenn das eigene Leben darüber unerfüllt und leer bleibt. Frauen sind süchtig nach den Illusionen der Romantik. Männer sind süchtig nach den Illusionen der Pornografie. Beide machen ein echtes Miteinander unmöglich.

Das wird sich erst ändern, wenn Gefühl und Verstand sich im Menschen nicht mehr bekämpfen müssen. Das wird geschehen, wenn der Verstand seine Dominanz im Menschen verliert. Und das kann sich nur einstellen, wenn der Mensch das Bewusstsein jenseits von Verstand und Denken entdeckt. Denn dann verstrickt er sich nicht mehr im Kampf zwischen Gefühl und Verstand – er hat seine Heimat gefunden, seine wahre Natur. Das Bewusstsein ist nur ein Zeuge des Konflikts. Entdeckt der Mensch das Bewusstsein, wird auch er ein stiller Zeuge des Geschehens. Dann muss er nicht mehr in den Konflikt eingreifen, denn er gehört ihm nicht mehr an. Und wenn er dem Konflikt nicht mehr angehört, muss er andere Menschen nicht mehr dafür missbrauchen, diesen Zustand irgendwie herzustellen.

Der Versuch, über einen Partner oder andere Menschen zu Glück und Frieden zu kommen, ist ein illusorischer Weg. Frauen müssen in die Tiefe gehen, ihre Illusionen über Bord werfen und sich als vollständiges Wesen erfahren. Männer müssen in die Tiefe gehen, ihre Illusionen über Bord werden und sich als vollständiges Wesen erfahren. Dann entsteht Raum im Menschen. Und mit dem Raum hat das Bewusstsein im Menschen die Möglichkeit sich zu zeigen. Wenn das geschieht, kommt der Ausgleich von Verstand und Gefühl. Und dann kommt auch der Ausgleich zwischen Mann und Frau. Vorher nicht.

Wie können wir den Ausgleich zwischen Verstand und Gefühl, zwischen Mann und Frau schaffen?

Tantra ist ein guter Weg. Tantra sagt dir: Du bist weder Verstand noch Gefühl. Du bist die Stille in der Tiefe. Die Stille unterhalb von Verstand und Gefühl. Dort, wo der Verstand mit seinen Gedanken nicht hinreicht. Dort, wo die Gefühle sich nicht wie Wolken über dein wahres Wesen legen können. Dort ist deine Präsenz. Und sie ist allumfassend. Das bist du. Es ist das Bewusstsein. Alles andere – was von dort aus aufsteigt und in dieser Welt Form und Gestalt annimmt – das bist du nicht. Du bist nichts, was du wahrnehmen kannst. Nichts von dem, was äußerlich um die stille Gegenwart des Bewusstseins in dir kreist.

Darum nimm weder deine Gefühle noch deinen Verstand weiter ernst. Sie sind nur Wolken, die sich in deinem Innern bewegen. Sie sind über deinem Zentrum, aber sie sind nicht dein Zentrum. Wie können sie dein Zentrum sein? Sie sind beweglich. Ständig kreisen sie und verändern sie sich. Gedanken sind als Phänomen zielgerichtet, verbal und klar umrissen. Gefühle sind kreisförmig, nonverbal und wesentlich diffuser. Aber beides kannst du nicht sein. Es sind nur Illusionen, die beständig in deinem Innern kreisen und sich abwechseln – mal so, mal so.

Manchmal erzeugen sie Glück. Manchmal Unglück. Manchmal bist du gut gelaunt und froh. Dann wieder beunruhigt, voller Last und schwermütig. Das sind Verstand und Gefühl, die in dir unablässig kreisen. Es ist der Emotio-Verstand. Die Gesamtheit dieser beiden Komponenten in dir, die deine Vorstellung vom „Ich" kreieren. Aus ihrem gegenseitigen Wirken und Bewirken entsteht Psychologie. Das, was man als deine Persönlichkeit bezeichnet. Aber das alles sind Täuschungen. Das kannst du allein schon daran erkennen, dass du deine Gedanken und Gefühle wahrnehmen kannst. Du bist wütend – und du nimmst dieses Gefühl wahr. Wie kannst du ein Gefühl sein, das du wahrnimmst? Objekt und Betrachter müssen getrennt sein, sonst könntest du keine Wut wahrnehmen. Du kannst deine Gedanken wahrnehmen. Du kannst denken: „Sahne-Eis". Du kannst das Wort in dir wahrnehmen, wenn du es denkst und sehr wahrscheinlich auch ein Bild zu dem Begriff. Du kannst es direkt versuchen: Denke „Sahne-Eis" – was geschieht? Ein Wort, verwandte Assoziationen und ein Bild werden dir von deinem Gehirn bereitgestellt und wandern durch dein Denken. Aber du kannst es wahrnehmen – der Gedanke hat einen Klang als Wort, ein Bild als Abbildung, Farben. Siehst du den Unterschied? Du kannst Sahne-Eis denken, aber bist du deswegen Sahne-Eis? Nein. Die Wahrnehmung des Gedankens und der Gedanke selbst sind getrennt.

Sie sind nicht ein und dasselbe Phänomen. Also existieren deine Gedanken, dein Verstand unabhängig von dir. Doch wer bist du?

Die Antwort ist jenseits von Gedanken und Gefühlen zu finden, denn Beobachter und Beobachtetes können nicht eins sein. Leider hören Wissenschaft und Psychologie an diesem Punkt auf. Sie konzentrieren sich auf die Phänomene, auf das Beobachtbare. Sie versuchen es zu verstehen, zu kategorisieren, zu ordnen. Aber das ist Unsinn. Es ist wieder nur ein weiterer Prozess, der dich von dir selbst weg führt. Du kannst bis zum Ende aller Tage Wolken zählen und dabei den Himmel völlig übersehen.

Wissenschaft und Psychologie sind dem modernen Menschen keine Hilfe mehr. Sie sind auch für die Verbesserung des Verhältnisses zwischen Mann und Frau keine Hilfe mehr. Sie mögen interessant sein, aber verändern können sie nichts. Aber die Tiefe – die Gegenwart deines eigenen Seins – dort kann Veränderung geschehen. Die Gegenwart in der Tiefe deines Daseins hat eine völlig andere Wirkungsweise als du es von deinem Verstand gewohnt bist. Der Verstand sagt: Wenn dich eine Fliege stört, dann schlag sie tot oder fang sie ein. Dann stört sie dich nicht mehr. Genau das tun Männer und Frauen auch miteinander – sich gegenseitig totschlagen oder den anderen so versklaven und kontrollieren, dass er nicht mehr stören und aufbegehren kann. Aber das ist der Weg des Ego-Verstandes. Und er führt nur ins Elend.

Um das Gleichgewicht zwischen Mann und Frau herzustellen, musst du wieder vollständig ins Leben eintauchen. Dich ihm ausliefern. Die Leiter hinabsteigen – durch deinen Verstand hindurch, durch deine Emotionen und Gefühle, durch deinen Bauch, deinen Körper – bis hinab in die Tiefe, wo Stille herrscht. Wenn du dich in diese Stille hinein entspannen kannst, dann wird sie Wunder bewirken. Denn sie ist Bewusstsein. Du wirst sanftmütiger, einsichtiger, geduldiger – all das wird dir mehr Gleichgewicht bringen, deine Beziehungen verbessern. Ohne Kontrolle oder Willen ausüben zu müssen. Es wird einfach geschehen. Schritt für Schritt – wie ein Fluss, der immer weiter fließt.

Das ist Tantra. Es sagt: Geh mit dem Fluss. Du hast lange genug damit gekämpft, gegen die Strömung zu schwimmen, jetzt dreh dich um und lass dich treiben vom Fluss. Er wird dich dorthin zurück tragen, wo du her kommst. Zurück ins Meer, in die Weite – wo mehr Raum für dich ist. Manchmal ist es wichtig, gegen die Strömung zu schwimmen, aber manchmal eben auch nicht. Du hast nur den einen Weg gelernt, weil er der Weg des Willens und des Verstandes ist. Aber er bringt dich jetzt nicht mehr weiter. Du musst lernen, dich wieder vom Fluss tragen zu lassen.

Darum sagt Tantra: Lass dich auf das Leben ein. Lass dich auf Mann und Frau ein. Geh hinein und sei wachsam: Verstehe den Verstand, durchschaue ihn. Durchschaue die Wirkungsweise vom Denken, Fühlen und ihrem Nebenprodukt – der Psychologie – mit ihren ganzen Tricks und Spielchen. Nimm Anteil, stürze dich hinein, aber sei nicht Verstand, Gefühl und Psychologie. So wie ein Schwimmer im Fluss nicht der Fluss ist – ganz egal, ob er gegen die Strömung schwimmt oder mit ihr – so bist du nicht Verstand, Gefühl und Psychologie. Lass diesen Unsinn nicht an dir kleben und identifiziere dich nicht damit. Geh einfach immer weiter. Was kommt, kommt.

Das Gleichgewicht zwischen Mann und Frau kannst du nicht erzwingen. Es wird geschehen, wenn du die ursprüngliche Verbindung – zu dir selbst – wieder herstellst. Wenn du die Dominanz des Verstandes abschüttelst und die subtilen Täuschungen der Gefühle durchschreitest – und wieder zu dir selbst zurückkehrst. Deine Rückkehr ist auch die Rückkehr des Gleichgewichts zwischen Mann und Frau. Denn wenn du nicht selbst mit dir streitest, wirst du auch nicht mit deiner Frau oder deinem Mann streiten. Wenn du in deinem Innern nicht mehr einen ständigen Konflikt von Kontrolle und Unterdrückung zwischen Verstand und Gefühl hast, dann wirst du auch deinen Partner nicht mehr kontrollieren und unterdrücken wollen. Wozu auch? Es ist viel angenehmer so. Es ist wie frischer Wind, der über die Felder zieht – lebendig, klar und erfrischend. Aber du kannst dich nicht hinstellen: „So, ich will jetzt, dass Wind ist." Das funktioniert nicht. Deswegen wirst du auch keinen künstlichen Frieden zwischen Mann und Frau schaffen können. Natürlich kannst du Windkraftanlagen auf die Felder bauen, Ventilatoren und Motoren – und dann ordentlich Krach und Wirbel machen. Aber das ist kein Wind. Es ist ein künstliches Produkt. Eine Illusion. Es kann dir nicht die Energie und die Erfahrung bringen, wie es echter Wind vermag, der dich an einem schönen Tag auf den Feldern und Wiesen erreicht - er hat Frische, Leben!

Psychologen und Therapeuten versuchen ständig diesen Scheinfrieden zwischen Mann und Frau herzustellen. Aber es ist eine nutzlose Zeitverschwendung. Es ist nur ein Scheinfriede. Ihr kennt sicherlich alle diesen watteähnlichen, zuckersüßen Frieden zwischen Therapeuten-Pärchen – alles ist so vernünftig, so erwachsen, so rücksichtsvoll. Aber irgendetwas fehlt zwischen diesen Menschen. Sie sind so unlebendig, ihre Rücksichtsnahme und ihr Frieden haben etwas Klebriges, etwas Seelenloses und Künstliches. Jeder von euch kennt bestimmt ein solches Paar, das auf diese Weise von ihren Therapien zurückkommt. Man muss nur neben ihnen sitzen und schon hat man das Gefühl, ein unreifer Mensch zu sein. Sie sind so vernünftig, so aufeinander abgestimmt, so einsichtig, dass es unmöglich echt sein kann. Es ist wie Zuckerwatte. Sie kleben sich und ihre ganze Umgebung mit dieser Zuckerguss-Psychologie von Versöhnung und Verständnis voll. Für einige Zeit kann ein Mensch vielleicht so rücksichtsvoll, aufmerksam und erwachsen sein – aber wartet nur ab. Es dauert nicht lange, und das Gummiband schnappt zurück – und dann wird die Atmosphäre wieder bissiger und feindlicher als jemals zuvor. Dieser Weg funktioniert nicht. Diese Art der Harmonie ist eine subtile Form der Kontrolle. Sie ist unecht und ohne Leben.

Das Leben zwischen Mann und Frau wird beherrscht von deren Unterschiedlichkeit, ihrem Streit und völlig verschiedenartigen Sichtweisen. Die westliche Psychologie ist in die Falle einer Projektion geraten: Die Vorstellung einer völlig harmonischen, ausgewogenen und erwachsenen Ein-Paar-Beziehung. Aber diese Vorstellung ist der Friedhof der Liebe. Sie ist vernünftig, kalt und tot. Die westliche Psychologie will euch dazu erziehen, euch als Erwachsene zu lieben. Aber Erwachsene können nicht lieben: Sie kennen nur Vernunft, Verantwortung und Ernsthaftigkeit. Das ist keine Liebe. Das ist eine psychologische Gleichschaltung – um ja nicht an der Oberfläche unserer Zivilisation und Gesellschaft zu kratzen. Männer und Frauen sollen sich verstehen, treu sein und Verantwortung füreinander tragen. Auf diese Weise kann man ihnen besser Häuser, Versicherungen und Küchenausstattungen verkaufen.

Wenn in deinem Inneren die Versöhnung von Mann und Frau, von Verstand und Gefühl, stattgefunden hat, dann musst du die äußere Andersartigkeit von Mann und Frau nicht mehr scheuen. Sie ist keine

Wunde mehr, die dich schmerzhaft an den Konflikt in deinem Inneren erinnert. Sie ist ein Spiel, etwas Lustiges und Lebendiges. Männer sollten ihre Frauen an den Haaren ziehen, sie ins Wasser schubsen, ihnen die Schokolade klauen. Frauen sollten mit dem Nudelholz nach ihren Männern werfen, kreischen und kratzen, ihnen Standpauken halten, wenn sie mal wieder Unsinn angestellt haben. Ansonsten wird das Leben zu einem langweiligen Nebeneinander ohne Feuer, ohne Leidenschaft. Das Leben wird zu einer Gütergemeinschaft. Aber nicht zu einem Spielplatz der Liebe, die beseelt ist von Lebendigkeit. Davon ist das Leben der Menschen – die Liebe zwischen Mann und Frau – derzeit weit entfernt. Es ist eine Gütergemeinschaft, kein Abenteuerspielplatz. Und genauso leer und leblos sind auch die Herzen der Menschen geworden. Sie trauern, sie vermissen das Leben unter dieser klebrigen Schicht der Vernunft und Political Correctness. Sie möchten sich streiten, necken und versöhnen. Männer wollen ihre Frauen erschrecken, kitzeln, ärgern und bis zur Weißglut mit ihrem Blödsinn treiben. Frauen wollen sich über ihre unmöglichen Männer aufregen, die all diesen Mist anstellen – dann haben sie stundenlangen Gesprächstoff mit ihren Freundinnen und sind aufgeregt, aber doch irgendwie glücklich.

Verwechselt also den natürlichen Streit nicht mit der Illusion der Psychologie. Stellt den Frieden in euch selbst her, und der Rest wird gar nicht mehr so aufregend und anstrengend bleiben. Dann bückst du dich, wenn das nächste Nudelholz geflogen kommt, aber du hasst deine Frau nicht dafür. Sie tut, was alle Frauen tun müssen – mit Nudelhölzern werfen, um Männern Vernunft einzubläuen. Wenn du in deinem Inneren weißt, wer du bist und was dich ausmacht, kann dir auch das Nudelholz deiner Frau nichts ausmachen.

Gehe also den Weg durch dich selbst – zu dir selbst. Lass Verstand, Emotionen, Gefühle, Illusionen hinter dir und lass dich auf das ein, was dich jenseits davon erwartet: Ein unberührbares, zeitloses Bewusstsein. Es wird dir den Weg weisen. Friede und Ausgleich zwischen dir und deinen Frauen, zwischen dir und deinen Männern wird dir auf dem Fuße folgen. Anders ist es gar nicht möglich.

Ständig habe ich Streit mit Frauen. Sie sind so anders. Ich verstehe sie einfach nicht. Wie kann ich Frieden mit ihnen finden?

Du wirst den ewigen Streit zwischen Mann und Frau akzeptieren müssen. Der tiefe Wunsch nach Frieden und Harmonie zwischen dir und deinen Frauen ist ein Wunsch nach Perfektion. Und diese Perfektion gibt es nicht. Frauen sind die andere Seite der Schöpfung. Sie sind das genaue Gegenteil des Mannes. Alles, was den Mann begeistert und bewegt, langweilt die Frau. Alles, was der Frau wichtig und sinnvoll erscheint, bringt den Mann an den Rand des Wahnsinns. Das ist so, und das wird sich sicherlich die nächsten Jahrtausende über nicht ändern. Also akzeptiere die Andersartigkeit. Akzeptiere den Konflikt. Er ist nur die Oberfläche. Darunter herrschen Frieden, Harmonie, Unbeweglichkeit. Doch bis zu dieser verborgenen Harmonie unter der Oberfläche bist du über die Beschäftigung mit dem Streit noch nicht vorgedrungen. Aber sie ist da. Tief verborgen unter all dem Krach findet eine Liebesbeziehung zwischen Gott und seiner Geliebten, der Schöpfung, statt. Denn Gott ist das Männliche, das Beharrliche, Unbewegliche. Die Frau ist die Schöpfung, der ewige Kreis, das ewige Auf und Ab. Die Frau ist die Geburt, das Tor in die Schöpfung. Gott ist der Tod, die Heimholung in das Unbewegliche, Zeitlose, Unberührbare. Ihr seid als Mann und Frau nur der äußerste Rand dieser verborgenen Liebesbeziehung. Ihr seid die Schaumkronen auf dem Ozean. Aber der Ozean ist unruhig, manchmal wild an seiner Oberfläche.

Also akzeptiere den Streit. Er ist nur Teil eines größeren Spiels in der Tiefe. Aber sei vorsichtig: Mache dich nicht zum Sklaven der Streitigkeiten zwischen Mann und Frau. Das ist die Falle, in die du anscheinend immer wieder tappst. Unterwirf dich dem Streit nicht, indem du mit Enttäuschung, Verbitterung und Hass auf Frauen reagierst. Werde lieber wie ein weiser, erfahrener Krieger, der Rüstung und Schwert mit Leichtigkeit und Anmut in die Schlacht führt. Der nichts fürchtet – egal, ob Sieg, Niederlage oder Tod auf ihn warten. Das Verhältnis zwischen Mann und Frau ist eine Schlacht. Ein Kampfzustand. Und wie ein erfahrener Krieger trägst du zwangsläufig auch immer deine Narben und Wunden aus vergangenen Schlachten ins Feld. Verbittere nicht über sie. Trage sie mit Stolz. Denn erst sie machen dich zu dem, was du bist. Du lebst und schreitest voran. Und suche irgendwo tief unter dem ganzen Lärm der Schlachten und Auseinandersetzungen nach der Stille und der verborgenen Harmonie. Das wird dir helfen.

Eine große Schuld an dieser Unruhe in euch tragen die alten Religionen, die euch falsche Wahrheiten über Mann und Frau einflüstern und euch unerfüllbare Forderungen nach einer harmonischen Liebe ohne Streit und Reibereien zwischen dir und deinem Liebsten auferlegen.

Sie erzeugen mit diesen Forderungen Schuldgefühle und Zweifel in euch. Mann und Frau sind keine Freunde. Sie sind Gegner. Gegner, die auf einander angewiesen sind. Und der Frieden zwischen ihnen ist ständig brüchig und in Gefahr. Ein falsches Wort vom Ehemann – und die Frau wird zur Furie. Ein falscher Blick der Frau in Richtung eines anderen Mannes – und der Mann wird bösartig und gewalttätig. Ist das die Liebe und Harmonie, von der die Religionen sprechen? In guten und in schlechten Zeiten? Bis dass der Tod euch scheidet? In Wahrheit ist es schon das nächste unbedachte Wort, das euch scheidet. Also macht euch nichts vor. Liebe ist kein Hollywood-Spielplatz.

Die traditionellen Beziehungen sind gescheitert. Der einzige Ausweg aus dem Dilemma zwischen Mann und Frau ist jetzt, die Phantastereien von ewiger Liebe und Harmonie aufzugeben und den Blick auf die Wirklichkeit zu wagen. Fragt die Scheidungsanwälte dieser Welt. Sie werden euch die Realität zwischen Mann und Frau bestätigen, denn sie sind die Fachleute für dieses Thema. Würden sie ihr Schweigen brechen – ein Ozean an Gemeinheiten und Rachefeldzügen im Namen der enttäuschten Liebe würde über die Ufer treten und die ganze Abgründigkeit der menschlichen Natur offen legen. Denn wenn der Mensch bereits im Namen der Liebe zu solchen kleinen und großen Grausamkeiten fähig ist, was richtet er dann erst mit denjenigen an, denen er niemals ewige Treue und Liebe geschworen hat? Nein, die Wahrheit ist: Dem Leben zwischen Mann und Frau liegt ein Streit zugrunde, der bitter ist und scharf geführt wird. Aber daran wirst du nichts ändern können. Zu groß sind die Unterschiede. Und zu wichtig. Denn ohne sie wäre das Leben unmöglich.

Darum: Akzeptiere den Streit, akzeptiere das Leid, das aus dem Verhältnis zum anderen Geschlecht erwächst – und das tut es immer. Das ist der Preis, den wir für die süßen, verlockenden und sanften Momente, für den Duft der Liebe zahlen müssen. Ansonsten würde das Gleichgewicht auseinander brechen. Stellt euch eine Welt versunken in totaler Harmonie zwischen Mann und Frau vor – ein Alptraum. Der Mensch würde aussterben. Mann und Frau hätten nur noch Augen für sich, würden das Bett nicht mehr verlassen und sich um nichts anderes mehr kümmern als sich zu lieben und anzuhimmeln. Ihre Kinder würden sie darüber vernachlässigen, ihre Aufgaben, ihre Freunde, ihr Leben – weil es nur noch den anderen geben würde. Das funktioniert nicht. Darum hat Mutter Natur einen Mechanismus eingebaut. Ein Pendel, das nach zu viel Harmonie und Liebe in Streit und Distanz zurück schwingt. Lasst euch davon nicht verrückt machen. Das ist Mutter Natur und sie weiß, was sie tut. Vertraut ihr. Wenn der nächste Streit heranzieht, das Gefühl von Trennung, Distanz und Kälte in eine Beziehung einkehrt, dann erinnert euch daran, dass Mutter Natur euch auf diese Weise um eine gefährliche Klippe leitet – die der totalen Selbstaufgabe.

Natürlich ist das leichter gesagt als getan. Denn der Schmerz und die Kälte, die eine Gegenbewegung aus Nähe und Liebe heraus auslöst, sind verwirrend. Aber sucht darunter irgendwo nach dem Vertrauen. Wenn es da ist, dann wird es euch wieder zusammen führen. Erneuert, frisch und auf neuem Niveau. Wenn nicht, dann ist es nicht mehr das, was es einmal war. Und dann könnt ihr sowieso nichts daran ändern. Alles, was ihr in einer solchen Situation machen könnt, wenn ihr euch gegen die Wahrheit der inneren Trennung wehrt, ist, ein totes Etwas in Plastik zu stecken und zu hoffen, dass niemand merkt, dass dieses Etwas zwischen euch längst tot ist. Tut das nicht. Das hat das Leben nicht verdient. Das hat die Liebe nicht verdient. Geht lieber das Risiko ein und gesteht euch ein: Es ist nicht mehr das, was es einmal war. Der Zauber ist verflogen. Er ist einfach weiter gezogen. Und das tut er immer. Er ist unbeständig und ein Wanderer. Ehe ihr es bemerkt, hat sich der Gast, der euer Leben erfüllt hat, längst wieder auf die Reise gemacht. Und ihr könnt nichts dagegen tun. Wenn ihr ihn einsperrt oder erschlagt, damit er bei euch bleibt, wird es nicht mehr das Gleiche sein. Also lasst es lieber. Öffnet die Tür, lasst die Sonne herein und wartet, dass er oder ein anderer Gast zurückkommt.

Also akzeptiert den Kampf. Akzeptiert die Unbeständigkeit. Nehmt die Angst und den Schmerz in Kauf, um überhaupt an irgendwelche Früchte des Leben und der Liebe gelangen zu können. Aber werdet nicht gierig und verschluckt euch daran. Was kommt, das kommt. Was geht, das geht. Das Einzige, was man aufrichtig und ehrlich sagen kann: Eure Beziehungen enden ganz sicher eines Tages. Euer Liebster wird euch verlassen, eine andere Frau oder ein anderer Mann wird ihn euch nehmen, das Verschwinden von Leidenschaft und gemeinsamen Interessen wird ihn euch nehmen. Die Langweile. Der Lauf des Lebens. Oder der Tod. Das einzig Sichere an der Liebe ist ihr Ende. Sie ist ein Phänomen des Lebens. Also hat sie einen Anfang und ein Ende. Und kein: „Bis der Tod euch scheidet." Der ursprüngliche Text in der Bibel lautete mit Sicherheit: „Bis das Leben euch scheidet." Aber das war zu schwierig. Zu komplex. Es verlangt Einsicht, Intelligenz und Spiritualität, um diese Sätze zu sagen. Alles Eigenschaften, die die Priesterschaft und die Kirchen nicht mit sich bringen. Also hat man sich darauf geeinigt: „Zu lang. Zu kompliziert. Zu unverständlich. Lasst uns sagen: „*Bis der Tod euch scheidet.* Dann haben wir Ruhe. Ansonsten stehen die Paare alle drei Monate hier mit einem neuen Partner und wollen ihren Segen. Das geht nicht. Lasst uns das so machen. Dann nehmen wir ein paar Goldstücke mehr für den Segen, aber haben unsere Ruhe." So wurde das Dilemma geboren, in dem die ganze Welt heute feststeckt. Aber lasst euch davon nicht irritieren. Einigen wir uns wieder auf den ursprünglichen Text. Das wird den Menschen eine große Last von der Seele nehmen. Denn dann wird kein Schwur mehr gebrochen. Keine Gewissensqual mehr, dass man nicht so gut und aufrichtig ist, wie man es eigentlich sein müsste. Glaubt mir: Mutter Natur will glückliche, lebendige Geschöpfe – keine anständigen Kinder voller Sorgen und Gewissensbisse.

Also mach dir keine Sorgen. Der Streit ist natürlich und gesund. Nimm ihn dir nicht zu sehr zu Herzen.

Das mag alles sein. Aber wie finde ich meinen persönlichen Frieden mit den Frauen? Wenn es um Frauen geht, quäle ich mich bis zur Verzweiflung aus einer Mischung aus Liebe und Hass.

Indem du ihnen verzeihst. Das Verzeihen steht an erster Stelle. Schaue tief in die Worte hinein, die ich dir gerade gesagt habe. Akzeptiere den Kampf, akzeptiere die Unbeständigkeit, die Verwirrung und den Schmerz der Liebe und ihr Ende… und du findest Frieden. Denn wenn du das tust, dann verzeihst du. Du verzeihst den Frauen in deinem Leben, dass sie mit dir streiten wollen, jedes Wort anders auslegen als du. Dass sie andere Männer begehren und dich für sie verlassen. Und wenn sie dich nicht für sie verlassen, dann schlafen sie zumindest hinter deinem Rücken mit ihnen. Du verzeihst ihnen, dass ihr Gesicht, das du in der Vergangenheit so sehr geliebt hast – so sehr, dass du für dieses Gesicht gestorben wärst – irgendwann langweilig und öde für dich wird. Dass sie dir auf die Nerven gehen. Dass du ihren Körper irgendwann nicht mehr begehrst und heimlich an andere Frauen denkst. Du musst den Frauen verzeihen, um Frieden zu finden.

Das gleiche gilt für die Frauen, die so unglücklich über die Männer dieser Welt geworden sind, dass kaum noch Vertrauen in ihren Herzen und in ihren Blicken ist. Die Frauen sind kalt und bitter geworden, weil keine Liebe für sie da ist. Und das alles nur, weil eine Heuchelei zwischen den Geschlechtern inszeniert wurde, die dazu führt, dass sie sich heimlich gegenseitig hassen, aber öffentlich das Gegenteil behaupten. Und gerade die feinfühlige Frau empfindet diese Schauspielerei als besonders erniedrigend. Der Mann ist einfach gestrickt und kann damit leben. Solange er Sex und Essen und eine Aufgabe hat, stört es ihn nicht besonders, dass einiges nicht so läuft, wie es sein sollte. Aber die Frau leidet darunter. Denn sie stellt dem Mann ihr Heiligstes zur Verfügung: Ihren Körper. Ihre Sexualität. Ihren Wunsch nach Kindern und Verbundenheit. Und alles, was er macht, ist sie zu belügen. Treue und Liebe zu heucheln, um Sex zu bekommen. Frauen spüren das. Sie können es verbergen. Eine Zeit lang so tun, als wäre alles in Ordnung.

Aber eines Tages haben sie genug. Dann kommt ihre Abrechung mit der Lüge. Die Abrechung mit dem Mann. Und hütet euch vor der Abrechung einer Frau. Sie tötet den Mann vielleicht nicht, wie der Mann es tun würde, wenn er sich rächt. Nein, sie geht viel tiefer. Den Körper zu töten reicht ihr nicht. Dafür ist sie viel zu einsichtig und clever. Sie tötet seine Seele. Sie nimmt ihm die Selbstachtung, seine Macht als Mann und seine Empfindungen. Wenn sie zurückschlägt, dann bleibt eine Narbe fürs Leben in den Empfindungen und der Seele des Mannes zurück. Und er kann bis ans Ende der Welt gehen – er wird sie immer mit sich tragen. Der Mann kann nur physisch zuschlagen. Es tut in dem Moment weh. Aber das vergeht. Wenn die Frau ihr Messer zückt, dann wird der Mann sein Leben lang innerlich gebrochen zurück bleiben. Also erspart euch das. Erspart euch die Heuchelei. Die Abrechung kommt. Sie kommt immer.

Schließe Frieden mit den Frauen, indem du ihnen verzeihst. Verzeihung steht an erster Stelle. Egal, was sie getan haben, was für Leid sie dir durch Ablehnung, versagte Liebe, andere Männer oder durch ihren Spott in deinen Leben angerichtet haben. Verzeihe ihnen. Sage dir immer wieder, dass du ihnen verzeihst – den Frauen in deiner Vergangenheit, in deinem heutigen Leben und allen Frauen, denen du noch begegnen wirst. Verzeihe ihnen so lange und immer wieder, bis die Verzeihung tief in dich eindringt. Bis sie in deine Träume in der Nacht Einzug hält, in deine Erinnerungen, in deine Gedanken an Frauen. Mach weiter, bis du die Verzeihung fühlst und lebst. Frauen sind unvollkommen, wie alles Lebendige unvollkommen ist. Entweder du bekämpfst sie weiter oder weichst ihnen aus, weil du sie fürchtest. Oder du verzeihst ihnen und nimmst sie so wie sie sind. Einen anderen Weg gibt es nicht. Verzeihung steht an erster Stelle.

Ich wäre gerne, wie du es beschreibst. Ich habe als Frau immer unter den Männern gelitten. Auch in meiner Ehe. Jetzt würde ich gerne loslassen. Verzeihen. Akzeptieren. Aber ich weiß auch, dass ich mir etwas vormache, wenn ich so tue. Etwas in mir will festhalten, beschuldigen, wütend sein, wenn es um Männer geht.

Werde nicht zur Heuchlerin. Das ist damit nicht gemeint. Dann drehst du die Münze der Heuchelei, die dir durch die Lebensmodelle Monogamie und Ehe auferlegt wurde, nur wieder um und nichts hat sich geändert. Nur das Etikett. Die Münze ist die gleiche.

Wenn du jahrelang versucht hast, treu, anständig und eine aufmerksame, geduldige Ehefrau zu sein, dann versuchst du jetzt eine tolerante, offene und polygame Hippie-Braut zu werden. Beide Extreme sind falsch. Beides führt zu Schauspielerei zwischen dir und den Menschen in deinem Leben. Es geht um die Mitte. Denn in der Mitte bist du. Aus der Mitte heraus kann spontanes Leben entstehen. Aus der Mitte kommen Verzeihen, Loslassen und Liebe.

Wenn du jetzt sagst: „Es ist okay, dass mein Mann andere Frauen anschaut. Mich für sie verlässt. Dass er mir nicht zuhört. Kein Interesse zeigt. Es muss halt so sein. Jemand anderes hat es gesagt, also wird es schon stimmen." Wenn du das machst, dann stellst du dein Menschsein wieder vor der Tür ab. Sei, wie du bist. Wenn du wütend auf deinen Mann bist, weil er mit einer anderen Frau geflirtet hat, dann werde wütend. Beschimpfe ihn. Fluche. Kratze ihm die Augen aus. Frauen müssen das tun. Ihre Schönheit liegt darin, auch zur Furie werden zu können. Die Furie hat ihre eigene Schönheit. Wild, ungebändigt, frei. Aber werde nicht zur Schauspielerin, die jeden Unsinn duldet, den dein Mann anstellt. Dann bist du keine Frau mehr.

Also gib Acht. Es geht nicht um die Extreme. Es geht darum, Mensch zu sein. Ein Mensch kann wütend, ängstlich und verletzlich sein. Und trotzdem kann Schönheit in seiner Ängstlichkeit, in seiner

Wut und in seiner Verletzlichkeit liegen. Schau dir einen Mann an, der weint, weil ihn die Liebe zu seinen Kindern überwältigt. Schau in seine Augen, wenn ihn Sorgen um deine Liebe plagen. So verletzlich. So ängstlich. Seine ganze Stärke ist dahin. Sag mir, dass es dich als Frau nicht berührt, wenn du die Verletzlichkeit und die Sorgen deines Mannes spürst. Und ich werde dir sagen: „Du bist keine Frau mehr. Du bist eine Maschine. Betonstahl. Was auch immer." Siehst du dagegn die Schönheit in diesem Moment, wenn dein Mann schwach und verletzlich ist, und berührt sie dich, dann weckt sie die Liebe in dir. Dann wird die Brücke erneut geschlagen. Und dazu ist sie da, die Verletzlichkeit. Um die Brücke zu schlagen. Eine Brücke gegen die Gleichgültigkeit. Auf dieser Brücke zum Anderen ist niemand cool. Also macht dir keine Sorgen, wenn du so empfindest. Du bist nicht allein.

Jeder Mensch empfindet ähnlich. Jeder empfindet Wut, Trauer, Zweifel. Es wird erst schädlich, wenn Trauer, Wut und Zweifel dich zu Handlungen zwingen, deren einziges Ziel ist, Schaden anzurichten: Den Anderen zu verletzten, zu bezwingen und zu besiegen. Darin liegt die Gefahr. Nicht im Zweifel, im Verlangen, in Angst und in Wut selbst. Die Gefahr liegt in der Kontrolle. Merke dir immer: Der Feind der Menschen ist die Kontrolle, nicht die spontane Empfindung. Denn Kontrolle richtet Schaden an. Die Emotionen gehen. Sie sind unbeständig und flüchtig. Ist die Wut erst verraucht, fragt man sich: „War ich das? Wie kann das sein? Im Grunde gibt es doch gar keinen Grund sich so aufzuregen." Aber diesen Zustand nach der Wut kann man nicht erzwingen. Er kommt. Irgendwann. Aber hast du Kontrolle ausgeübt, den anderen zu Handlungen und Eingeständnissen gezwungen, die er dir von sich aus nicht geben wollte, dann ist der Schaden da. Du weißt, dass du dich selbst betrogen hast, weil du etwas errungen hast, das nur eine Lüge ist, die deinen Schmerz und deine Zweifel ruhig stellen soll. Dein Partner weiß, dass er betrogen wurde, weil er dir unter Druck ein Versprechen gegeben hat, das er nicht halten kann oder will. Beide wissen es im Grunde, tun aber, als sei alles in Ordnung. Als wären sie Liebende. Aber hinter der Fassade wissen beide Bescheid, dass es nicht so ist. Darunter quält sie die Sorge. Der Schaden ist da. Und ihn zu reparieren wird schwer. Er dauert länger als die Wut, die längst verraucht ist. Darum driften Mann und Frau durch Kontrolle auseinander. Äußerlich scheint die Kontrolle sie zusammen zu halten. Innerlich entfremdet sie die Geschlechter.

Also spiele dir, deinem Liebsten und deinen eigenen Empfindungen nichts vor. Sei einfach ein Mensch. Das Loslassen findest du in der Mitte. Und zwar ganz von selbst. Es gibt dort nichts zu tun, nichts zu erreichen. Es ereignet sich einfach. Sei wie der Krieger auf dem Schlachtfeld. Kämpfe, wüte, schreite voran. Aber bleibe im Grunde unberührt. Bleibe in der Mitte. Dann wird sich der Zustand einstellen. Der Krieger, der wie ein Irrer losstürmt, rennt in die Speere der Feinde. Der Krieger, der gelähmt vor Angst ist und sich nicht bewegt, wird von ihren Schwertern niedergestreckt. Derjenige, der mit dem Fluss geht, wird bleiben – egal, ob er fällt oder überlebt. Er ist dort angelangt, wo es keinen Anfang und kein Ende gibt. Er ist in die Stille heimgekehrt.

Und das gilt auch für dich. Beteilige dich ruhig am Geschrei der Welt. Aber werde innerlich immer stiller. Damit schaffst du Raum in dir. Und durch diesen Raum kann das Bewusstsein hervortreten.

Die Welt liebt Frauen, die zur Furie werden können. Welch ein Anblick. Nichts… wirklich nichts ist vergleichbar an Schönheit, wie eine Frau in gerechter Wut. Selbst im Liebesakt hat sie nicht so eine Schönheit zu bieten, wie in dem Moment, in dem eine gerechte Wut über die Flausen der Männer ihr Herz erfasst. Und schau dir die Männer in diesem Moment an. Egal wie groß sie sind, wie stark. Im Moment wahrer Wut einer Frau sind sie alle geschlagen. Sie stehen da mit gesenktem Haupt, unglücklichem Blick und wie geprügelte Hunde. Unfähig sich zu bewegen oder die richtigen Worte zu finden. Während die Frau erblüht in ihrer Wut. Ihr Gesicht bekommt Farbe, die Augen funkeln, die Haare legen sich um ihr Gesicht. Einer der schönsten Momente auf Erden. In diesen Momenten ist alles in Ordnung auf dieser Welt. Dann öffnet sich das Tor, und die Göttin der Vernunft hat für diesen kurzen Moment ihren Platz in unserer Welt gefunden.

Also, sei wie du bist. Achte nur ein wenig auf den Weg. Mehr kannst du in diesem Moment nicht tun. Alles andere wird sich einstellen. Es geht nicht darum, etwas Unerreichbares zu erreichen. Wenn es dir schwer fällt, dann akzeptiere erst einmal, dass es dir schwer fällt. In dieser Einsicht liegt bereits die Saat für das Loslassen. Denn du hast zumindest bemerkt, dass du nicht so bist wie du glaubst, sein zu müssen. Die Identifikation fällt. Du bewegst dich im Zwischenreich. Noch nicht ganz das Eine, aber auch nicht mehr das Andere. Vertraue auf deine

Mitte. Und sei wütend, wenn du wütend bist. Denke daran, dass die Wut der Frau die Stimme der Vernunft in unserer Welt ist.

Meine Frau treibt mich in den Wahnsinn. Sie redet und redet und redet...

Entspanne dich. Du bist nicht der erste Mann, den seine Frau in den Wahnsinn treibt. Alle Frauen tun das. Tatsächlich geht es gar nicht anders. Jede Frau treibt ihren Mann früher oder später in den Wahnsinn.

Am Anfang kannst du noch so tun als hörst du ihr zu. Wenn du verliebt bist. Wenn der Sex neu und aufregend ist und du wohl oder übel zuhören musst, um ihn zu bekommen. Aber irgendwann... wenn die Leidenschaft verschwunden ist und der Alltag in die Beziehung eingekehrt ist, dann kommt dich der Wahnsinn holen. Und zwar der ganz alltägliche Wahnsinn. Und der besteht nun einmal darin, dass Männer und Frau vollkommen verschieden sind. Was der Frau gefällt, ist für Männer ein Alptraum. Was dem Mann gefällt, ist für die Frau ein Alptraum.

Für Frauen ist es wichtig zu reden. Sie tragen ihr Herz auf der Zunge. Das hat seinen Grund: Kinder lernen die Quantität der Sprache von ihren Müttern. Von Vätern eignen sie sich eher die Syntax, den qualitativen Sprachgebrauch an. Frauen sind für den Wortschatz zuständig, für die Farben und die Zwischentöne. Der Vater ist unterwegs. Er muss die Welt erobern, mit seinen Freunden Unsinn anstellen oder arbeiten. So wie Vögel das Singen von ihren Eltern durch Imitieren lernen, so lernen Menschenkinder die Fähigkeit zu reden von ihren Eltern – und in späteren Jahren vor allem von der Mutter. Darum ist die Frau ein verbaler Wasserfall. Sie redet und redet und redet und bemerkt das nicht einmal. Es geschieht wie von selbst. Es wird ihr auch nicht langweilig dabei. Es ist keinerlei Anstrengung für sie. Über jedes Thema kann sie sich auslassen. Jede Beobachtung kann sie kommentieren, jeden Klatsch tausendmal erzählen. Selbst nach Stunden ist es immer noch spannend und gibt es so viel zu besprechen und zu tratschen.

Du kannst also nichts tun. Du wirst es aushalten müssen. Mutter Natur hat die Frauen so gemacht und wir müssen sie so nehmen. Natürlich wird sie dich damit in den Wahnsinn treiben. Aber das ist der Preis für hübsche Kinder. Das ist der Preis für einen angenehmen Körper in der Nacht. Dachtest du, das alles sei umsonst? Nichts ist umsonst im Leben. Und schon gar nicht die Frauen.

Also sei ein Mann und beklage dich nicht. Nimm es hin, wie es ist.

Ist Liebe zwischen Mann und Frau möglich?

Es ist keine Frage, ob Liebe zwischen Mann und Frau möglich ist. Liebe ist ganz einfach. Sie existiert unabhängig von Mann und Frau. Sie durchzieht die ganze Schöpfung. Ganz egal, ob wir uns um sie kümmern oder nicht. Ob Mann und Frau sich verlieben. Oder ob es Menschen überhaupt gibt. Wenn der Mensch eines Tages von der Oberfläche dieses Planeten verschwindet, dann tut das der Liebe keinen Abbruch. Sie ist da, war da und wird immer da sein. Sie zieht weiter, findet neue Wege, neue Tore.

Die Begegnung zwischen Mann und Frau kann zum Tor für die Liebe werden. Erst dann nehmen die meisten Menschen sie war. Aber sie existiert auch unabhängig von dieser Begegnung zwischen Mann und Frau. Die Liebe zwischen Mann und Frau ist wie Wind. Sie ist Bewegung. Luft ist immer vorhanden – genau wie die Liebe. Auch wenn wir uns dessen nicht bewusst sind. Luft nehmen wir erst wahr, wenn sie sich bewegt. Wenn sie zu Wind wird. Für den Menschen muss die Luft erst zum Wind werden und die Liebe zur Begegnung zwischen Mann und Frau, damit er sich bewusst wird, dass es sie gibt. Und weil der Mensch sie erst wahrnimmt, wenn sie sich bewegt, ist die Liebe zwischen den Menschen auch so unbeständig wie der Wind. Manchmal ist sie ein Sturm. Manchmal nur eine laue Brise. Aber auch wenn kein Wind herrscht, so ist Luft immer noch da. Genauso ist es mit der Liebe.

Die Liebe braucht also Mann und Frau nicht. Sie existiert unabhängig von ihnen. Nur hin und wieder, wenn ein Mann und eine Frau sehr offen sind. Wenn sie sich nahe und vertraut sind. Dann kann die

Begegnung zwischen ihnen ein Tor für die Liebe werden. Dann findet sie Einlass über die beiden Liebenden in diese Welt. Aber diese Augenblicke sind kurz. Und man muss sehr sensibel sein, um sie wahrzunehmen. Schnell sind sie wieder verschwunden und man darf nicht nach ihnen greifen.

Liebe ist nicht das, an was du denkst, wenn du von ihr sprichst. Du denkst an Leidenschaft, Romantik, Sicherheit – an die Erfüllung von Bedürfnissen. Das ist Psychodrama – eine unbewusste und diffuse Vorstellung von Harmonie und der Erfüllung all deiner Bedürfnisse innerhalb einer ungestörten Beziehung. Aber das ist nicht Liebe. Das ist Leidenschaft und Psychologie. Und Leidenschaft und Psychologie sind niemals Liebe. Auch wenn ihr diesem Prozess das Etikett „Liebe" einfach aufdrückt. Aber zum Glück ist Liebe frei von euren Etiketten. Und sie kommt und geht wie es ihr gefällt. Wenn man einen Sinn für Poesie hat, dann kann man sagen: Liebe ist die Aufmerksamkeit Gottes. In bestimmten Momenten wendet er sich euch zu und seine Aufmerksamkeit ist pure Liebe. Und hin und wieder kommt es vor, dass er sich Liebenden zuwendet. Wenn ihr Zusammensein ihn erfreut. Aber was du im Sinn hast, wenn du auf diese Weise nach der Liebe fragst, ist die Abwesenheit Gottes. Es ist Leidenschaft, Psychologie und Hollywood-Süßstoff. Wenn Liebe geschieht, ist sie so still, dass du sie wahrscheinlich nicht einmal bemerkst. Nur ein Funken, der dich berührt und durch den du bemerkst, dass mehr da ist als nur das, was du anfassen und berühren kannst. Mehr als das, mit dem du in direktem Kontakt über einen Körper und Verstand stehst. Und in dem Moment, wo du nach dieser Einsicht greifst, um heraus zu finden, was es mit ihr auf sich hat oder um sie fest zu halten – und das tut der Mensch immer, weil genau das die Funktionsweise des Verstandes ist – genau in dem Moment ist die Liebe auch schon wieder verschwunden.

Und auch du greifst mit deiner Frage nach der Liebe. Du willst sie festhalten. Du willst wissen, was du machen kannst, damit sie kommt und bleibt und dein Leben zu einem sicheren, harmonischen Spaziergang macht. Du willst wissen, wie du werden musst, um perfekt zu sein. Um die perfekte Liebe und Harmonie erleben zu können, die dir alle Sorgen nimmt. Die dir eine Liebe ermöglicht, die frei ist von Verwirrung und Kummer. Du fragst nach dem Hollywood-Happy-End, noch bevor der Film überhaupt angefangen hat.

Aber so läuft es nicht. Du kannst die Liebe weder manipulieren noch bestechen. Du kannst sie auch nicht lernen. Oder dich anstrengen. Je mehr du das tust, desto unwahrscheinlicher wird sie für dich. Sie kommt und geht, wie es ihr gefällt und du kannst nichts tun, um sie zu dir zu locken oder zum Bleiben zu bewegen.

Also greife nicht mit Fragen und Forderungen nach ihr. Nimm es hin wie es ist. Wenn sie kommt, dann kommt sie. Wenn nicht, kannst du es nicht ändern. Sie ist ein Segen. Keine Bedingung.

Sie ist auch keine Bedingung für Mann und Frau. Verwechsle nicht Liebe mit den Prozessen zwischen den Geschlechtern. Was zwischen Mann und Frau abläuft, sind in erster Linie biologische Prozesse. Diese biologischen Prozesse äußern sich in dir als Psychologie. Die Biologie ist äußerst geschickt. Sie gaukelt dir intensive Gefühle und Stimmungen vor, die du getrennt von dir selbst als etwas „Besonderes, Einzigartiges“ wahrnimmst. Als ob etwas von außen über euch als Liebespaar gekommen wäre, das euch beide erwählt und ausgesucht hat, um etwas Einzigartiges und Besonderes zu schaffen. Das stimmt nicht. Die Liebe zwischen Mann und Frau ist ordinär, einfach und alltäglich. Sie geschieht Millionenfach jeden Moment auf dieser Welt seit Millionen Jahren. Aber jedes einzelne Paar hat den Eindruck etwas Besonderes in der Liebe zu sein. Meinst du wirklich das Besondere wäre so beliebig, dass es gleichzeitig vielen Millionen Menschen pro Tag geschieht? Es ist eine große Illusion, aber ein notwendiger biologischer Vorgang. Ansonsten würden sich Mann und Frau nicht darüber einig werden zusammen zu kommen. Und ohne dieses Zusammenkommen gäbe es keine Kinder.

Du musst dir immer vor Augen halten: Bei der Liebe zwischen Mann und Frau geht es nicht um höhere Ziele oder Pläne. Es gibt keinen göttlichen Plan. Es geht darum Kinder zu produzieren und diese sicher und gesund aufwachsen zu lassen. Ein anderes Interesse hat Mutter Natur an euch nicht. Nur gesunde, hübsche und behütete Kinder will sie von euch. Das ist der einzige Plan dahinter. Damit ihr den bereit willig erfüllt hat Mutter Natur ein geschicktes Geflecht aus Täuschungen und Illusionen erfunden, um euch ruhig zu stellen und zu verführen. Denn warum solltet ihr euch sonst die Arbeit machen? Das Leben ist doch so schön und unbeschwert ohne die kleinen Schreihälse, die immer Hunger haben, krank werden und beschäftigt werden wollen. Männer möchten doch viel lieber auf die Jagd gehen und mit ihren Freunden tolle Abenteuer erleben. Sie wollen den anderen Frauen hinterher stellen. Frauen möchten im Grunde doch gar nicht das Risiko eingehen. Sie könnten bei der Geburt sterben. Dann die neun Monate Schwangerschaft, die bestimmt kein Spaziergang für sie sind. Sie wird fett, unbeweglich und sie ruiniert ihre schöne Figur. Dabei haben Frauen doch ganz andere Dinge im Kopf: Die Fingernägel müssen in Ordnung sein, die aktuelle Mode muss passen und der nächste Friseur-Termin steht an. Kinder? Warum? Das Leben ist auch so schön.

Gerade in unserer Ego-Gesellschaft setzt sich doch der Trend immer mehr durch, zu sagen: „Kinder? Keine Zeit. Ich habe noch so viel vor. Kinder? Jetzt noch nicht. Ich bin noch nicht bereit. Kinder? Zu teuer. Ich bin nicht bereit, auf meinen Lebensstil zu verzichten.“ Warum ist das wohl so? Kinder sind anstrengend. Kinder sind ein Risiko. Das Ego des Einzelnen kann ganz gut auf die Belastung und Sorgen durch Kinder verzichten.

Mutter Natur weiß das natürlich. Also hat sie ein wunderbares Geflecht aus Täuschungen und Einbildungen erfunden, die sich in eurem Kopf abspielen, wenn ihr dem anderen Geschlecht gegenüber steht. Sie überredet euch mit tausend Tricks die verrücktesten Dinge zu glauben, nur damit ihr miteinander ins Bett geht und sie die Kinder bekommt, die sie sich so sehr wünscht. Es ist ein Trick. Ein Spiel. Eure Vorstellung von Liebe ist eine Täuschung. Und auch deine Frage ist eine biologische Täuschung. Ich sage dir: Nein. Liebe zwischen Mann und Frau ist nicht möglich. Sie war es nie und wird es nie sein. Worauf du hoffst sind Hollywood-Märchen und Illusionen. Du hoffst auf die Erfüllung deiner biologischen Tagträume – aber die kommt nie. Tief in dir drin weißt du das. Denn Täuschungen sind ohne Bestand und das schmerzt. Deswegen fragst du nach einem Ausweg aus dem Dilemma. Aber ich kann dir keinen bieten. Wirf deine Illusionen und Hoffnungen über Bord und dir wird es besser gehen. Dann wirst du die Frage nicht mehr stellen. Dann wirst du leben. Und wenn die Liebe sich ereignet, stellst du es einfach fest ohne nach ihr zu greifen. Und wenn sie nicht geschieht, dann machst du dir keine Gedanken darüber. Du lebst einfach. Das allein ist göttlich genug. Das Leben ist Gott. Das Leben ist Liebe. Die Fragen danach sind Unsinn.

Also merke dir: Nein, Liebe zwischen Mann und Frau ist nicht möglich. Du brauchst gar nicht darauf hoffen. Dafür sind Frauen und Männer viel zu unterschiedlich. Sie waren schon im Sandkasten keine Freunde und fanden sich unerträglich. Jungs finden Mädchen doof, weil sie Zöpfe haben und sich nicht dreckig machen wollen beim Spielen. Die Mädchen finden Jungs doof, weil sie immer so verrückte, wilde Spiele mit Stöcken, Geschrei und Kämpfen machen, bei denen man nur Gefahr läuft sich die schönen neuen Sachen zu ruinieren. Wenn sie zu dieser Zeit schon keine Freunde waren und es toll fanden, sich gegenseitig zu ärgern und zum Weinen zu bringen, warum sollte es später anders sein? Wenn sich Mann und Frau schon in ihrem natürlichsten Zustand als Kinder nicht verstehen, wie sollte dann später als Erwachsene das Gegenteil der Fall sein? Kinder sind noch ganz frei und natürlich – Erwachsene dagegen verbogen, verletzt, verkümmert. Das Drama kann sich nur noch verschärfen wenn Mann und Frau Erwachsene sind.

Es ist ein verrücktes Märchen, dass erwachsene Männer und Frauen anders sein sollten als die Kinder im Sandkasten. Und jede Mutter wird bestätigen, dass Jungen und Mädchen sich immer in den Haaren liegen und ständig nach neuen Wegen suchen, sich zu ärgern und gegenseitig aufzuregen.

Also lass es ganz tief auf dich wirken: Männer und Frauen sind keine Freunde! Und zwischen ihnen ist keine Liebe möglich. Je eher du den Unsinn über Bord wirfst, desto besser. Desto eher fängst du an zu leben. Mit dem Leben bist du näher an der Liebe, als dir bewusst ist. Nähere dich dem Leben. Nur das zählt. Eine Liebesbeziehung mit dem Leben ist die Antwort für dich. Natürlich werden sich deine Beziehungen und dein Umgang mit dem anderen Geschlecht darüber verbessern. Weil du allgemein liebevoller, aufmerksamer, sanftmütiger, einsichtiger wirst. Aber es gibt keinen direkten Weg zur Liebe. Und niemals einen direkten Weg zu der Art von Liebe, nach der du fragst und die du in deinen Vorstellungen mit dir trägst. Diese Vorstellungen trennen dich nur von der Wahrheit. Die Liebe ist frei und unabhängig von dir und deinen Wünschen und Hoffnungen. Und das ist auch gut so.

Jemand, der das eingesehen hat, empfindet den ewigen Streit zwischen Mann und Frau auch nicht als schlimm oder bedauernswert. Er genießt den Krach. Es ist ein Heidenspaß. Er hat einen klaren, unverfälschten Blick für das, was ist und was Spaß macht. Und der Streit zwischen Mann und Frau macht Spaß. Du darfst ihn nur nicht zu ernst nehmen. Der Ernst kommt mit der sexuellen Entwicklung und der sexuellen Abhängigkeit vom anderen Geschlecht im Erwachsenen-Alter. Aber wenn du wieder ein bisschen werden kannst, wie der Junge im Sandkasten, der das Mädchen gegenüber ganz heimlich unglaublich süß findet, der sich aber genau darüber gleichzeitig irgendwie ärgert und aufregt und der deswegen ständig neue Pläne ausheckt, wie er sie ärgern und mit Sand bewerfen kann – dann bist du wieder zu Hause. Wenn du als Mädchen die Jungs einfach schrecklich und unerträglich findest, sie aber trotzdem liebevoll in deinem Herzen tragen kannst, ohne zu verbittern – dann bist du wieder zu Hause. Dann ist die Liebe in dein Leben eingezogen.

Natürlich lieben alle Männer Frauen und alle Frauen lieben Männer. Aber sie finden sich auch gegenseitig unmöglich. Es ist ein Paradoxon, keine gradlinige Einheit. Deswegen nimm es nicht zu schwer. Es ist ein Spiel. Aber es gibt nichts zu gewinnen.

Wende dich dem Leben zu. Der Wahrheit. Und werde wieder ein bisschen wie ein Kind im Sandkasten. Vergiss die Fragen. Wühle im Dreck und hab Spaß dabei. Das ist viel wichtiger als alles andere.

Ich verstehe das nicht. Du sagst, es ist keine Liebe zwischen Mann und Frau möglich. Dann sagst du, dass sie sich einfach einstellt und geschieht? Wie ist das möglich? Warum sagst du das Eine und im anderen Moment das Andere?

Es gibt nichts zu verstehen. Es gibt viel zu leben, zu erfahren, zu erforschen und zu meistern. Aber es gibt nichts zu verstehen. Du verlangst Antworten, die dir niemand geben kann. Nicht über das Medium der Sprache. Wenn du still sein kannst und in die Tiefe deines Wesens gehen kannst – dort findest du die Antworten. Aber es ist ein Verstehen ohne Antworten. Eine Einsicht ohne Gegenstand. Kein intellektuelles Verständnis.

Du forderst den Weg des Verstandes. Du forderst: Eins plus Eins ergibt Zwei. Ich sage dir Eins plus Eins kann Zwei ergeben, aber vielleicht auch nicht. Wer weiß das schon? Fordere nicht, dass Eins und Eins Zwei ergibt. Dann bleibst du in der Dimension des Verstandes gefangen. Und dort passiert nie irgendetwas. Dort bleiben Eins und Eins immer Zwei. Statisch. Langweilig. Tot.

Wenn ich dir sage: Eins und Eins ergibt Vier Drei Drittel. Dann wachst du auf. Du sagst: „Hey, da stimmt was nicht!" Dein Schlaf ist unterbrochen. Du bist irritiert und neugierig. Alte Muster bröckeln und geraten ins Wanken. Das sind die Augenblicke, in denen du offen bist, weil der Verstand nicht zupacken kann. Er steht vor etwas, das nicht in sein Schema passt. Eine Lücke entsteht. Und in dieser Lücke kann sich das Bewusstsein zeigen. Lass dich also ruhig verwirren. Je verwirrter du bist, desto näher kommst du der Wahrheit. Achte auf das, was deinen Verstand verwirrt. Es wird dich der Wahrheit näher führen. Deiner Wahrheit. Nicht irgendeiner geborgten Wahrheit aus Büchern und Universitäten. Nein, deiner unmittelbaren eigenen Wahrheit.

Aber zu deiner Frage: Du willst eine eindeutig definierte Antwort. Dann schlage im Lexikon nach. Dort wirst du Antworten finden, die klarer nicht sein können. Tue es ruhig. Aber wird die Antwort dich zufrieden stellen? Wirst du danach sagen können: Ich habe meinen Frieden gefunden? Probiere es ruhig aus. Schlage unter Liebe im Lexikon nach und nimm die Antwort in dich auf. Und dann komm zu mir und berichte mir, ob sie dir Erfüllung, Seelenfrieden, Weisheit gebracht hat.

In der Dimension des Verstandes ergeben ein Apfel und ein Apfel zwei Äpfel. Das ist richtig. Das ist absolut wahr und nur ein Narr würde daran zweifeln. Zwei Äpfel liegen vor dir. Du kannst sie anfassen, fühlen, sehen. Genauso ist es und nicht anders. Darüber brauchen wir nicht zu diskutieren, denn es gibt darüber nichts zu diskutieren. Aber das ist nur in der Dimension des Sachverstandes zutreffend. Aber es gibt noch mehr darüber hinaus.

Die Botschaft der spirituellen Dimension im Leben ist: Was tust du mit den Äpfeln? Ein Apfel plus ein Apfel ergeben zwei Äpfel. Aber was ist, wenn du auf einen Apfel verzichtest? In diesem Moment beginnt für dich die Dimension der Religiosität. Die der Spiritualität. Ein kluger, rationaler Mensch sagt: „Zwei Äpfel. Perfekt. Ich werde sie essen. Sie gehören mir." Ein spiritueller Mensch fragt: „Zwei Äpfel? Was geschieht, wenn ich einen davon weg gebe? Bleiben dann zwei Äpfel immer noch zwei Äpfel? Oder ändert das etwas? Wie ist dann die Gleichung? Immer noch: Zwei Äpfel minus einem Apfel gleich ein Apfel? Ist es ein Verlust für mich oder ein Gewinn?" Rein rational ist es ein Verlust. Du hast einen Gegenstand weniger als vorher. Spirituell kann es ein unendlicher Gewinn für dich sein.

Du kannst den Apfel jemandem schenken und vielleicht einen Freund fürs Leben auf diese Weise gewinnen. Dann ist Zwei Minus Eins nicht mehr Eins, sondern Freundschaft und Glück.

Du kannst den einen Apfel vergraben und einen wunderschönen Apfelbaum dadurch bekommen. Mit vielen, vielen Äpfeln. Sind dann Zwei minus Eins immer noch Eins? Du siehst, wenn du dich in die Dimension der Spiritualität begibst, wenn du ein Suchender und Forscher wirst, dann ist es nicht mehr so leicht mit den Antworten. Sie werden ungenauer, seltsamer. Manchmal verrückter. Aber sie werden umso unendlich viel reicher und lebendiger.

Genauso ist es mit der Liebe zwischen Mann und Frau und meinen Antworten darauf. Sie müssen seltsam, verrückt und unverständlich sein, um reich und lebendig zu sein. Denn das Leben zwischen Mann und Frau ist ebenso unendlich reich und lebendig und verrückt. Wie könnte ich mich diesem absurden Phänomen in ein paar griffigen Formeln nähern? Das ist unmöglich.

Schau her. Zwischen Mann und Frau ist es wie mit dem Apfel. Du kannst den einen Apfel abgeben und ihn vergraben, in der Hoffung einen Apfelbaum zu bekommen, der dir noch viel mehr Äpfel schenkt. Aber du gehst ein Risiko ein. Du musst etwas weggeben. Am Anfang steht der Verlust. Du könntest den Apfel auch selbst essen. Aber das war´s dann. Nichts wird mehr passieren. Wenn du den Apfel abgibst an Mutter Natur, ihn vergräbst, das erste zarte Pflänzchen pflegst, den Baum beschützt und geduldig bist – dann kannst du einen Reichtum erlangen, der viel größer ist als der kurze Genuss, den du dadurch bekommst, dass du den Apfel so schnell wie möglich selbst isst.

Aber niemand kann dir eine Garantie geben. Die Saat des Apfels kann nicht aufgehen. Die Pflanze kann eingehen, von spielenden Kindern ausgerissen, von Tieren gefressen werden. Der Baum kann krank werden. Oder nur schlechte, kleine Früchte hervorbringen. Dein Vorhaben ist voller Risiken. Keine Garantien sind möglich. Aber wenn du es nicht wagst, wirst du auch nie Reichtum, Freude und Erfüllung finden. Du musst entscheiden: Esse ich den Apfel schnell auf oder gedulde ich mich? Warte ich Jahre lang und stehe nachher trotzdem mit leeren Händen und knurrendem Magen da? Das kann durchaus passieren. Das Leben gibt keine Garantie auf Erfüllung. Und in der Liebe gibt es schon gar keine Garantie auf Erfüllung. Die gibt es vielleicht nur in Hollywood.

Aber wenn du diesen einen Schritt nicht wagst, wird sich in deinem Leben auch nichts ereignen. Aber die Wahl ist nicht einfach. Schließlich sind Äpfel lecker und wenn du jetzt Hunger hast, stehen die Chancen ziemlich schlecht, dass du Lust hast, zwanzig Jahre zu warten, bis dein Baum stark und groß genug ist, um dich mit seinen Früchten zu versorgen. Es ist eine schwierige Wahl. Voller Gefahren und Unsicherheiten. Darum wählt die Mehrzahl der Menschen den Weg des Verstandes und der Vernunft. Sie essen den Apfel sofort. Natürlich bleiben sie auf diese Weise ihr Leben lang hungrig und unerfüllt. Aber sie haben sich entschieden. Und ihre Entscheidung war zweckmäßig und vernünftig. Nun musst du entscheiden, ob du zweckmäßig und vernünftig leben willst. Ob du zweckmäßig und vernünftig lieben willst. Der Weg ist sicherer. Aber die Freuden sind geringer. Aber keine Garantien. Und keine Standard-Rezepte.

Mir gefällt nicht, was du uns über die Liebe von Mann und Frau erzählst. Ich mag nicht glauben, dass Streit die Grundlage zwischen uns sein soll. Ich finde, Mann und Frau sollten einander respektieren. Wie sonst sollte Liebe möglich sein?

Warum sagst du dann „Sollten...", statt „respektieren einander"? Allein die Wahl deiner Worte entlarvt dich. Du bist noch nicht in der Wirklichkeit angekommen. Du forderst ein Wunschdenken ein. Wie sieht denn die Realität aus? Lieben und respektieren Männer und Frauen einander? Nein, sie träumen von gegenseitiger Liebe und Respekt. Aber leben etwas anderes.

Männer unterdrücken die Frau, beuten sie aus, erniedrigen sie und machen sie zum Gegenstand ihres sexuellen Verlangens. Noch immer hat unsere Gesellschaft die Ausbeutung der weiblichen Sexualität zum Inhalt. Früher sollten Frauen die Gebärmaschinen für starken Nachwuchs und Stammhalter sein. Heute, im Zeitalter der Verhütung, sind sie zu reinen Quellen der sexuellen Befriedigung geworden, da das Kinderbekommen immer mehr in den Hintergrund tritt. Ihr müsst nur auf die Titelseiten der Magazine und Zeitschriften schauen. Auf jeder Zeitschrift prangt eine nackte Frau in sexueller, lockender Pose. In jedem Musik-Video räkeln sich Frauen als hätten sie den ganzen Tag nichts anderes im Sinn als Sex. Wo ist der Sinn für die Schönheit der Frau geblieben? Man greift sich ihren Körper, ihren Sex und wirft den Rest über Bord. Und genauso sehen die Frauen dort auch aus. Sie sind nur Fassade. Künstlich. Ohne Seele. Ohne Makel und Fehler. Sie werden im Computer nachbearbeitet, kleine Unebenheiten werden retuschiert, die Augen heller gemacht, die Haut geglättet. Das sind keine Frauen mehr, sondern dem Wunschdenken entsprungene Figuren. Und solange ihr im Wunschdenken gefangen seid, werdet ihr nie gesund. Werdet ihr nie Respekt und Liebe für euren Mann oder eure Frau empfinden können. Immer werden die kleinen Makel und Fehler euch abstoßen, weil die ganze Gesellschaft um euch herum von Perfektion träumt und euch diesen irrsinnigen Traum ebenfalls in die Köpfe gepflanzt hat.

Ein Alkoholiker muss erkennen, dass er Alkoholiker ist. Das ist der Moment, in dem er gesund wird. Solange er es leugnet und Ausflüchte findet, seine Sucht zu verschleiern, wird er krank bleiben, leiden und sich zerstören. Und du forderst das Gleiche mit deiner Frage. Du forderst, dass wir weiter saufen sollen. Uns berauschen an klebrigen Träumen von Respekt und Harmonie. Während die Realität weiter läuft und nichts mit deinen süßen Träumen zu tun hat.

Der Mann respektiert die Frauen nicht. Für ihn sind sie Quellen und Objekte der Lust. Denn sein Gehirn arbeitet die ganze Zeit in diese Richtung, fantasiert von der totalen sexuellen Erfüllung. Die Frauen hassen die Männer, denn sie fühlen sich missbraucht und ausgenutzt, weil das Interesse der Männer an ihnen immer nur oberflächlich ist. Sie spüren, dass sie benutzt und belogen werden, und die Verbitterung deswegen ist groß. Die Seele der Frau hat großen Schaden genommen und es wird lange dauern, diesen zu heilen.

Wenn du nun verlangst, dass die Menschen weiter träumen, dann verlangst du, dass die Hölle zwischen Mann und Frau ewig Bestand haben soll. Und nur, weil du nicht aufgeweckt werden willst aus deinen Träumen. Also schlaf ruhig weiter. Gehe an der Realität vorbei und leide weiter. Tantra wendet sich an die, die aufwachen wollen. Die den Blick auf die Realität nicht scheuen. Die Realität mag im ersten Moment erschreckend und hässlich sein. Aber ihr müsst eines bedenken: Nur in der Realität zeigt sich die Schöpfung. Auch wenn uns ihr Gesicht nicht immer gefällt. Aber sie ist wie sie ist.

Selbst ein Schlachtfeld am Morgen, auf dem sich die Leichen derer stapeln, die im Kampf gefallen sind, kann seine eigene Schönheit haben. Denn die Tiere und die Sonne interessiert es nicht, was für einen Unsinn der Mensch dort mal wieder angestellt hat. Die Sonne wird aufgehen, Vögel werden singen, Blumen werden blühen – ganz gleich, welche Gräueltaten sich am Tag zuvor dort abgespielt haben. Und es wird sehr friedlich sein. Der Krach der Menschen ist verklungen. Die Toten sind tot – sie sind sehr friedlich. Sie machen kein Geschrei mehr. Und über allem der Himmel, der Gesang der Vögel. Nach der Schlacht herrscht Frieden. Tatsächlich herrscht immer Frieden. Nur der Mensch vergisst diesen Frieden über seinem Unsinn, über seinen Schlachten, seinen Kriegen und dem ganzen Geschrei, den sein Verstand erzeugt.

Also vergiss niemals: Im ersten Moment mag der Anblick dich erschrecken. Aber nach und nach wird die Realität die Einbildung ablösen. Und dann haben die Blumen am Rand des Schlachtfeldes ihre Chance. Dann kann der Gesang der Vögel dich erreichen, die Sonne für dich scheinen. Sei einfach friedlich und blicke auf die Realität der Schöpfung – nicht auf den Unsinn, den der Mensch ständig anrichtet.

Je mehr ihr der Wahrheit zwischen Mann und Frau ausweicht, euch mit Hollywood-Filmen, Kitsch-Romanen und „Wie finde ich die perfekte Liebe"-Ratgebern betäubt, umso unwahrscheinlicher wird es für euch, Liebe zu erfahren. Denn Liebe ist Realität – niemals Wunschdenken. Liebe ist umfassend genug, um auch die dunklen, hässlichen Züge am Menschen einzuschließen. Nur Wunschdenken kann das nicht. Es unterteilt die Realität in die Teile, die ihm gefallen – den Rest will es ausschließen. Aber diese Teile sind niemals das Ganze. Also müsst ihr anfangen zu täuschen, zu simulieren, zu verändern und zu verstecken – um eine Illusion zu kreieren, die euch so gut wie möglich in Sicherheit wiegt. Ihr werdet zu Lügnern vor euch selbst und anderen.

Eure Wunschvorstellungen zwingen euch dazu, manipulativ zu werden. Denn jedes Mal, wenn die Realität von der Wunschvorstellung abweicht und euer Traum von Perfektion bedroht ist, dann bedroht sie sofort eure tiefsten Ängste und Emotionen. Also müsst ihr anfangen zu manipulieren. Die Frauen manipulieren ihren Körper mit immer neuen Methoden zur Perfektion. Männer behandeln ihre Schwächen mit immer neuen Mitteln – vom künstlichen Reichtum bis hin zu künstlichen Erektionen. Illusionen brauchen Manipulation, um existieren zu können.

Darum haben alle Gesellschaften Zwangsabkommen wie die Ehe und die Moral geschaffen. In vielen Gesellschaften wird die Frau immer noch wie ein Gegenstand behandelt – ohne Rechte, ohne eigene Stimme. Sie hat nur Körper zu sein. Sie soll gebären, dem Mann dienen und sexuell verfügbar sein. Wehe sie erhebt ihre Stimme, zeigt ihre Intelligenz oder verlangt ihr Recht auf sexuelle Befriedigung durch andere Männer. Dann wird sie zum Marktplatz geschleift und hingerichtet. Man könnte meinen, die Welt wäre immer noch im Mittelalter.

Selbst in den aufgeklärten Regionen der Welt hat die Frau immer noch unter der Last Jahrhunderte langer Unterdrückung und Ausbeutung zu leiden. In den östlichen Ländern wird die Frau immer noch physisch versklavt. Im Westen ist der Prozess subtiler. Hier wird sie über ihre Sexualität versklavt. Oder sie wird zum Ebenbild des Mannes gemacht.

Frauen im Westen haben im Grunde zwei Wege, die sie beschreiten können. Sie werden zu selbstlosen Sexspielzeugen. Oder sie werden zu Männer-Kopien – tragen Anzüge, reden von Wirtschaftsfaktoren, verzichten auf Kinder, werden bissig und machen Karriere. In beiden Fällen geben sie ihre Seele auf. Die Frau als Ganzes hatte nie eine Chance. In keiner Gesellschaft. Denn die Frau als Ganzes ist ein sehr komplexes Phänomen. Wesentlich komplexer, vielfältiger und reicher als der einfach gestrickte Mann. Daher fürchten die Männer die Frau. Aus diesem Grund basieren alle Zivilisationen auf der Unterdrückung der Frau – denn die Zivilisation haben die Männer geschaffen. Jetzt wird es Zeit, dass die Frau ihre eigene Identität findet. Aber dazu muss sie auch ihre eigene, derzeitige Realität erkennen. Wenn sie weiter davon träumt, Liebe und Respekt vom Mann zu erfahren, wird sich für sie nie etwas ändern.

Also wenn ihr etwas ändern wollt an eurem Verhältnis zu Mann und Frau, dann müsst ihr zuerst sehen wie die Realität wirklich ist und nicht noch mehr Träume und Hoffungen einfordern. Träume und Hoffnungen führen nirgendwohin. Freiheit ist nur in der Wirklichkeit möglich. Begegnungen sind nur in der Wirklichkeit möglich. In allen Hoffungen und Träumen liegt die Ursache für Leid und Verzweiflung. In der Realität besteht die Chance, Gott zu begegnen. Denn die Realität ist seine Schöpfung. Wunschdenken ist eure Schöpfung. Damit weicht ihr vom Pfad ab. Es ist quasi so, als würdet ihr ständig Gott für seine Schöpfung kritisieren und ihm Änderungen aufzwingen wollen. Das würde ich nicht tun. Er sitzt definitiv am längeren Hebel. Aber wenn ihr euch von ihm einladen lasst, ohne ständig zu meckern und zu kritisieren, dann ist er ein wunderbarer Gastgeber. Man könnte sagen: Der beste Gastgeber im ganzen Universum.

Können wir nicht einfach Liebe und Respekt zur Grundlage unserer Beziehungen machen?

Das ist der Weg des Willens. Aber er führt ebenso nirgendwohin, wie der Weg des Traumes. Im Grunde ist der Wille ein intensiver Traum. So konzentriert, dass er hin und wieder zu Wirklichkeit werden kann. Du kannst dir so fest etwas vornehmen, dass du es irgendwann erreichen oder durchführen kannst. Es ist möglich. Aber es ist ein schwieriger Weg. Es ist der Weg des Yoga. Dort wird so fest und konzentriert an der Verbesserung des Körpers und Geistes gearbeitet, dass Gott ermöglicht werden soll. Aber das gelingt nicht. Oder zumindest so gut wie nicht. Tatsächlich hat Yoga kaum Erleuchtete hervorgebracht.

Die Hürde ist zu hoch. Und wenn es geschieht, dann erst in dem Moment, in dem der Yoga-Jünger seinen ganzen Willen nach Verbesserung aufgibt und loslässt. Buddha war ein Yoga-Jünger, doch seinen Frieden hat er erst in dem Moment gefunden, in dem er die ganzen Kämpfe und Bemühungen des Yoga über Bord geworfen und gesagt hat: „Ach, was soll´s…"

Sicher kannst du dir vornehmen, alle Menschen zu lieben. Aber es ist ein schwieriger Weg. Ich möchte sagen, er ist faktisch unmöglich. Denn der Wille wird überschätzt hinsichtlich seiner Möglichkeiten. Er ist eine intensive Konzentration. Und die bedeutet ein hohes Maß an Anstrengung. Und je weiter du deinen Willen ins Spirituelle verlegen willst, desto schwieriger wird es, denn Spiritualität ist keine Sache des Willens. Es ist eine Sache des Geschehens. Das Universum hat keinen Willen. Es geschieht einfach. Und so ist es mit der Spiritualität. Du kannst dir zum Beispiel vornehmen, einen Stein hoch zu heben. Dafür ist der Wille gut. Um zu sagen: „Ich hebe jetzt diesen Stein hoch". Und dann machst du dich an die Arbeit und hebst ihn hoch. Das ist konkreter, sinnvoller Wille.

Du kannst dir aber auch vornehmen, mit dem Rauchen aufzuhören. Und da wird es schon schwierig für die meisten Menschen. Spätestens dort, wo der Wille psychologisch statt physisch wird, endet seine Macht sehr schnell.

Kannst du einem Alkoholiker sagen, dass die Realität die Grundlage seines Lebens sein soll und nicht der Alkohol? Ja, das kannst du tun. Er wird es auch verstehen und einsehen. Vielleicht wird er für ein paar Tage oder Stunden auch den Willen haben, sich zu ändern. Aber der Wille wird bröckeln, er wird zurückfallen und einschlafen… und zum nächsten Drink greifen. Erst wenn er die totale, uneingeschränkte Wahrheit über sich und seine Krankheit erkennt, hat er die Chance, gesund zu werden. Daher ist der Weg des Willens ein schöner Gedanke. Aber praktisch nicht durchführbar. Es wäre schön, wenn der Wille die Macht hätte, die Menschen und die Welt zu verändern. Aber die hat er nicht. Seit Generationen wird es versucht und daran gearbeitet. Aber es war kein Durchbruch zu verzeichnen. Der Wille hat nicht die Macht, die wir ihm gerne zugestehen oder zugestehen würden.

Die Gefahr ist groß, über diesen Weg wieder den Bezug zur Realität zu verlieren. Denn für den Willen brauchst du ein Ziel, ein Ideal. Und das kann dich ebenso gut von der Realität trennen und erneut krank und verzweifelt machen – wenn du in der Realität ständig am Ideal scheiterst.

Und das tun alle Menschen. Die Trennung von Ideal und Realität wird nur neuen Schmerz in dir erzeugen, denn du wirst dich fragen: „Warum bin ich nicht so, wie ich es mir vorgenommen habe? Warum bin ich so schwach? Warum gelingt es mir nicht…" Eine böse Falle.

Du kannst dir zum Beispiel vornehmen, deinen fiesen, hässlichen Nachbarn zu lieben, der dir ständig auf den Geist geht. Du kannst es ehrlich versuchen. Die ersten Momente, wenn der Vorsatz noch frisch ist, wirst du sogar einige positive Erfahrungen damit machen und denken: „Hey, gar nicht so schlecht. Er kann eigentlich ganz nett sein. Und so schlimm ist er ja gar nicht." Aber dann… irgendwann… dann wird er dich wieder erwischen. Wird dir auf die Nerven gehen, dich anwidern, und spätestens in diesem Moment wirst du ihn wieder hassen. Und du wirst dich schlecht fühlen, weil du deinen Vorsatz verfehlt hast, ein besserer Mensch dadurch zu werden, dass du allen Menschen mit Liebe und Respekt begegnest… einschließlich deinem widerwärtigen, unausstehlichen Nachbarn. Aber dann liebst du eine Vorstellung, ein Ideal und nicht die Realität.

Der Weg des Tantra funktioniert anders. Tantra sagt: „Du hasst deinen Nachbarn? Gut. Sehr gut. Dann hasse ihn aber auch aufrichtig, ehrlich und von ganzem Herzen. Spiele dir und ihm nichts vor. Sei aufrichtig. Sei ehrlich. Wirf das künstliche und unnatürliche Getue über Bord. Hasse ihn. Aber ohne schlechtes Gewissen. Total. Und aufrichtig." Tantra ist eine Einladung, alles Künstliche in und an dir über Bord zu werfen und deine eigene Wahrheit zu entdecken.

Der Weg des Willens ist umgekehrt: Etwas Künstliches in deinem Geist zu erschaffen – ein Ideal, ein Ziel. Und dann zu dem zu werden, was vorher künstlich war. Man könnte sagen: Der Weg des Willens ist es, solange am Künstlichen zu arbeiten bis es zur Realität wird. Der Weg des Tantras ist es, solange alles Künstliche über Bord zu werfen, bis du in der Realität ankommst. Beides ist göttlich. Beides ist ein Weg. Aber der Weg des Willens ist um ein Millionenfaches schwerer. Denn du wirst Gott gleich, wenn dein Wille Realität erschafft. Aber es ist ein gefährliches Spiel. Und der Mensch ist noch lange nicht reif für diesen Weg. Vielleicht irgendwann in ferner Zukunft. Solange ist der Weg des Willens eher der Weg der Heuchler. Alle jene versammeln sich dort, die vorgeben, etwas zu sein, das sie in Wahrheit nicht sind. Du solltest dich von diesem Platz fern halten. Er ist nicht gut für die Seele. Es ist, als ob die Autobahn von Dreijährigen bevölkert wäre, die alle Auto fahren wollen. Es ist ein Desaster. Nimm lieber den Feldweg. Dort blühen Blumen, wachsen Bäume und singen Vögel. Die Luft ist angenehmer. Der ganze Weg ist frischer und gesünder. Und vielleicht triffst du den einen oder anderen Wanderer auf dem Weg und ihr werdet Freunde. Also lass das Spiel mit den Vorsätzen lieber und wähle den Weg, der erst ein wenig unebener, erdiger und wilder aussieht – aber mehr Freude auf der Reise bietet.

Du fragst, ob ihr nicht Liebe und Respekt zur Grundlage eurer Beziehungen machen sollt.

Ja, natürlich. Liebe und Respekt sind die Grundlage jeder Beziehung. Aber ihr sollt Liebe und Respekt nicht heucheln. Empfindet sie, wenn sie sich natürlich und von selbst einstellen. Aber redet sie nicht künstlich herbei. Und tatsächlich ist es so. Je mehr du deinen Blick für die Realität entwickelst, je vollständiger du dein Gegenüber in seiner tatsächlichen Realität siehst und anerkennst – desto eher wirst du tiefen Respekt und Liebe für ihn empfinden. Wenn du deine Frau anschaust, wie sie dasitzt, ganz versunken in eine Tätigkeit und ein Lied summt. Wenn du sie einfach anschaust, wie sie in diesem Moment ist. Wie ihre Haare liegen, wie ihre Augen auf die Tätigkeit gerichtet sind, ihre Hände sich bewegen… ihre Körperhaltung… so sanft und verletzlich. Vielleicht ist sie nicht mehr so jugendlich wie früher. Vielleicht hat sie ein wenig zugenommen. Vielleicht hat sie ein paar mehr Falten um die Mundwinkel als zu der Zeit, als ihr euch kennen gelernt habt. Sie ist nicht perfekt. Aber doch so schön und unwiederbringlich. Nie wieder wird es eine Frau geben wie sie. Nie wieder wirst du sie so sehen können wie in diesem Moment. Das ist die wahre Schönheit. Sie ist unwiederbringlich. Deswegen ist die Realität so wertvoll. Wenn du deine Frau auf diese Weise anschaust, dann begegnest du ihr. Und du erkennst sie – ihre Wahrheit, ihre Natur, ihr Dasein und So-Sein. Dann ist Liebe möglich. Du kannst nicht anders als sie zu respektieren, zu lieben. Du wirst in diesem Moment schwören, dich für sie zu opfern, sie zu beschützen und vor allem Bösen zu bewahren. Du kannst gar nicht anders.

Aber die Ideale und Wunschvorstellungen vergiften diese Momente. Ein Mann, der voll mit Idealen und Wunschvorstellungen ist, wird vielleicht denken: „Sie sieht nicht mehr so jung aus wie früher. Vielleicht sollte ich mir eine andere Frau suchen. Ihre Figur ist nicht mehr so wie die von den Frauen auf den Titelbildern der Magazine. Sie lässt sich gehen. Ich sollte ein wenig an ihr herumnörgeln. Oder mal wieder unsere junge Nachbarin besuchen. Sie hat einen Körper… wow… Und warum kümmert sie sich nicht um mich? Was macht sie da eigentlich? Ich bin ihr Mann. Sie soll sich nur um mich kümmern. Ich werde jetzt irgendwas sagen… Irgendwas, was sie reizt und aufregt… Mich nervt ihr Getue da…"

Und schon ist die Anmut, die Schönheit des Augenblicks verflogen. Das Treffen mit Gott, das dir deine Frau ermöglicht hätte – einfach dadurch, dass sie ist, wie sie ist – wurde abgesagt. Enttäuschung und verdeckte Wut ziehen ein. Auf diese Weise wird das Leben zwischen Mann und Frau nach und nach giftig.

Du kannst dir vornehmen, liebevoll und respektvoll mit anderen umzugehen. Aber ich prophezeie dir mit hoher Sicherheit: Du wirst scheitern. Weil du selbst noch nicht liebevoll und respektvoll bist. Solange du Ideale und Wunschvorstellungen mit dir herumschleppst, wirst du es auch nie sein. Allein der Vergleich von Ideal und Realität ist ein brutaler, respektloser Akt. Du vergleichst die göttliche Schöpfung mit deiner eigenen kleinen garstigen Schöpfung von Perfektionismus in deinem Dickschädel. Du beleidigst Gott, indem du ihm Vorgaben machst, wie sein Universum zu sein und zu funktionieren hat. Und dafür erwartest du Lohn in Form von Liebe, Glück, Frieden und Respekt?

Beschäftige dich zuerst mit der Realität. Mit deiner Realität. Mit der Realität der Menschen. Dann werden Liebe und Respekt von ganz alleine zur Grundlage deines Lebens werden. Denn die Realität ist göttlich – es gibt keinen anderen Gott außer der Realität. Und nur dort wirst du seine Liebe und seinen Respekt finden, die auf diese Weise auch in deine Beziehungen einkehren werden. Aber das ist dann kein Wunschdenken – sondern gelebte Wahrheit.

Warum fällt es mir so schwer, meinen Partner so zu akzeptieren wie er ist? Ständig will ich an ihm herummäkeln, ihn verbessern oder anders haben. Manchmal geht es eine Zeit lang gut und wir sind glücklich. Dann tut oder sagt er etwas, das mich verletzt, und ich werde wütend und der Streit ist da. Ständig werde ich zwischen Liebe und Wut hin und her geworfen ohne Aussicht auf einen Ausweg aus diesem Teufelskreis. Ich weiß, dass ich ihn loslassen und akzeptieren muss – aber es gelingt mir nicht.

Da haben wir wieder das Dilemma des Willens. Die Absicht ist schnell und bereitwillig getroffen, die Umsetzung praktisch unmöglich. Sie scheitert immer wieder an der Realität des Lebens. Du hast die feste Absicht, deinen Partner loszulassen und zu akzeptieren – aber nur der leichteste Windhauch und dein Wille bricht zusammen wie ein Kartenhaus.

Darum bietet Tantra dir einen anderen Lösungsansatz. Statt ein Kartenhaus in den Himmel zu bauen, lade dir ein paar Freunde ein, spielt mit den Karten und habt Spaß dabei.

Aber zu deiner Frage: Warum fällt es mir so schwer, meinen Partner so zu akzeptieren, wie er ist?

Weil du bis heute nicht einmal dich selbst vollständig akzeptiert hast. Wie willst du da einen anderen Menschen vollständig akzeptieren? Das ist doch noch einmal Tausend Mal komplizierter. Du blickst ja selbst nicht richtig durch, wenn dich die eigenen Launen und Stimmungen erwischen. Sie schleifen dich von hier nach dort. Auf und ab. Und wenn du das nicht einmal für dich selbst bewältigen kannst, wie willst du einen anderen Menschen gleich mit in das Chaos aufnehmen? Unmöglich.

Die meisten Menschen leben mit dem diffusen Gefühl, sich selbst nicht besonders zu mögen. Entweder offen oder verdeckt. Manchmal mehr, manchmal weniger. Aber im Grunde ist das ein Gefühl, das alle

Menschen irgendwie teilen. Und das sie zu verbergen suchen. So viel Anstrengungen und Manöver, nur um sicher zu gehen, dass dein Gegenüber nicht bemerkt, dass du eigentlich über dich selbst ständig im Zweifel bist.

Und wenn du ständig über dich selbst zweifelst – deinen Wert, dein Aussehen, deine Intelligenz, deine Ansichten und so weiter – wenn du das in Frage stellst, wie kannst du da sagen: „Der Andere ist vollständig in Ordnung, so wie er ist." Du hast doch keinen blassen Schimmer davon, was es bedeutet, vollständig in Ordnung zu sein. Alles, was du hast, sind ein paar vage Vorstellungen davon, wie es sein sollte, aber nicht die Einsicht, wie es wirklich ist.

Du kannst keinen anderen Menschen vollständig akzeptieren, wenn du dich selbst nicht vollständig akzeptiert hast. Was dir im anderen begegnet, wird dich an deine eigenen verdrängten wunden Punkte erinnern.

Wenn dein Mann beim Sex wild und unbändig wird. Wenn er schwitzt, keucht, riecht, sich mechanisch bewegt – dann entsetzt dich das als Frau. Wenn deine Frau sich beim Sex aufführt wie eine wilde Hure – dich herausfordert, beschimpft, immer mehr verlangt. Wenn sie riecht, schreit, weint, zuckt und die Fassung verliert – dann bekommst du als Mann Angst. Du verlierst die Kontrolle. Dein Partner wird zum Tier, zur Bestie… und wenn der Mensch, den du liebst und mit dem du dein Leben teilst, schon so ist… wie abgründig bist du dann in Wirklichkeit?

Spätestens an diesem Punkt zucken die Menschen zurück. Das kann nicht sein. Das darf nicht sein, dass wir so sind.

Aber wir sind so. Der Mensch ist nicht vollkommen. Er riecht, er stinkt, er produziert Körperflüssigkeiten am laufenden Band, er ist dumm, ungeschickt, uneinsichtig, manchmal seltsam, voller Stimmungen und Unwägbarkeiten. Das gefällt uns nicht. Wir blenden das aus. Drehen uns weg. Versuchen, Kontrolle auszuüben. Aber es funktioniert nicht. Irgendwann kommt die Wahrheit über den Menschen wieder ans Tageslicht. Irgendwann wird seine Natur bloßgelegt. Spätestens im Tod, wenn er weint, kreischt und wimmert und alles, was er in diesem Moment von sich gibt, seine Exkremente sind. Es gibt kein Entkommen vor unserer Natur.

Aber das gefällt dem Menschen nicht. Das passt nicht zu seinen Vorstellungen, wie die Welt und der Mensch sein sollten. Und jedes Mal, wenn dir die Unvollkommenheit, der Wahnsinn oder die Absurdität des Lebens begegnen, bist du peinlich berührt. Willst dich abwenden und flüchten. Das Gefühl hast du von dir selbst. Und von deinem Partner. Wie oft gerätst du in Situationen, die dir peinlich sind, weil sie etwas von dir offen legen, das menschlich, tierisch, ungeschickt oder einfach nur dumm ist? Was würdest du in diesen Momenten am liebsten machen? Flüchten. Oder angreifen.

Und in genau diesen Mustern bewegen wir uns auch, wenn es um unsere Partner geht. Wenn er unvollkommen ist, dann kritisieren wir ihn – oder noch schlimmer: Wir werden gewalttätig. Oder wir treten die Flucht an, wenden uns von ihm ab, innerlich oder äußerlich. Scheidungsanwalt oder innere Scheidung. Andere Möglichkeiten scheint es nicht zu geben.

Wie du es beschreibst: Manchmal geht es eine Zeit lang gut – und wir sind glücklich. Das ist eine Illusion. DU bist glücklich. Es ist DEIN Glück. Weil endlich mal alles nach deiner Nase läuft und dich nichts daran erinnert, dass das Glück vergänglich und dein Partner unvollkommen ist. Aber die Wahrheit kommt zu dir zurück. Die Unvollkommenheit holt dich ein. Dein Partner sagt etwas, das dir nicht passt und die Seifenblase platzt. Plötzlich ist die Realität da – und sie ist kalt und unbequem. Plötzlich sind die Weichspülerträume den Abfluss runter gespült, die Werbemusik in deinem Schädel verklingt und du stehst vor dem Scherbenhaufen der Erkenntnis: Mein Partner ist nicht perfekt. Ich bin nicht perfekt. Unsere Liebe ist nicht perfekt. Unser Leben ist nicht perfekt. *Aaaargh…* Panik.

Und genau in dem Moment tust du das, was du gelernt hast. Du empfindest Wut. Also klagst du an. Die Harmonie ist bedroht, also muss sie ganz schnell wieder hergestellt werden. Du wütest und klagst solange, bis der Scheinfrieden mit Gewalt wieder eingeführt wird.

Oder du trennst dich von der Bedrohung der Unvollkommenheit, indem du deinen Partner verlässt.

Die ganze Welt ist manisch auf der Suche nach dem perfekten Partner. Nach der großen Liebe. Es gibt sie nicht. Es ist die giftigste Illusion im Verstand des Menschen. Es gibt keine große Liebe. Es gibt keinen perfekten Partner. Es gibt keine Seelenverwandtschaften oder Schicksalsbegegnungen. Alles nur Einbildungen, mit der Mutter Natur Mann und Frau dazu bewegt, möglichst schnell sexuell zu werden und Kinder zu bekommen.

Du wirst verletzt und wütend – nicht weil dein Partner etwas falsch macht, sondern weil er deine Illusion von heiler Welt zerstört. Was du als Teufelskreis aus Liebe und Wut bezeichnest, ist im Grunde der Teufelskreis, den du dir selbst dadurch erschaffst, dass du Häuser aus Wünschen von Vollkommenheit und Harmonie aufbaust, die die Realität dann ständig wieder einreißt. Eine frustrierende Tätigkeit. Kaum hast du es dir im neuen Haus gemütlich gemacht, schon kommt der Sturm und reißt es ein und du stehst wieder da – nackt, frierend und wütend… und zu allem Überfluss auch noch im Regen. Dass das kein Spaß macht, kann ich mir vorstellen.

Die Antwort des Tantras: Baue kein Haus. Werde zum Wind. Ziehe mit den Winden. Lass dich nieder, wenn es an der Zeit ist und ziehe weiter, wenn es an der Zeit ist. Aber baue dir kein künstliches Haus aus falschen Vorstellungen.

Versuche erst einmal dich selbst kennen zu lernen. Das wird genug Arbeit sein. Lerne erst einmal dir selbst zu vergeben, dass du keine Wunschvorstellung, sondern ein Mensch aus Fleisch und Blut bist – mit Ängsten, Zweifeln, Wut, Gier, Hass, Sex, Hunger, unsinnigen Ideen, Fehlern, Verirrungen – alles, was unerwünscht und unbequem ist. Werde unbequem. Werde ganz bewusst unbequem. Denn dann wirst du natürlich.

Erinnerst du dich an das Beispiel mit dem garstigen Nachbarn? Zeige ihm den Mittelfinger, wenn dir danach ist. Fauche deinen Ehemann an, wenn er sich mal wieder daneben benimmt. Mach dir nicht ständig Sorgen, ob dein Deo noch wirkt oder nicht. Sei ein Mensch. Wenn es jemandem nicht passt, wie du bist – die Welt ist groß – er kann sich anderen Umgang suchen. Lerne erst einmal natürlich zu werden. Denn nur dann kannst du auch liebevoll werden. Liebe ist ein natürliches Phänomen spontaner Zuwendung. Wenn ein Kind dich anlächelt und etwas Dummes oder Lustiges zu dir sagt, dann freue dich darüber. Wenn dein Ehemann sich albern benimmt, dann lass ihn halt. Er ist ein Mann. Männer sind albern. Wenn deine Frau mal nicht aussieht, wie aus dem

Hochglanz-Katalog, dann nörgle nicht an ihr herum – schau mal lieber in den Spiegel. Das, was du da siehst, hat mit Hochglanz sicherlich nicht viel zu tun und sie hat ganz bestimmt eine ellenlange Liste, was sie gerne an dir verbessern würde. Also mache das nicht. Fang bei dir selbst an und lass den Anderen den Anderen sein. Hab erst mal selbst Spaß, dich zu entdecken und lerne, dich über deine Eigenheiten und Unvollkommenheiten zu amüsieren. Dann wird der Umgang mit dir auch angenehmer und die Menschen kommen von ganz alleine gerne zu dir.

Vertrauen und Akzeptanz fängt immer bei dir selbst an. Niemals beim Anderen.

Was ist Vertrauen?

Vertrauen ist Gott. Tatsächlich gibt es keinen Gott. Es gibt nur Vertrauen. Wir sollten das Wort Gott aus allen Büchern und unserem Sprachgebrauch streichen. Es ist ein dummes Wort. Voller Missverständnisse und falscher Vorstellungen. Ersetzt das Wort Gott durch Vertrauen. Von dem Augenblick an seid ihr ihm nahe.

Meine Frau widerspricht mir ständig. Ich hasse das.
Aber sie hört nicht auf damit. Was soll ich tun?

Sie ist eine Frau. Sie muss das tun. Also sei ein Mann und nimm es hin.

Kapitel 3

Liebe und Sex

Wäre es nicht besser, enthaltsam zu leben? Ohne Sex und ohne Frauen?

Nein. Es ist mir schleierhaft, wie dieser seltsame Irrglaube entstehen und sich in den Köpfen der Menschen verbreiten konnte. Alle großen spirituellen Meister dieser Welt hatten Sex und waren mit Frauen zusammen. Gautama Buddha war verheiratet, hatte Kinder und wurde in der Gegenwart einer Frau erleuchtet. Jesus hatte Maria Magdalena, Salome und viele weitere Frauen an seiner Seite. Mohammed war mit mehreren Frauen verheiratet. Und Krishna hat gleich mehrere tausend Frauen gehabt. Woher kommt also dieses absurde Konzept in den Köpfen der Menschen, Sex würde Spiritualität behindern oder ausschließen? Glaubt ihr wirklich, all diese großen Menschen haben auf natürlichen Sex verzichtet? Warum sollten sie? Die ganze Fülle des Lebens stand ihnen offen – kam mit ihnen und durch sie. Sex ist so natürlich wie Essen und Trinken. Und genauso haben sie es auch mit ihren Frauen gelebt.

Also ein ganz klares „Nein!". Ein Nein gegen die Dummheit und die Unnatürlichkeit, die hinter dieser Vorstellung steht. Sex ist natürlich. Sex ist gesund. Sex fördert eine natürliche Spiritualität. Denn aufrichtiger Sex ist ein Geben. Ein guter Liebhaber gibt seiner Liebsten im Sex Aufmerksamkeit, Fürsorge, Liebe – und was sind größere Quellen für Spiritualität als Aufmerksamkeit, Fürsorge und Liebe? Ein guter Liebhaber gibt sich vollständig hin, stellt sein Ego zurück und kümmert sich um die Erfüllung seiner Liebsten. Damit ihr Herz in Liebe und Zuneigung erblüht. Wann ist Gott näher als in diesem Augenblick?

Es ist Unsinn, in Enthaltsamkeit leben zu wollen. Es ist eine Sünde – gegen dich selbst und deine Liebsten. Eine tiefe spirituelle Sünde, denn du beraubst dich der Möglichkeit, frei von deinem Ego zu werden und dich vollständig um die Erfüllung deiner Liebsten zu kümmern. Männer, die sich um die sexuelle Erfüllung ihrer Frauen drücken, haben in Gottes Himmelreich keinen Einlass. Merkt euch das: Nur die Herzen der Frauen öffnen euch den Zugang zum Himmelreich. Nichts anderes. Sie sind der Schlüssel. Wenn ihr die Herzen eurer Frauen im Leben nicht mit Liebe erfüllt habt, werdet ihr in kein Paradies, in kein Himmelreich, in kein Nirvana Einlass finden. Denn nur die Liebe eurer Frauen ist es, die euch dorthin trägt und euch Einlass gewährt. Vergesst das niemals.

Und eure Frauen werden euch nicht vollständig mit ihrem ganzen Herzen lieben können, wenn ihr sie sexuell meidet, umgeht oder ihr Verlangen nicht richtig befriedigt. Das ist die wahre Sünde auf dieser Erde: Unempfindlich gegen eure Frauen zu sein. Denn dann bleibt Groll im Herzen der Frauen zurück. Vielleicht tief verborgen und für eure Augen unsichtbar. Aber tief, tief verborgen in den Herzen der Frauen bleiben Enttäuschung, Leere und ein Gefühl von Unerfülltheit zurück. Diese Unerfülltheit werden sie euch nie verzeihen können. Ihr versündigt euch gegen das Wesen und das Herz der Frauen, wenn ihr sie auf diese Weise behandelt. Darum ist Enthaltsamkeit eine Sünde. Eine Sünde gegen eure Frauen, gegen eure Seele, gegen eure Empfindungen und gegen euren Körper.

Sex ist so natürlich wie Essen und Trinken. Du könntest genauso fragen: „Sollen wir nicht besser auf Essen und Trinken verzichten? „ Und ich antworte: „Probiere es aus. Aber wundere dich nicht, wenn du schwach und krank wirst, vielleicht stirbst." Mit Sex und der Beziehung zum anderen Geschlecht ist es genauso. Ohne Sex tust du deinem Körper und deinem Leben nur unnötige Gewalt an. Dafür sind Mann und Frau da – sich zu begleiten, zu lieben und gelegentlich zu nerven. Auf diese Weise bleibt das Leben frisch und vital. Die Energie bewegt sich zwischen den Polen. Denn Mann und Frau sind verschiedene Pole des Lebens. Zusammen bewirken sie einen Kreis – einen Kreis der Liebe und des Lebens. Du kannst als Wesen erst vollständig werden, wenn du diesen Kreis erlebst, erzeugst und dein Wesen in diesem Fluss integriert ist. Alles andere ist keine Spiritualität. Es steht ihr entgegen. Es gibt natürlich auch andere Wege – aber die sind gefährlich, anstrengend und voller Tücken. Eine Abweichung – und die Gefahr für dich ist groß, dass du dich für alle Zeiten verirrst und vom Pfad abweichst, und ohne es zu merken in einem gefährlichen Zustand von Selbsttäuschung und Illusionen verharrst. Diese Gefahr ist größer, als den natürlichen Weg des Lebens, die Frauen und die Liebe zu wählen. Hätte Gott kein Interesse an einem Leben zwischen Mann und Frau, kein Interesse an Sex gehabt – dann hätte er Mann und Frau und Sex nicht erschaffen. Er hat sie erschaffen – also hat er Interesse daran, dass Mann und Frau sich lieben, Sex haben, sich verführen und Zeit miteinander verbringen. Es ist seine Schöpfung, seine Erfindung. Also argumentiere nicht mit ihm – nimm, was das Leben dir gibt.

Natürlich gibt es dieses ganze dumme Geschwätz von der Prüfung und der Sünde. Als ob Gott nichts anderes zu tun hätte, als ständig Klassenarbeiten für die dumme Spezies Mensch aufzustellen und jeden Prüfling ganz genau zu beobachten, ob er schummelt oder fleißig bemüht darum ist, ihm alles recht zu machen und brav seine Prüfungen abzuarbeiten. So ein Unsinn. Gott hat ein ganzes Universum zu managen – da wird er sich nicht zusätzliche Arbeit durch Hürden, Prüfungen und Sündenregister für jede Seele schaffen. Werft diesen Unsinn über Bord. Es ist dummer, unreifer Schwachsinn. Sex ist da - also nutzt ihn.

Das Leben ohne Frauen, ohne Sex wird dich schwach und verwirrt machen. Dein Körper wird angespannt und verkrampft sein. Dein Bauch wird dich die ganze Zeit unter Druck setzen. Du wirst unruhig, deine Aufmerksamkeit zerfasert in alle Richtungen. Der Sex wird heimlich tief in dich eindringen und allerhand unsinnige Fantasien und Verhaltensweisen erzeugen. Du wirst unbewusst ständig auf der Suche sein, wie ein Tier bei der Jagd nach Beute auf jede Möglichkeit lauern, Frauen näher zu kommen. Es wird ein albernes Theater, das du ganz einfach dadurch umgehen kannst, dass du natürlich bleibst und dein Leben teilst. Frauen und Männer sind dazu da, einander zu begleiten – nicht um sich aus dem Weg zu gehen.

Vergiss also den Unsinn, dass Enthaltsamkeit etwas mit einem spirituellen Weg zu tun hätte. Das hat sie nicht. Sie ist gefährlich, ungesund, unnatürlich und farblos. Koste lieber von den Früchten des Lebens und schaue, welche davon dir bekommen.

Lenken uns sexuelle Begierden und das Verlangen nach Frauen oder Männern nicht zu sehr ab vom Weg zu einem spirituellen Leben? Von Erleuchtung und Gebet? Von Meditation, Reinigung und von den Bedürfnissen der Seele? Sex ist doch sehr animalisch und materiell. Vergessen wir nicht die Seele darüber?

Was weißt du von einem spirituellen Leben? Von Erleuchtung und Seele? Nichts. Deine Frage ist so unsinnig, dass sie dich direkt entlarvt. Deine Spiritualität reicht soweit, wie ein Floh spucken kann. Du redest von Begriffen, die nichts anderes als abstrakte Konzepte sind und weigerst dich darüber, das, was direkt vor dir liegt zu sehen – das Göttliche direkt vor deiner Nase. Soll das spirituell sein? Ist das Erleuchtung? Ich sage dir: Das ist Unsinn.

Du bist wie ein Blinder, der sich über Sonne und Licht unterhalten will. Ich sage dir: Mach erst einmal die Augen auf, fange an zu sehen – und zwar das, was direkt, hier und jetzt vor dir ist. Dann kannst du irgendwann mal mit Erleuchtung und Spiritualität anfangen. Was hier und jetzt – direkt vor deinen Augen ist – das ist heilig. Das ist Erleuchtung, Gebet, Gegenwart Gottes. Alles, was du aufzählst, sind nur Konzepte und Vorstellungen, die du irgendwo aufgeschnappt hast und zu Teilen der irrsinnigen Vorstellung deines Super-Egos gemacht hast. Aber darüber übersiehst du die wahre Schönheit direkt vor deinen Augen. Während du von wichtigen Worten und himmlischen Konzepten faselst, findet das Göttliche direkt vor deinen Augen statt. Erleuchtung liegt in den Augen deiner Frau. In ihrer Liebe. In ihren Armen und in ihrem Sex. Erst wenn du fähig bist, das zu erkennen und zu schätzen, werden sich auch andere spirituelle Quellen in deinem Leben eröffnen. Bis dahin bleiben sie schlichte Hoffung auf ein besseres Leben und damit das Geschwätz der Narren.

Höre mir ganz genau zu: Die einzige Erleuchtung, die einzige Gegenwart Gottes findest du hier und jetzt in der Gegenwart deiner Frau. Wenn du ihr ohne Scheu und die üblichen Manöver und Tricks in die

Augen schauen kannst, wenn du ihr Wesen erkennst, ihre Verletzlichkeit und Stärke – ihre Gegenwart. Etwas ist in ihr anwesend. Etwas, das lebendiger, spiritueller und wichtiger ist als all die Worte, mit denen du gerade hantierst. Diese Gegenwart kann dich leiten. Die Augen deiner Frau, ihre Gegenwart und Liebe – sie können dich direkt zu den Quellen deines eigenen Seins führen. Und tatsächlich ist es so, dass ein Mann nur über die Liebe der Frauen hinabsteigen kann zu seinen Quellen. Ihre Liebe verleiht dir Flügel auf den Weg zur Offenbahrung deines Seins. Wenn der Weg dorthin nicht aufgeladen ist mit der Liebe der Frauen wirst du niemals wirklich dorthin gelangen. Sie alle wurden von der Liebe der Frauen geleitet: Buddha, Mohammed, Jesus, Krishna, Laotse. Versündige dich nicht gegen Gott, indem du dich von den Frauen und ihrer Liebe abwendest.

Worte sind wertlose Hüllen. Sie sind grob, unvollständig und in den meisten Fällen dumm. Worte wie Gott, Erleuchtung. Spiritualität, Seele – all das sind dumme, abgenutzte Worte ohne Wert und Inhalt. Seit Generationen plappern die Menschen davon und können nicht einmal ihre Frau anschauen, nicht die Gegenwart von wahrer Schönheit in ihr entdecken. Sie ist ein Werk der Götter. Wertvoll und unwiederbringlich. Jetzt und hier in diesem Augenblick. Aber du wendest dich ab – zu leeren, dummen Konzepten und Worten, die keinerlei Liebe und Glück in dein Leben bringen. Versuche dich nachts mit Konzepten zu wärmen, wenn es kalt ist. Frag diese Worte danach, ob sie dich versorgen, wenn du krank bist. Frag diese Worte, ob sie dir Kinder schenken, die dein Herz mit mehr Liebe erfüllen als jede Bibel, jeder Koran, jede Vede es jemals könnten. Worte, Konzepte und Vorstellungen können es nicht. Aber deine Frau kann es. Wo also ist mehr Göttlichkeit zu finden als direkt vor dir? In der reinen Anwesenheit deiner Frau?

Was du sagst ist dumm. Dumm, dumm, dumm. Bevor du nicht fähig bist, die Liebe und die Anwesenheit des allumfassenden Bewusstseins in den Augen und in der Gegenwart deiner nächsten Menschen zu entdecken – so lange bleibst du ein Schläfer und Schwätzer. Unspirituell, unerleuchtet, gottlos. Tatsächlich sind diejenigen am unerleuchtetsten und gottlosesten, die am meisten davon reden und am intensivsten danach suchen. Eine Reise fängt vor deiner Haustür an. Also fang auch zunächst mit den Menschen an, die dort anwesend sind. Das ist Gott genug für den Anfang.

Mach deine Frau zu deinem Gebet. Erfüll dein Haus mit spirituellen Leben. Mach deine Freunde zu deinen Gurus. Entdecke in deinen Kindern die Anwesenheit Gottes. Dann wirst du zu einem Segen. Was du einforderst, macht dich zu einem Fluch. Die Menschen werden sich von dir abwenden, weil du lieblos und leblos wirst, wenn du Konzepte und Worte wichtiger nimmst als das Leben. Dann wirst du ein Moralist, ein Mann mit Prinzipien, ein Schriftkundiger oder ein Priester. Du wirst einer von den Menschen, die versuchen, ihre eigene Gottlosigkeit in wichtig klingende Worte oder Konzepte zu kleiden. Einer von denen, die versuchen, dem Leben ständig eine abstrakte Idee aufzuzwingen, die an den Realitäten des wahren Lebens vorbei geht – während die Herzen ihrer eigenen Frauen weinen und ihre Kinder sie fürchten. Sind das die Männer Gottes? Sind das die Bringer von Spiritualität und Erleuchtung? Nein. Sie sind die Narren des Egos und die heimlichen Diener des Teufels. Merkt euch das: Der Teufel kommt immer im Namen Gottes – niemals im eigenen Namen. Darum seid vorsichtig. Je mehr Gott auf dem drauf steht, was man euch anbietet, desto weniger Gott ist drin.

Ich benutze das Wort Gott, weil ihr mich sonst nicht versteht. Ich könnte genauso gut ein erfundenes Wort wie „Xantpuktu" verwenden, aber ihr wäret irritiert und würdet mich fragen: „Was meinst du damit?" Und ich würde schweigen, ein neues Wort erfinden und die Verwirrung in euren Köpfen würde immer größer und die Fragen dazu immer mehr werden, dass wir zu nichts anderen mehr kommen würden. So sehr sind Menschen abhängig von Worten und der Bedeutung, die sie ihnen zuordnen. Darum verwende ich sie alle: Gott, Allah, Nirvana, Tao, kosmisches Bewusstsein, allumfassende Präsenz – was auch immer. Es ist alles das Gleiche, und doch wird kein Wort der Gegenwart gerecht, die in allen Dingen anwesend ist. Worte bleiben immer nur Worte. Sie sind gezwungen, an der Oberfläche zu bleiben – weil sie dem Verstand angehören. Folgst du nur den Worten im Leben, klebst du an ihnen fest – dann bleibt auch deine Existenz oberflächlich und ohne Tiefe.

Dann gibst du den Worten und den Vorstellungen, die an sie gebunden sind, mehr Bedeutung als dem wahren Leben. Du bist verliebt in Illusionen von Reinheit, Unantastbarkeit, Perfektion. Es ist die gleiche neurotische, kranke Illusion von Perfektion, wie sie zwischen Mann und Frau existiert. Ich habe euch gesagt, dass keine Harmonie und Liebe zwischen Mann und Frau existieren kann – um eure giftigen Träume von Perfektion zu zerstören. Jetzt sage ich: Sie ist möglich. Du musst sie nur finden. Und ich sage es euch, um euch von den giftigen Träumen von Perfektion, von Flucht und Entsagung aufzuwecken. Die Wahrheit liegt genau in der Mitte. Sie ist ein Ja und ein Nein. Ein Jein. Der Zustand zwischen Mann und Frau ist Krieg und Frieden, ist Himmel und Hölle, Liebe und Hass. Darum sage ich dir auch: Ein wahres spirituelles Leben ist ein Leben mit den Frauen – ohne eine Abhängigkeit von den Frauen. Eine spirituelle Frau liebt die Männer, aber verzweifelt nicht an ihnen. Ein spiritueller Mann liebt die Frauen, aber ist nicht ihr Sklave. Ein spirituelles Leben ist ein Leben mit Frauen und Männern, ohne durch die Widersprüche zerstört oder in zerstörerische Dramen verwickelt zu werden. Es ist einfach wie es ist: Mit seinen Höhen und Tiefen, mit Schmerz und Freude. Was immer kommt, kommt. Was immer geht, geht. Was immer da ist, ist da.

Und wenn hier und jetzt eine Frau da ist, in deren Herzen sich Liebe regt. Verlangen. Sex. Dann weise sie nicht ab, um unnatürlichen, künstlichen Vorstellungen zu folgen, die sich nie bewahrheiten werden. Dann sei mit ihr, bei ihr, für sie da. Was immer dann kommen und sich ereignen wird, ist näher an Gott als jede Zeile aus der Bibel. Das ist reiner und spiritueller als jede Yoga-Übung. Als jede Meditation. Es ist Leben. Und Leben ist alles. Das Leben ist der Garten Gottes. Deine Konzepte, Vorstellungen und Namen sind die Vertreibung aus dem Paradies. Aber es liegt an dir, wo du dein Leben verbringen willst.

Du sprichst von den Bedürfnissen der Seele. Wie willst du dich um sie kümmern, wenn du nicht mal die Bedürfnisse deines Körpers richtig kennst? Wie willst du dich um sie kümmern, wenn du deine Gefühle einfach umgehst? Du redest wie ein Mann ohne Beine, der von den Vorzügen des Marathon-Laufs schwärmt. Würdest du ihm zuhören? Oder würdest du denken: „Was redet der da? Will er mich auf den Arm nehmen?“ Fang erst einmal am Fundament an, bevor du in den Himmel baust. Die Seele wird sich von alleine einstellen, wenn du zum Segen für deine Frauen, Kinder und Freunde wirst. Vorher hast du gar keine Seele. Denn eine Seele wird nur den Lieblingen der Frauen und Kindern zugesprochen. Den Männern und Frauen, die aufrichtige Freunde sind. Die Seele wird durch die Liebe und Freude der anderen Menschen in dir geboren – sie ist nicht dein Geburtsrecht. Du musst also erst einmal im Alltag durch die Wertschätzung und Liebe deiner Nächsten eine Seele erwerben, bevor du dich um ihren weiteren Weg kümmern kannst. Vorher bleiben alle deine Bemühungen fruchtlos und laufen ins Leere. Wo keine Seele ist, kann auch keine Seele aufsteigen. Vergiss das nicht.

Und du hast Recht: Sex ist materiell und animalisch. Aber nur an der Oberfläche. Darunter verbirgt sich die Anwesenheit Gottes wie in keinem anderen Phänomen. Wie sonst sollten Kinder geboren werden, wenn nicht durch die direkte Anwesenheit Gottes im Sex? Es ist die pure göttliche Kreativität, die sich da regt. Sie ist da, wenn du Sex mit deiner Frau auf eine echte und authentische Art und Weise hast. Und je animalischer ihr seid – je mehr ihr euch fallen lasst, tierisch und wild werdet, desto näher kommt ihr der Anwesenheit Gottes, was auf diese Weise neues Leben in euch entstehen lässt. Ihr könnt im Sex das direkte Tor zum Jenseits und zum göttlichen Bewusstsein öffnen. Aber dazu braucht es eine intensive Hingabe. Wenn ihr das Ego im Sex über Bord werft und ganz im Anderen aufgeht, dann öffnet sich für euch das Tor. Dann könnt ihr eintauchen in eine Ewigkeit, die jenseits eurer Form liegt. Im Sex könntet ihr leichten Zugang dazu haben. Aber ihr seid zu unbewusst und unsensibel in diesem Moment. Tiere sind viel natürlicher – sie haben kein Ego. Ihr Sex öffnet leicht und spontan den Kanal für die kreative Energie Gottes und somit erschaffen sie neues Leben – ohne darüber nachzudenken oder ein Problem daraus zu machen. Es geschieht einfach. Kein Ego, kein Problem. Einfach göttliche Kreativität, die in diese Welt drängt und neue Farben und Formen hervorbringt.

Darum findest du Gott und Erleuchtung in den Armen deiner Liebsten und Frau. Du brauchst gar nicht so weit gehen. Dort unten, in ihrem Unterleib, in ihrem Schoß – dort kann sich für dich jede Erleuchtung, jede Spiritualität, die allumfassende Gegenwart Gottes öffnen. Den anderen Unsinn brauchst du gar nicht. Liebe deine Frau total und rückhaltlos und ihre Liebe wird dir den Himmel öffnen. Alles andere sind Hirngespinste – intellektueller Unsinn.

Du sagst, Tantra ist der Weg zu allem Ja zu sagen. Das Leben zu leben, wie es ist. Bedeutet das für uns Frauen, freizügig zu sein, den Spaß und Genuss zu leben und so viel Sex wie möglich zu haben?

Nein, dein Denken pendelt zwischen den Extremen. Auf der einen Seite wartet die Entsagung. Sie ist dumm und unsinnig. Auf der anderen Seite der Exzess. Er ist genauso dumm und unsinnig. Tantra ist keine Einladung zum Exzess, zur Genusssucht. Das ist nur die Kehrseite der Entsagung. Die Welt ist verrückt geworden – nur der Spaß und der kurzfristige Genuss zählen noch. Aber es ist ein Spaß ohne Tiefe. Ohne Sinn. Ohne Seligkeit. In den Exzessen der modernen Welt ist keine göttliche Anwesenheit. Das ist einfach nur dummes, unbewusstes Treiben. Selbst Tiere haben mehr Eleganz und Anmut – denn bei ihnen ist es keine Ausschweifung, sondern einfache Natürlichkeit.

Schaut genau hin: Die Frau in der westlichen Welt verliert ihre Anmut, ihre Weiblichkeit. Sie ist zu einer Karikatur des Mannes verkommen. Sie imitiert ihn, weil er sich Jahrhunderte lang das alleinige Recht auf Genuss, Freizügigkeit und Spaß genommen hat – und dabei die Frau völlig übergangen und ausgeklammert hat. Nun holt sich diese Generation alles zurück. Aber es macht sie hässlich. Schau dir die betrunkenen, grölenden und wahllos sexuell agierenden Frauen an den Stränden, in den Vergnügungszentren und Großstädten an. Sie sind wie schlechte Kopien der Männer – ungehobelt, rücksichtslos und grob. Das sind keine Frauen mehr. Sie haben ihre Seele verloren. Ihre Anmut. Es sind Karikaturen der Männer – und als Karikaturen wirken sie noch bizarrer und unnatürlicher als die Originale.

Das sind nicht das Leben und die Seele der Frau. Das sind nicht die Mütter, die diese Welt braucht. Das ist nicht die weibliche Sexualität. Ihre Körper sind keine Tempel mehr. Ihre Bewegungen sind ohne Anmut und weiblichem Stolz. Ihre Herzen sind keine Kostbarkeit mehr. Ihre Seelen sind ohne Glanz. Sie haben ihre Körper zu Durchgangsstationen gemacht – jeder kann sich Eintritt verschaffen, wenn er ihr oder ihrem Ego schmeichelt. Ihre Herzen sind vollgestopft wie Autobahnen, auf denen ein ständiges Kommen und Gehen herrscht: Mann nach Mann, Begegnung nach Begegnung, Hoffung nach Hoffung.

Frauen haben sich erneut zu Sklavinnen der Männer gemacht. Doch diesmal ist die Sklaverei subtiler. Sie wähnen sich in Genuss und Freiheit, sind aber wieder nur Spielbälle der männlichen Lust. Sie treten vielleicht ein bisschen frecher und offensiver auf, aber lasst euch nicht täuschen. Hinter der Fassade beweint die weibliche Seele dieses Leben.

Der weibliche Körper, das weibliche Empfinden ist viel zu sensibel, um in Ausschweifung, ständigem Sex, Alkohol, Drogen und Genuss leben zu können, ohne dabei großen Schaden zu nehmen. Frauen sind wesentlich sensibler und merken schnell, dass diese Art zu leben nicht richtig ist. Aber durch die neue Lebensweise, die ihnen heute zusteht, tappen sie schnell in die Falle des männlichen Denkens. Sie glauben, noch mehr Sex, noch mehr Vergnügen, noch mehr Abwechslung helfen, um die inneren Zweifel und das Gefühl der Leere los zu werden. Mehr, mehr, mehr... Es ist eine tödliche Spirale. Die offensiven, ausschweifenden Frauen des Westens tragen die Seele der Frau mit den Spielen ihrer Körper zu Grabe.

Die Verwirrung ist groß, denn die Unterdrückung hat den Frauen Jahrhunderte lang schwere Not und Schaden zugefügt. Aber die Ausschweifung, der einfache, schnelle Sex und die Partys der Neuzeit bringen auch keine Antwort. Woran sollen Frauen noch glauben? Weder Genuss, Zügellosigkeit noch Rückzug und Unterdrückung haben ihnen in der Geschichte dieser Welt Antworten gegeben. Die spirituelle Krise der Frau ist groß.

Es ist verständlich, dass die Frauen nach Generationen in Unterdrückung und Ausbeutung nun nach den vermeintlichen Früchten des Paradieses greifen. Sie sagen: „Du hast lange genug Spaß gehabt auf dieser Welt, mein lieber Mann. Jetzt bin ich dran. Geh gefälligst zur Seite und mach Platz, oder du bekommst es mit mir zu tun." Und die Wut und der Hass in den Frauen sind so groß, dass der Mann lieber schnell den Platz räumen sollte. Mit den Frauen in unserer Welt ist nicht zu spaßen. Die Unterdrückung trägt nun ihre Früchte. Die Frauen sind kalt, rücksichtslos und fordernd geworden. Und da die Frau in allem, was sie tut, besser und totaler ist als der Mann, ist sie jetzt schneidender, rücksichtsloser und kälter als jeder Mann. Seht euch vor, liebe Männer. Die Zeit im Paradies ist vorbei.

Aber seht euch die Frau an. Entweder kopiert sie den Mann und trägt Anzüge, spricht kühler, professioneller und sachlicher als jeder Mann – oder sie wird zur albernen Sex-Spielpuppe, die ihre sexuellen Reize so offen zur Schau trägt und auslebt, als wäre Sexualität ein bunter Lollipop-Lutscher, an dem jeder mal naschen darf. Was soll das sein? Ist das das Wesen der Frau? Ist das wahre Weiblichkeit? Oder was geschieht hier? Schaut genau hin: Die rationalen Frauen zwängen sich in die Welt der Männer, beschneiden und leugnen ihre Weiblichkeit, um an die Hebel der Macht zu kommen. Die emotionalen Frauen machen sich zum Objekt der ewigen Lüsternheit des Mannes. Zum sexuellen Spielzeug. Beides ist Manipulation und Kontrolle. Vor allem ist beides Selbstaufgabe der Frau als Frau – als Quelle der weiblichen Empfindungen, als Seele der Mütterlichkeit, als Wesen der Sanftmütigkeit und Versöhnung. Die ganze Anmut der Frau ist dahin. Ihre Schwäche und Verletzlichkeit, die in Wahrheit die Stützpfeiler und der Antrieb dieser Welt sind. Sie ist nicht mehr wählerisch, still und sensibel, sondern beliebig, laut und grob geworden. Wie soll ein Mann eine Frau lieben und ehren, die auf einmal mit ihm um Macht und Ansehen konkurriert? Oder eine Frau, die versucht ihn in seiner Sexualität zu imitieren und zu übertrumpfen? Das ist unmöglich. Männer können niemals diese Karikaturen seiner eigenen Lebensweise lieben.

Ich weiß, dass alle Frauenbewegungen und Frauenrechtlerinnen der Welt mich für diese Worte hassen werden. Aber ich möchte ihnen begegnen: Ihr habt den Frauen der Welt keine Freiheit gebracht, sondern eine neue Sklaverei. Die Sklaverei, ein schlechtes Vorbild zu kopieren. Zukünftige Generationen werden sich wundern über diese Zeit. Sie werden sich fragen: „Wie konnten Frauen so dumm sein und versuchen, so zu sein wie Männer? Diese Schwachköpfe haben doch Jahrhunderte lang nur Dummheiten angerichtet. Warum haben die Frauen versucht, so zu werden wie sie? Warum haben sie nicht gleich damit begonnen, sie selbst zu sein? Die wahre Weiblichkeit zu leben. Frausein zu leben."

Was heute herrscht, ist keine Weiblichkeit und ist kein Frau-Sein. Es ist eine dumme Kopie. Und genauso fühlen sich Frauen heute auch. Sie empfinden keine Identität, keine Heimat. Wie sollen sie sein? Das brave anständige Mädchen oder die rücksichtslose Hure? Eine liebevolle Mutter im Zentrum einer Familie oder eine erfolgreiche Karriere-Frau? Ein ständiger Konflikt tobt in ihnen. Und geht zu Lasten ihrer Herzen, die verwirrt und bitter geworden sind. Die Frauen von heute sind wie Laub im Wind – hin und her getragen, ohne Wurzeln, ohne Heimatgefühl. Und wenn sie nicht aufpassen, werden sie ihre Farbe verlieren, vom Winter überrascht werden und sterben – ohne Wurzeln in ihrem eigenen Wesen geschlagen zu haben. Ohne erfahren zu haben, was Frau sein bedeutet. Was das Mysterium der Frau ist. Wie es in ihrem Wesen pulsiert und danach drängt, gelebt zu werden, um diese Welt zu einem besseren, gesünderen und friedlicheren Ort zu machen.

Die Frauen von heute sind Furien, Zicken, Nervenwracks. Unerträglich, unbeständig und voller Chaos. Erst wenn Frauen sich darauf besinnen, wieder Frauen zu sein, wird sich das bessern. Wenn sie wieder lernen, Wurzeln zu schlagen. Wenn sie lernen, dass ihre Stärke nicht in den Domänen des Mannes liegt, sondern in den Disziplinen des Herzens, der Fürsorge, der Schönheit, der Mutterschaft… das wird das Erwachen der neuen Frau sein. Diese Frauen werden eine Stärke haben, die diese Welt noch nie gesehen hat. Ihre Sanftmütigkeit, ihre Sensibilität wird so stark sein, dass nichts sie erschüttern kann. Sie werden lieber sterben als noch einmal das Joch der Ausbeutung und Unterdrückung zu tragen und sie werden den Flausen der Männer mit so einer absoluten Kraft entgegentreten, dass ihnen nichts anderes bleiben wird, als vor diesen neuen Frauen zu kapitulieren. Denn dann kennt die Seele der Frau beide Seiten: Die Unterdrückung und die Imitation des Unterdrückers. Wenn sie beides abgelegt hat: Wer wird diese Frauen noch aufhalten?

Die Befreiung der Frau wird nicht aus den Reihen der alten Emanzipation kommen. Sie hat den Frauen nur die Flausen der Männer in den Kopf gesetzt – nichts Neues und Wertvolles ist daraus entstanden. Erst wenn die Frauen sich von der Emanzipation emanzipiert haben – erst dann wird die neue Frau geboren. Zum Glück ist dieser Prozess bereits im vollen Gange. Frauen sind sensibler und klüger. Die Prozesse, für die der Mann mehrere Generationen braucht, bewältigt die Frau in einigen Jahren. Sie kann nicht mit Selbstverleugnung und Dummheit leben. Viele Frauen schlagen bereits den Weg der Mitte ein. Und das ist der richtige Weg.

Die Imitation des Mannes führt zu nichts. Die Ausbeutung und Unterordnung noch viel weniger. Also gehen die neuen Frauen einen Weg der Mitte – werden sich ihrer Vorzüge und Stärken als weibliche Wesen bewusst. Die Macht der Sexualität erfahren sie nicht als etwas Beliebiges, sondern als etwas Wertvolles. Denn die Frau hat die ultimative Macht. Sie ist diejenige, die wählt. Es gibt keine größere Macht auf diesem Planeten als die Wahl der Frau über ihren Sexualpartner. Damit kreuzigt oder krönt sie den Mann. Bringt ihm Segen oder Verderben. Sie allein entscheidet, ob ein Mann Macht hat oder ein Versager bleibt. Das ist die Quelle aller Angst vor der Frau. Das ist die Ursache aller Ursachen im Versuch, die Frau zu unterdrücken und zu einem Objekt der Ausbeutung zu machen. Nichts hat mehr Macht auf diesem Planten als die sexuelle Zustimmung oder Ablehnung der Frau über den Mann. Und langsam begreifen Frauen diese Macht. Entdecken sie und nutzen sie für ihre Zwecke und Lebensweise. Es ist gar nicht notwendig, mit dem Mann zu konkurrieren oder ihn zu kopieren. Die Frau selbst wird von Natur aus mit aller Macht der Welt geboren. Der Mann muss sie sich mit Macht erstreiten und erkämpfen. Die Frau trägt sie direkt in sich. Mit ihrem JA oder NEIN werden Könige erschaffen oder entthront. Werden Männer zu Helden oder zu tragischen Verlierern.

Darum ist die Antwort im Tantra an die Frauen: Imitiert nicht, kopiert nicht, emanzipiert nicht. Werdet bewusst. Werdet euch bewusst, was das Wesen der Frau in euch ist. Ihr habt alle Macht des Universums in euch. Ihr müsst gar nicht in der äußeren Welt danach suchen, streiten und konkurrieren. Die Macht ist vom Tag eurer Geburt in euch. Und deswegen solltet ihr wie Königinnen leben – stolz, mit Würde und Anmut – nicht wie hässliche, zügellose und billige Kopien eines schlechten Vorbilds.

Die Sanftmütigkeit, Einsichtsfähigkeit und Sensibilität einer Frau ist langfristig viel stärker als das grobe Gepolter der Männer. Eine echte Frau lenkt und führt die Geschicke ihrer Männer und Familie viel nachhaltiger und klüger durch das Leben als der Mann es mit seinem Willen zur Macht, mit Kontrolle und Einfluss jemals könnte.

Die Antwort der Frau liegt also nicht in Zügellosigkeit, wechselnden Sexpartnern und der Sucht nach Spaß und Exzess. Sie verliert ihre ganze Schönheit als Krone der Schöpfung, wenn sie das tut. Die Welt braucht die sanfte Frau, sie sensible Frau – die wählerische Frau. Eine wählerische Frau vermag in ihrer Sensibilität und Sanftheit viel mehr zu bewegen als eine Frau, die sich jedem Mann hingibt, der ihren Weg kreuzt. Der Wert ihrer Sexualität wächst in der Anforderung ihrer Wahl. Es ist nicht einfach – der Weg der Frau hat seine eigenen Herausforderungen. Und verwechselt diese Anforderungen nicht mit Keuschheit oder Zurückhaltung. Meidet die Extreme. Die Wahrheit der Frau liegt in der Mitte. In ihrem Herzen. Die Hingabe der Frau bringt erst Göttlichkeit und Schönheit, wenn sie aus ihrem Herzen heraus geschieht. Wenn sie aus dem Unterleib, aus schlichter Geilheit – oder aus dem Kopf, aus schlichter Gier kommt, dann fehlt ihr das Transzendente. Der Segen und die Anmut. Nichts ist schlecht an Geilheit. Nichts ist schlecht an Gier. Aber wenn das die einzigen Erfahrungen sind, zu der eine Frau fähig ist, dann bleibt ihre Existenz unerfüllt und leer. Die Kinder, die sie aus diesen flüchtigen Begegnungen bekommt, werden nicht in Liebe geboren. Das macht sie anfällig für Verwirrung und Misstrauen in ihrem Leben.

Darum müssen Frauen wieder zu echten Quellen der Empfindsamkeit und des Vertrauens werden. Allein schon für ihre Kinder, die Frauen mehr lieben als alles andere, müssen sie den Weg zur neuen Frau beschreiten. Sie können das Leid nicht ertragen, das sie ihren Kindern zufügen, wenn sie so gegen ihr eigenes Wesen leben. Und die Übertragung findet statt – unbewusst, ob sie es wollen oder nicht. Es fängt im Zustand der Zeugung bereits an. Die Qualität der Empfängnis öffnet das Tor für die Kinder dieser Welt. Werden sie in tiefer Liebe und Hingabe gezeugt, dann werden ganz andere Seelen geboren als Kinder, die aus flüchtigen Begegnungen entstammen oder viel schlimmer noch – durch Gewalt entstanden sind.

Bitte kategorisiert diesen Einblick in das Wesen der Zeugung nicht. Alle Kinder sind göttlich. Jedes Kind ist ein Segen. Aber sein Weg, den es beschreiten muss auf dieser Welt, kann ganz erheblich von Zeugung, Schwangerschaft und Geburt beeinflusst werden. Eine Zeugung in totaler Liebe und Hingabe zieht ganz andere Seelen an, als ein Aufflackern flüchtiger Geilheit. Eine Schwangerschaft in Liebe, Sicherheit und Akzeptanz bringt ganz andere Kinder hervor als eine Mutter, die allein gelassen dasteht, Angst haben muss und sich ihrer Mutterschaft unsicher fühlt. Die Geburt eines Kindes, das in Liebe erwartet wird, ist eine andere als die eines Kindes, das als Last und Störung empfunden wurde. Bedenkt diese Faktoren. Die Ankunft von Kindern ist kein Spiel, und die Art und Weise, wie sie diese Welt betreten, ist nicht ohne Bedeutung.

Frauen sollten zu dem Weg zurück finden, der ihrem Wesen entspricht. Damit ist kein Rückschritt gemeint, auch wenn es vielen modern eingestellten Frauen vielleicht so vorkommt. Nein, damit ist eine Besinnung auf die wahren Stärken und das wahre Wesen der Frau gemeint. Sie soll die übergestülpten falschen Lebensweisen, Selbstbilder und Vorstellungen abschütteln und erkennen, was sie als Frau ganz wesentlich ausmacht – nicht abhängig von Zeitgeist und Modebewegung. Es gab schon tausende Konzepte für Frauen. Mittlerweile wird jedes Quartal ein neues Konzept für Frauen erfunden, damit sich die Bekleidungsgeschäfte und Frauen-Magazine neu füllen lassen. Welche Frau blickt da noch durch, was wirklich gut für sie ist?

Darum weist Tantra den Frauen einen Weg in die Tiefe. Lasst euch nicht verwirren von Modevorschriften, Zeitgeist und Lebenskonzepten. Die Antwort für euch liegt in der Tiefe. Es ist nicht die Art und Weise, wie euch eurer Kopf empfinden lassen will – er gaukelt euch nur schlechte Kopien von echten Empfindungen vor. Es ist die ungetrübte und direkte Art und Weise, wie eure Herzen empfinden, was euer Bauch ganz offen und direkt zu euch sagt. Was vom Wesen zu euch hinaufsteigt, das unter dem Verstand und den Empfindung auf euch wartet. Lasst euch davon leiten. Nicht von den neuen Konzepten und Lebenswegen, die immer nur aus dem Kopf für den Kopf gemacht werden. Sie führen in die Irre. Kein Bauchgefühl der Frauen wird sich in aufrichtiger Weise endlose Ausschweifungen wünschen – dazu ist der Bauch der Frauen viel zu sensibel. Und die Gefahr für das Gefühl und das Leben der Frau ist viel zu groß. Jede Schwangerschaft ist auch immer ein erheblicher Test für die Lebensfähigkeit der Frau. Jedes Mal kann sie dadurch sterben. Und der Bauch der Frau hat einen erheblichen Instinkt, dieses Risiko nicht einfach beliebig zu machen und sich dem zu oft auszusetzen. Frauen ist Ausschweifung vom Wesen her viel fremder, weil sie viel geerdeter und vernünftiger sind als Männer. Ausschweifungen sind für Männer viel weniger riskant. Ein Mann nimmt nach dem Sex seine Sachen und macht sich aus dem Staub. Aber die Frau kann jedes Mal mit einem Kind zurück bleiben. Sie setzt also einiges aufs Spiel. Viel zu viel, um so achtlos damit umzugehen, wie es derzeit von den Frauen getan wird. Sie vergehen sich damit an ihrer Natur, an ihren natürlichen, wahren Empfindungen als Frau. Selbst wenn Verhütungen und Technik die Schwangerschaften ausschließen können – ihr Körper schließt es niemals aus. Er empfindet auf eine Weise, in der er seit Millionen von Jahren empfindet und Generationen von Frauen weise durchs Leben geführt hat.

Der Körper der Frau ist ein göttlicher Tempel. Ein Instrument von höchster Feinfühligkeit und Verletzlichkeit. Jeder Missbrauch, jede Lieblosigkeit kann dieses wunderbare Instrument für alle Zeiten verstimmen. Darum müssen Frauen wieder lernen, die Kostbarkeit ihres Körpers, ihrer Liebe und Sexualität zu schätzen – und dies auch von den Männern einzufordern. Wenn sie ihre Sexualität weiter zu seinem Spielplatz schneller Erfahrungen und unbedeutender Begegnungen machen, verstimmen sie ihr Instrument der Liebe. Ihr Tempel wird zu einem Fast-Food-Restaurant, in dem sich jeder für ein paar Cent billigen, schnellen Genuss holen kann – und von dem danach allen irgendwie schlecht ist. Nein, das ist nicht der Weg der Frauen. Ihre Herzen bleiben dabei unerfüllt in ihrem Verlangen nach Aufrichtigkeit und ungespielten Empfindungen.

Natürlich hat die Frau ein Recht, jede Lust auszuleben und jede Erfahrung zu machen, die ihr wichtig erscheint. Kleidet meinen Hinweis nicht direkt in ein Moral-Gerüst. Das ist es nicht. Es ist jenseits von Moral, was Tantra euch auf diese Weise sagt. Es sind Einsichten, die aus der Tiefe einer Erkenntnis kommen, die jenseits von Moral ist. Es geht um das Wesen der Frau. Wenn sie nach Jahrhunderten der Unterdrückung ihrer Sexualität, ihrer freien Entfaltung, ihrer Lust und ihres Körpers nun ins andere Extrem fällt, dann verletzt sie sich dabei. Alle Extreme sind schädlich und zum Nachteil desjenigen, der von ihnen hin und her geworfen wird. Und dazu sind die Seele, das Wesen und der Körper der Frau zu heilig, zu schön und zu anmutig als zwischen den Gewalten von Unterdrückung und Entfesslung hin und her geworfen zu werden. Ihre Rolle auf dieser Welt ist zu wichtig, um eine Frau zu haben, die zwischen den Extremen schwankt. Ihr gehört die Mitte. Und die Mitte ist ein weiser Umgang mit der Sexualität, mit der Macht aus ihrer Sexualität, mit der Gabe der Empfängnis und dem Wesen der Mutterschaft. Wenn sie nun den Weg zur Mitte zwischen den beiden Extremen erreicht, dann ist das die Geburt der ersten vollständigen

Frau. Und ihre Schönheit und der Jubel der Existenz über ihre Ankunft werden groß sein.

Ich fühle mich als Frau nicht wohl im Sex. Ich komme nicht einmal dazu, natürlich zu werden und mich fallen zu lassen. Woran kann das liegen?

Immer wieder berichten Frauen von Schwierigkeiten in ihrem sexuellen Empfinden. Das geht von widersprüchlichen Gefühlen, Desinteresse am Sex, fehlende Orgasmen bis hin zu einem Gefühl von „Unerfülltheit" beim Sex. Sehr viele Frauen teilen einen unterschwelligen Eindruck, durch Sex eher „ausgenutzt zu werden" als sich emotional und menschlich versorgt zu fühlen – selbst wenn sie ihren Partner lieben und schätzen. Oft suchen Frauen die Schuld bei sich selbst. Aber das ist nicht richtig. Die Ursachen liegen beim Mann – und einem grundsätzlich falschen Verständnis von den Möglichkeiten der weiblichen Sexualität.

Die männliche Sexualität funktioniert vor allem zielgerichtet auf den eigenen schnellen Orgasmus hin. Die meisten Männer hoppeln eher wie atemlose Kaninchen den Orgasmus-Hügel hinauf, statt zu merken, dass sie ein lebendiges Wesen lieben, das seine eigenen Empfindungen und Bedürfnisse mitbringt. Das Spektrum des weiblichen Empfindens ist viel breiter angelegt und die Frau braucht in der Regel viel länger, um sich immer tiefer und intensiver in ihre sexuellen Emotionen fallen lassen zu können. Dieser Unterschied wird aber immer noch übergangen: Der Höhepunkt des Aktes ist selbst heute immer noch der männliche Orgasmus – nicht der weibliche.

Über Generationen hatten Frauen kein Anrecht auf Genuss an ihrem Körper und ihrem Sex. Bis heute ordnet die Frau daher ihr Recht auf einen Orgasmus dem des Mannes unter. Und sie wagt in den meisten Fällen nicht einmal, ihn offen und bestimmt einzufordern, wie es ihr gutes Recht wäre. Frauen tragen aus diesem Grund immer einen unbewussten Groll gegen Männer in sich und gegen Sex, den sie auf diese Weise nur als ein Nur-benutzt-werden empfinden können. Es ist ja auch kein Wunder, wenn man erst „bestellt", aber dann nicht abgeholt wird. Und genauso einfältig und rücksichtslos gegenüber der weiblichen Sexualität verhält sich die männliche Sexualität immer noch – trotz 40 Jahre „sexueller Revolution" und Aufklärung.

Aber es gibt eine Alternative zum männlich dominierten Sex. Sie ist sehr alt, aber kaum bekannt. Wir finden sie auch im Tantra – aber selbst dort wurde sie verklärt und ihre Bedeutung verwässert. Die tantrische Sexualität ist keine Technik für „Super Sex", sondern beinhaltet vor allem eine natürliche Möglichkeit, Frauen die ganze Bandbreite ihrer Emotionalität und Empfindungsmöglichkeiten im Sex und durch Sex zu erschließen.

Die Alternative zur vorherrschenden einfältigen männlichen Sexualität stellt ein Liebesakt dar, in dem der Mann auf seinen Orgasmus verzichtet. Das ist durchaus ohne Einschränkungen für den Mann machbar und eine schöne Möglichkeit für die Frau, ganz natürlich die vollständige Bandbreite ihrer Gefühlswelt zu erleben und zu durchleben.

In dieser Art zu lieben verzichtet der Mann auf seinen Orgasmus und gibt der Frau alle Zeit der Welt, ihre Gefühle zu durchleben, sich fallen zu lassen, sich selbst keinem Druck oder Befriedigungs-Zwang gegenüber ihrem Partner auszusetzen. In dieser Art sich zu lieben gibt es kein „Benutzt werden" mehr – weil es kein Ziel gibt. Es ist ein „Sich Lieben", selbstlose Liebe und Fürsorge – ausgedrückt über den Körper. Es ist wie ein stundelanges „Streicheln von Innen" – sehr zu Gunsten der Frau. Sie hat Zeit, sich selbst zu empfinden und ohne Stress und Druck sexuell sein zu können.

Diese Art sich zu lieben ist aber irgendwann über die Dominanz der männlichen Sexualität verloren gegangen. Leider, kann man nur sagen. Denn die Wirkung auf die Frau und ihre Gefühle ist sehr faszinierend – und auch für einen Mann wesentlich bereichernder als fünf Minuten *„Uhha... Ahhh... fertig. Und? War ich gut?!"*

Es darf einfach nicht so weiter gehen, dass gestandene und schöne Frauen nie vollständigen Zugang zu ihrer ganzen Gefühlswelt erfahren dürfen, weil die männliche Sexualität ihnen keine Gelegenheit dazu lässt.

Ein Mann kann tatsächlich über Stunden, Tage und sogar Wochen mit einer Frau schlafen ohne einen Orgasmus zu haben. Das lässt ihr die Zeit, sich vollständig in ihre Emotionen zu begeben und die ganze Vielschichtigkeit ihres Wesens zu erleben – und zwar ohne Einschränkungen für den Mann selbst. Eher im Gegenteil – es ist viel bereichender einer Frau den Zugang zu ihrer ganzen Erlebenswelt zu eröffnen und dadurch volle weibliche Liebe und Wertschätzung von ihr zu bekommen als zehn Sekunden heftiges Zucken und Hochgefühl.

Und genauso sollte es eigentlich sein: Die Frau offenbart sich dem Mann in ihrem ganzen Reichtum an Emotionen, Regungen und Gefühlen, während der Mann der Frau durch diese Art zu Lieben demonstriert, dass er Fürsorge, Stärke, Schutz und Einfühlsamkeit empfinden und auch geben kann.

Eine Frau, die das nie erlebt, hegt immer einen unterschwelligen Groll, ein Gefühl, vom anderen Geschlecht betrogen zu sein und den Frust, sich ihm nie vollständig in ihrem ganzen Reichtum an Gefühlen zeigen zu können. Auf der anderen Seite hat der Mann immer das Gefühl, dass seine Frau für ihn unverständlich ist und zu viele Seiten hat, die er nicht kennt oder die sie vor ihm verbirgt. Das ganze unterschwellige Misstrauen und der ganze Psycho-Stress haben ihre Wurzeln in einer falschen Art sich zu lieben, die vollständig vom männlichen Orgasmus dominiert ist.

Bevor Männer nicht lernen, mit ihren Frauen zu schlafen, ohne jedes Mal einen Orgasmus haben zu müssen, wird sich das Verhältnis von Mann und Frau nicht verbessern – denn zumindest die Frau bleibt frustriert und alleine mit ihren ungelebten Gefühlen und Bedürfnissen zurück. Und für den Mann sind Fünf-Minuten-Sex und anschließende Erschöpfung auch keine echte Herausforderung, eine andauernde sexuelle und emotionale Wertschätzung für eine Frau zu empfinden, die bereit ist, ihren Sex mit ihm zu teilen. Es kostet ihn eher Energie und auf gewisse Weise spürt er immer, dass sie im Grunde unerfüllt durch seine Sexualität bleibt. Und schon ist das Misstrauen zwischen Mann und Frau geboren – unterschwellig, unbewusst – aber hartnäckig und zerstörerisch auf lange Sicht.

Aber die Aufgabe der modernen Frauen muss es jetzt sein, ihr Recht auf diese alternative Sexualität einzufordern. Wenn sie sich weiter klein machen – nur um ihren Männern zu gefallen, dann wird sich an ihrem Dilemma nichts ändern und sie werden nie die vollständigen Möglichkeiten ihrer Sexualität erschließen können, wie es richtig und wichtig für sie wäre. Aber dazu müssen sie erst einmal von dieser Möglichkeit erfahren und dann ihr Recht darauf einfordern. Ansonsten wird sich für sie nichts ändern.

Ich bin im Sex immer voller Zweifel über mich selbst – ich bin nie sicher, ob ich auch schön und liebenswert bin. Ich finde niemals den vollständigen Zusammenschluss mit meinen Gefühlen im Sex – obwohl ich immer spüre, dass genau das in mir angelegt ist. Und wenn der Mann dann geht, bleibe ich mit meinen Zweifeln alleine zurück: „Hat er mich nur benutzt oder liebt er mich wirklich?" Kann diese von dir beschriebene tantrische Liebesweise mir helfen, mich selbst besser zu empfinden?

Im herkömmlichen Sex kannst du als Frau den Zusammenschluss deiner Gefühle niemals empfinden – der Mann mit seiner orgasmusfixierten Sexualität ermöglicht es dir nicht. Dafür geht es auch einfach zu schnell. Der Zusammenschluss der Gefühle ist ein Zusammenwachsen, kein Zusammendrücken – und das braucht Zeit. Die bekommst du in der vorherrschenden Orgasmus-Sexualität nicht. Es ist also ganz natürlich, dass du als Frau mit schweren emotionalen Zweifeln über dein Wesen zurück bleibst. Du hast durch diese Sexualität niemals die Möglichkeit sie auszuräumen, weil sich dein natürliches Wesen als Frau während des Sex nicht vollständig zeigen und empfinden kann. Eine schmerzliche Lücke bleibt in deinem Wesen – und die füllt sich mit Zweifel über dich selbst.

Diese Selbstzweifel kreidest du dann dem Mann an und hoffst von ihm, dass er deine Zweifel über dich selbst ausräumt – durch uneingeschränkte Liebe, Aufmerksamkeit und die Erfüllung deiner romantischen Bedürfnisse. Siehst du, wie das grundlegende Dilemma der Frau sich auf diese Weise in dir aufbaut – über eine Sexualität, die deinem weiblichen Wesen zuwider läuft? Du gerätst damit in eine schmerzliche psychologische Abhängigkeit vom Mann, der dir aber über seine Sexualität gleichzeitig das Ausräumen dieser Abhängigkeit verwehrt. Dann bestürmst du ihn mit deinen weiblichen Bedürfnissen nach Liebe und Verbundenheit und er tritt die Flucht an, weil er sie nicht versteht. Was zurück bleibt, ist eine zerstörte Frau, im Zweifel über sich selbst, voller Groll auf Männer, die Sex als ein Benutztwerden empfindet. Als etwas, das sie immer nur in Selbstzweifeln und psychologischem Schmerz zurück lässt.

Damit darüber keine Zweifel aufkommen: Die Frau hat das absolute Recht, ja sogar die Pflicht, vom Mann das Bekenntnis zu ihr und seine Verpflichtung zu Fürsorge und Aufopferungsbereitschaft einzufordern. Denn immerhin trägt sie das vollständige biologische Risiko der sexuellen Begegnung – die sie sogar mit ihrem Leben bezahlen könnte, wenn bei der Geburt eines Kindes etwas schief laufen sollte. Aber sie sollte die Verpflichtung des Mannes aus dem Respekt gegenüber sich selbst heraus einfordern – nicht aus einer bedürftigen psychologischen Verzweiflung über sich selbst. Denn dann entstehen das anstrengende Genörgel der Frau und ihre subtilen psychologischen Spielchen und Tricks, die den Mann nur zur Verzweiflung bringen und ihn von ihr wegtreiben, statt eine echte männliche Verpflichtung aus seinen Empfindungen und seinem Herzen heraus entstehen zu lassen.

Verlangst du von den Männern Respekt und Achtung gegenüber dir als Frau, dann musst du diesen Respekt und die Achtung zuerst in dir selbst herstellen, bevor ein Mann das Gleiche für dich empfinden kann. Er schenkt es dir niemals von sich aus. Du musst dir die Achtung des anderen Geschlechts erarbeiten. All diese verzweifelten Versuche der Frauen, den Respekt und die Liebe der Männer über Sex, Liebe und psychologische Aufopferungsbereitschaft zu erlangen, sind vergeblich. Männer respektieren Frauen, die sich selbst respektieren. Die Frauen mit dem unerfüllten psychologischen Bedürfnis nach Anerkennung und Liebe durch den Mann sind einfach nur Opfer für ihn, die er leicht manipulieren und für sein Interesse an Sex und Ego-Bestätigung ausnutzen kann.

Wenn du als Frau Respekt und Anerkennung deines Wesens möchtest, dann musst du damit bei dir selbst anfangen. Und das beginnt im Bekenntnis zu deinen wahren sexuellen Bedürfnissen als Frau. Du musst anfangen, den Respekt zuerst auf der sexuellen Ebene einzufordern – aus reiner Achtung vor dir selbst. Denn wenn du deine Selbstachtung schon im Sex ablegst, werden alle anderen und folgenden Ebenen diese ganz bestimmt später nicht mehr herstellen können. Frauen denken oft, wenn sie erst mal mit einem Mann sexuell zusammen sind, dass er ihnen dann die Achtung und Liebe nachliefert. Das ist eine böse Illusion. Das wird nie stattfinden – eher im Gegenteil.

Was bleibt, ist eine emotionale Verzweiflung in den Wurzeln der Frau, die sich dann über ihr ganzes Leben ausbreitet. Und dagegen müssen Frauen anfangen anzugehen, wenn sie auf Dauer eine Verbesserung ihres psychologischen Daseins auf dieser Welt erfahren möchten. Der erste Schritt ist, eine Sexualität einzufordern, die sich zur Fürsorge und Liebe gegenüber den innersten Bedürfnissen der Frau bekennt.

Du musst dich zu deiner eigenen weiblichen Sexualität bekennen und sie gegenüber dem Mann offen einfordern – sie nicht länger verstecken oder zurückstellen. Indem du vom Mann bewusst eine Sexualität einforderst, in der er seine eigenen Interessen erst einmal zurückstellen muss, kommst du der Fürsorge und Anerkennung, die du als Frau ganz natürlich brauchst, ein wesentliches Stück näher. Geht ein Mann darauf ein, dann habt ihr viel eher die Chance, den Weg gemeinsam zu gehen und eine tiefe Verbundenheit der Gefühle durch Respekt und Anteilnahme zu erfahren. Will er davon nichts wissen, dann schicke ihn zum Teufel – auf die Art und Weise, wie er rücksichtslos und selbstbezogen im Sex ist, wird er es auch in eurem gemeinsamen Leben sein. Seit Generationen machen Frauen sich sexuell klein und halten sich und ihre Bedürfnisse zurück – aus Angst davor, den Mann zu verschrecken.

Was Frauen brauchen, ist ein neues sexuelles Selbstbewusstsein – aber nicht eines, das nur eine billige Kopie der männlichen Sexualität ist und auf flüchtige, schnelle Begegnungen abzielt, sondern eines, das in die Tiefe geht. In ein Bekenntnis zum Menschen, zur Einzigartigkeit, zur Verpflichtung und Verbundenheit – denn sowohl biologisch als auch psychologisch stehen diese Aspekte des menschlichen Lebens der Frau viel näher. Denn Frauen sind Mütter – zumindest ihrem Wesen nach, selbst wenn sie biologisch noch keine Mutter durch eigene Kinder geworden sind.

Man kann das Mutter-Sein nicht vom Frau-Sein trennen – erfüllt sich dieses Mutter-Sein in ihr nicht durch eigene Kinder, dann erfüllt die Frau sich dieses Bedürfnis auf andere Weise: Durch Hunde, Katzen, Tiere, dadurch, dass sie den Mann bemuttert oder dadurch, dass sie sich um andere Kinder oder Menschen kümmert. Mutter-Sein bedeutet eine tiefe Hingabe und Verpflichtung. Mutter-Sein erschließt sich nicht aus flüchtigen Begegnungen, sondern verbindet ein ganzes Leben lang. Diesem inneren Band sind Frauen viel näher und es spielt eine viel größere Rolle in ihrem Leben als für Männer. Darum kann es sie nie erfüllen und glücklich machen, wenn sie den Mann sexuell kopiert und genauso beliebig und rücksichtslos in ihrem sexuellen Leben vorgeht. Sie ist es nicht. Und sie wird es nie sein. Die modernen Frauen leben eine große Lebenslüge und verwunden sich selbst jeden Tag aufs Neue, wenn sie versuchen etwas zu leben, das ihrer inneren Wahrheit vollkommen widerspricht.

Das Wesen der Frau ist die Fähigkeit zu Verbundenheit. Aber Verbundenheit braucht auch ein Bekenntnis. Darum ist die von mir beschriebene Art der Sexualität auch immer ein Bekenntnis zur Liebe. Und damit ein vollständiges Bekenntnis zum Wesen der Frau. In dieser Sexualität liegt die Möglichkeit, Sex in selbstlose Liebe zu verwandeln. Durch diese Sexualität ist selbstlose Liebe sehr leicht möglich – denn die ganze Art und Weise, sich gegenseitig so zu lieben, verwandelt den Sex in ein lang anhaltendes selbstloses Geben von emotionaler Führsorge. Damit wird selbstlose Liebe zur Realität – und nicht zu einer abstrakten Wunschvorstellung. Selbstlose Liebe geschieht dann, wird erfahrbar und schafft damit genau die Verbundenheit, nach der sich Mann und Frau auf vielen Ebenen sehnen.

Diese „verpflichtende" Sexualität, die wie ein selbstloses Bekenntnis ist – zur Fürsorge, Aufopferung und Aufmerksamkeit gegenüber dem anderen Geschlecht, ist aufgrund unserer Lebensweise sehr selten geworden. Sex ist zu einfach geworden. Zu beliebig. Es fehlt heute nicht mehr an Möglichkeiten, sexuell zu werden, es fehlt an „Soul" – an Seele im Sex. Und gerade Frauen leiden darunter. Sie fühlen sich auf einer gewissen Ebene nicht angenommen oder verstanden, wenn der Sex eines Mannes nicht auch ein Bekenntnis zu Liebe und Fürsorge ist. In irgendeiner Form – wenn auch unterschwellig und verborgen – bleiben in ihr Zweifel. Und damit bleibt auch ihr persönlicher Konflikt mit dem

Mann innerlich immer intakt. Er wird auf diese unterschwellige Weise in die Beziehungen zwischen Mann und Frau transportiert. Und hat er sich erst einmal heimlich festgesetzt, wird es schwer, ihn wieder aus dem Verhältnis zwischen Mann und Frau heraus zu bekommen.

Denn wie soll der Mann einer Frau seine Liebe vollkommen demonstrieren? Wie soll er sich zu ihr bekennen – wenn nicht mal das Eheversprechen ausreicht, Menschen dauerhaft zu binden? Außerdem ist die Psychologie der Frau sehr geschickt – sie kann dem Mann jedes Wort im Mund herum drehen. Je mehr er seine Liebe beteuert, desto geschickter können Frauen ihm einen Strick daraus drehen. Es gibt keinen Mann, der das noch nicht erlebt hat. Er argumentiert – sie emotionalisiert. Am Ende stehen beide am Rande der Verzweiflung und sind sich kein Stück näher darüber gekommen. Über die Ebene der Worte kann keine Verbundenheit entstehen. Worte haben immer den Nachteil, dass sie angezweifelt werden können. Der Alltag und das Zusammenleben sind oft genauso tückisch. Sie können ein Paar zusammenbringen – aber auch immer wieder trennen. Zusammenleben und Alltag sind natürlichen Schwankungen ausgesetzt.

Aber im Sex – dann wenn die beiden Liebenden wirklich zusammen sind – wenn keine Worte mehr nötig sind, wenn die Welt um sie herum und der Alltag keine Rolle mehr spielen – dann kann durch diese Weise das Bekenntnis zur Fürsorge und Aufopferungsbereitschaft neu bekräftigt werden – und zwar auf einer Ebene ohne Worte. Aber mit innerem Verständnis.

Doch wenn es wieder auf „Ruck-Zuck"-Sex hinausläuft, dann bleibt die Frau natürlich zurück mit ihren Zweifeln und dem Bedürfnis nach dem echten emotionalen Bekenntnis, dass ihr Wohlergehen dem Mann über alles geht. Dann fühlt sie sich unterschwellig benutzt und generell von Männern durch Sex eher betrogen als geachtet und geliebt. Ist seine Liebe Heuchelei, um an Sex und Befriedigung zu kommen oder ist sie echt und verbindlich für sie? Ist sein Verhalten vor dem Sex nur ein Manöver oder spricht aus ihm eine echte Wertschätzung für sie als Wesen?

Tatsächlich kann man in der vorgestellten Art, Sex zu haben, keine „Liebe" heucheln. Wenn es dem Mann nur um schnellen, intensiven Sex geht – er die Frau aber im Grunde nicht begehrt, liebt und wenn ihm ihre Bedürfnisse eigentlich egal sind, dann wird er sich dazu zwingen, schnell fertig zu werden – und danach die Flucht anzutreten. Warum sollte er sich die Mühe machen Stunden lang und über Tage Sex mit ihr zu haben – ohne eigenen Orgasmus? Die ganze Anstrengung, die ganze Zeit, die Aufopferungsbereitschaft – warum sollte ein Mann, der eine Frau nicht zutiefst wertschätzt, sich darauf einlassen? Wenn es ihm nur darum geht, biologisch seine Ruhe zu haben, kann er das mit einer Frau sehr viel schneller haben – zwei, drei Mal fünf Minuten und er hat für einige Tage seine Ruhe und kann verschwinden. Aber bei dieser Form der Sexualität muss er sich Zeit nehmen, muss er auf die Frau eingehen, hat er sie Stunden lang vor sich, um sich, bei sich – in all ihren Formen, Facetten, Gefühlen und Erregungsstufen. Das kann ein Mann nur auf sich nehmen, wenn er es wirklich will. Wenn er wirklich die tiefe innerliche Absicht hat, dieser Frau gut zu tun und ihre Gegenwart sehr genießt.

Darum liegt in der tantrischen Sexualität die Lösung für viele Konflikte, Zweifel und Dramen zwischen Mann und Frau. Aber an diesem Punkt ist es wichtig, dass Frauen zukünftig darauf bestehen, tantrisch geliebt zu werden. Du musst es als Frau von nun an einfordern – anders wirst du die Möglichkeit nie bekommen, dich emotional im Sex mit dir selbst zu verbinden. Und nur diese Verbundenheit zu dir selbst kann die Zweifel über dich ausräumen – niemals der Partner. Du musst dich selbst auf diese Weise vollständig durch den Sex erfahren. Aber dazu musst du die Zeit und die Möglichkeit haben. Ein echter Partner und Gefährte auf deinem Weg ist nur, wer dir das bietet.

Kapitel 4

Die erste Liebe

Kannst du etwas über die erste Liebe sagen?

Die erste Liebe ist ein Scheideweg des Menschen. Sie zeigt ihm sowohl die höchsten Weihen des Lebens als auch seine schmerzlichsten Abgründe: Liebe und Verlust. Sie kommen immer zusammen mit der ersten großen Liebe in das Leben eines Menschen. Denn die erste Liebe ist auch immer eine Lektion des Verlustes. Denn wenn eines so sicher ist wie der Tod im Leben, dann dass die erste Liebe endet. Sie ist viel zu heiß und unbeständig in den Herzen der jungen Menschen, als dass sie sich niederlassen könnte, um zu wachsen und zu reifen. Die erste Liebe geht immer. Und sie hinterlässt eine Wunde. Und aus dieser Wunde erwachsen drängende Fragen – Fragen, die dich von diesem Augenblick an vorantreiben. Sie sind der Eintritt in die spirituelle Suche des Menschen. Denn ein Mensch, der den Himmel durch die erste Liebe erfahren hat, wird fragen: „Wie kann es sein, dass sie geht? Wieso habe ich mich im Himmel geglaubt und bin in der Hölle aufgewacht?" Ehe er es bemerkt, ist der Mensch über Leid, Verwirrung und Kummer über den Verlust der ersten Liebe schon auf dem Weg. Die große Suche hat begonnen.

Um sie zu verstehen, müssen wir weiter zurückgreifen. Einen Umweg machen. Jeder Mensch trägt in seinem Innern das andere Geschlecht als Teil von sich selbst. Einen inneren Mann und eine innere Frau. Doch die innere Frau ist bedeutungsvoller für Menschen.

Ich habe davon gesprochen, dass unter dem Streit von Mann und Frau eine verborgene Harmonie existiert. Dass Gott und Göttin das Universum durch ihre gegenseitige Liebe erschaffen. Darum trägt jedes Element dieses Universums auch einen weiblichen und männlichen Teil in sich. Sogar die kleinsten Elemente, selbst Atome bestehen aus einem festen, stabilen Kern und Elektronen, die ihn umkreisen: Das Männliche und das Weibliche. Genauso kommt auch jeder Mensch auf die Welt. Mit einem männlichen Teil und einem weiblichen. Selbst im Moment der Geburt, in dem der Mensch noch gar keine Erinnerungen oder Informationen über seine Welt aufgenommen hat, bestehen bereits ein weiblicher Teil und ein männlicher Teil in ihm. Da sein Überleben zuerst von der Mutter abhängt, ist dieser Teil wesentlich ausgeprägter und wichtiger. Ein Säugling hat eine starke weibliche Energie in sich, die er mit der Zeit, mit dem Wachstum seiner Sinne der Mutter zuordnet. Die weibliche Energie in ihm – die Göttin – bekommt das Gesicht seiner Mutter in dieser Welt. Sie wird die nächsten vierzehn, fünfzehn Jahre entscheidend für ihn sein. Mädchen trennen sich früher von der Mutter, da für sie der Vater noch eine entscheidende Rolle in ihrer Entwicklung spielt. Über ihn lernen sie den Umgang mit dem anderen Geschlecht – Männer zu umgarnen, zu überreden, zu verführen und zu lenken. Jungen bleiben viel länger unreif, weil sie länger an die Mutter gebunden sind, den Umgang mit dem anderen Geschlecht durch sie lernen und eher in Konkurrenz zum Vater stehen. Die Reife des Mannes dauert dadurch länger.

Für ihn beginnt die Ablösung erst mit der ersten Liebe zu einer anderen Frau. Ein Wechsel findet statt: Die Mutter tritt zur Seite und ein anderes Gesicht ist für ihn plötzlich das Maß aller Dinge. Und das muss auch so sein, sonst wäre Stillstand das Ergebnis. Ihr kennt alle die weichen, undurchsichtigen und hilflosen Männer, die diesen Prozess nie natürlich erleben konnten – aufgrund einer dominanten Mutter, äußerer Störungen oder unglücklicher Umstände. Sie wirken ihr Leben lang unreif, hilflos und durchsichtig. Ohne Männlichkeit, Kraft und Härte. Wenn das einem Mann passiert, bleibt er lebensunfähig. Keine Entwicklung, keine Reife findet statt. Ein kritischer und gefährlicher Punkt im Leben eines Mannes. Aber ein notwendiger. Darum ist es wichtig für ihn, diesen Weg einzuschlagen und zu leben – mit all seinen Konsequenzen.

Doch im frühen Stadium seines Lebens ist es noch anders. Die weibliche Energie, die innere Frau, äußert sich erst durch das Gesicht der Mutter. Dann später durch die erste Geliebte. Und diese erste Geliebte wird neben der Mutter ebenfalls einen großen Beitrag dazu leisten, wie der Mann in Zukunft die Gesichter aller anderen Frauen sieht. Denn wenn die erste Geliebte den Mann verlässt und enttäuscht, wenn die Liebe verschwindet und das junge Liebespaar sich trennt, dann erzeugt das einen tiefen Schmerz und eine Verwirrung. Es ist wie eine Geburt – die Liebe hat das Paar in sich getragen, sie versorgt und reifen lassen – nun spuckt es sie aus. Hinaus in die kalte, anstrengende Welt. Und das

Drama ist da. Es wird geweint, gezweifelt und geschrieen. Aber es ändert nichts. Die Liebe ist nicht mehr da und das Leben wartet. Es muss bewältigt und geführt werden. Auch ohne den Rausch der Leidenschaft und heißblütigen Liebe.

Die erste Liebe ist also ein Scheidepunkt zur Reife. Und ich kann sagen, dass fast jeder Mensch diesen verpasst. Denn dieser Scheidepunkt verlangt noch mehr Einsicht und Verantwortung als die vorherigen. Die Ablösung von den Eltern geschieht unbewusst und natürlich. Dafür ist Mutter Natur zu klug, um einen so wichtigen Schritt dem Zufall zu überlassen – ansonsten wäre der Mensch schon längst ausgestorben. Er wäre ewig seinen Eltern verfallen und würde niemals selbst zur Reife gelangen.

Der Verlust der ersten Liebe dagegen erfordert eigene Intelligenz und Einsichtigkeit. Er verlangt, selbst über den Schmerz und die Verbitterung hinaus zu gehen und das Leben zu betreten. Aber dazu ist der Mensch an diesem Punkt noch viel zu unreif und unerfahren. Er weiß nichts vom Leben. Und dann schlägt es gleich so unerbittlich zu und verwundet ihn so schwer. Es ist eine große Hürde und viele, viele Seelen ziehen sich an diesem Punkt zurück. Verletzt, verängstigt, verbittert – für ein ganzes Leben. Also seid wachsam. Es ist entscheidend, über diesen Punkt hinaus zu gelangen. Eine einzige bittere erste Liebe kann zum Gefängnis für dein ganzes Leben werden. Aber das ist nicht notwendig. Schau genau hin – in die Notwendigkeit, dass dir die erste Liebe sowohl den Himmel eröffnet als auch die Hölle. Sie muss geboren werden und vergehen. Sie muss dich verletzen und verwirren. Dich voller unbeantworteter Fragen und Zweifel zurück lassen. Denn sonst wirst du nie das Leben betreten – das Leben als Erwachsener. Ein Leben der Reife und des Wachstums. Also lass dich von ihr verführen, lass dich von ihr verwunden. Sie ist die Einladung des Lebens an dich. Es hat dich für bereit erklärt und offenbart sich dir. Danach liegt es an dir, ob du die Einladung annimmst oder dich verzweifelt zurückziehst.

Aber es ist wichtig zu verstehen: Deine erste Liebe ist die gleiche Energie, die dich hervorgebracht hat, die deine Mutter war und dann deine erste Gefährtin als Frau. Es ist die eine Frau, die eine Göttin, die immer wieder zu dir kommt und dich küsst. Sie ist deine Gefährtin vom Anfang aller Tage – nur ihre Gesichter wechseln. Und es ist deine Aufgabe, eines Tages zu erkennen, dass sie allein in allen Gesichtern der Frauen lebt. In allen weiblichen Lebewesen. In allen Geschöpfen. Wenn du den Weg gehst, wirst du alle Frauen lieben, denn du erkennst in ihren Gesichtern die eine Gegenwart – die dich hervorgebracht, geboren, als Mutter aufgezogen, als erste Geliebte berührt und als spätere Gefährtinnen verführt hat. Es ist die eine Frau. Und diese Frau ist auch in dir.

Es spielt also eigentlich gar keine so große Rolle, ob die äußere Frau dich verlässt. Solange du in Verbundenheit mit deiner inneren Frau lebst. Aber das tut der Mensch nicht. Also empfindet er den Verlust der Liebe und vor allem den Verlust der ersten Liebe also so schmerzvoll. Etwas Elementares wird ihm genommen und er weiß nicht, wie er darauf reagieren soll. Alles, was er bis dahin gelernt hat, versagt. Er steht zum ersten Mal der eigenen totalen Machtlosigkeit und dem völligen Verlust von Kontrolle gegenüber. Das kann eine erhebliche Krise für den Menschen bedeuten. Und durch seine Unreife wird er sie nicht in Einsicht oder als Inspiration nützen können. Das ist natürlich und normal. Die erste Liebe kann nur im Nachhinein bewältigt werden. Und es ist wichtig sie zu bewältigen, denn alle nachfolgenden Frauen werden die Erfahrungen der ersten Liebe widerspiegeln. Es ist ein wichtiger und entscheidender Punkt.

Die moderne Psychologie hat dem ersten Liebekummer bisher wenig Aufmerksamkeit geschenkt. Ich aber sage euch: Schaut in die Erfahrungen der ersten Liebe – sie ist von elementarer Bedeutung für euch. Dort findet ihr viele wesentliche Antworten auf die Verwirrungen und Irrwege, die mit eurem Verhältnis zum anderen Geschlecht zu tun haben.

Wenn ihr nicht mit eurer Mutter und mit eurer ersten Liebe in Einklang, Verzeihung und Frieden leben könnt, wenn ihr sie nicht gleichermaßen loslassen, verzeihen und wertschätzen könnt – dann werden diese beiden ersten elementaren Begegnungen mit dem Wesen der Frau alle nachfolgenden Begegnungen beeinflussen – vielleicht sogar erheblich stören und euch niemals zur Ruhe kommen lassen.

Vergesst niemals: Die Gesichter und die Körper der Frauen, die euch begegnen und lieben, werden sich unterscheiden – aber darunter existiert nur eine Frau. Die eine Göttin. Die eine weibliche Energie, die euch geboren und hervorgebracht hat. Wenn ihr als Männer mit dieser

Frau in einem inneren Streit lebt, weil eure Beziehung zur Mutter und zur ersten Liebe schwierig und schmerzvoll war, dann werdet ihr immer von der weiblichen Energie getrennt bleiben. Und das ist fatal, denn sie ist die Quelle eurer Geburt. Ihr schneidet euch von der inneren Quelle eurer Existenz ab und schafft in euch ein Gefühl der Trennung und der Angst.

Der Weg, den Frauen zu verzeihen, führt auch über die erste Liebe und über eure Mutter. Und jede Beziehung zu diesen beiden Frauen in eurem Leben ist sowohl süß als auch schmerzhaft. Lasst euch weder von der Süße noch vom Schmerz einwickeln. Erinnert euch an den Pfad des Tantras: Die Aspekte des Lebens sind nur Illusionen – die Wahrheit liegt in der Mitte.

Darum hat im Tantra die Frau auch zwei Gesichter. Ein helles, verlockendes und anmutiges. Ein dunkles, erschreckendes und hässliches. Aber hinter den beiden Gesichtern existiert die göttliche Natur. So ist es in jedem Phänomen. Auch in der Frau. Auch in deinen Beziehungen zu den Frauen. Sie sind sowohl schön und verlockend als auch erschreckend und schmerzhaft. Trenne diese Phänomene nicht, sonst schaffst du Unglück.

Darum führt der Weg der ersten Liebe sowohl über Liebe als auch über Hass. Über Glück als auch über Schmerz. Du musst beides nachträglich akzeptieren, wenn du als erwachsener Mensch Reife erlangen willst. Ansonsten verdirbt dir der Schmerz oder die Verklärung der ersten Liebe deine nachfolgenden Beziehungen, die mindestens ebenso wichtig – aber halt anders sind. Wenn du die Reife entwickelst zu erkennen, dass die erste Liebe ein Durchgangstadium war, um dich vorzubereiten, dann kannst du sowohl ihre Vorzüge als auch ihre schmerzlichen Seiten akzeptieren. Das wird dich erwachsener und innerlich reifer machen.

Meine erste Liebe hat mich zu sehr verwundet. Ich mag nicht mehr lieben.

Der Schmerz der ersten Liebe ist unausweichlich. Er ist notwendig, um dich überhaupt zum Menschen zu machen. Würde die erste Liebe ewig bei dir bleiben, - nichts würde sich ändern. Du würdest immer der gleiche Mensch bleiben. Denn was gäbe es noch zu ändern? Erst der Verlust öffnet die verborgene Tür des Menschseins in dir. Öffnet dich für Fragen, die du sonst niemals stellen könntest. Führt dich auf Wege, die du nie beschreiten würdest. Wenn dir das Leben deine erste Liebe nimmt, so wirft es dich ins kalte Wasser. Du wachst auf und schreist und schlägst um dich. Zu groß ist der Schock. Zu groß der Unterschied. Und tatsächlich zerbrechen viele Herzen und Menschen für alle Zeiten an diesem Schock. Die Gefahr ist groß.

Wenn du zulässt, dass der Schmerz dich überwältig und in deinem Innern eine Festung errichtet, dann schließt du das Leben aus. Und alle seine weiteren Möglichkeiten. Du schlägst allen Frauen, die auf dich warten und dich gerne begleiten würden, die Tür vor der Nase zu. Dann hockst du alleine wie im Inneren einer eigenen Festung und wirst so kalt und leblos wie ihre Mauern. In Sicherheit – aber kalt, leer, tot und ohne Leben. Liebe bedeutet Risiko. Leben bedeute Risiko. Du musst hinausgehen. Und dort warten die Wölfe, die Gefahren, der Wechsel der Jahreszeiten. Aber auch das Leben. Du hast die Wahl. Sicherheit oder Leben... Aber ich kann dir versichern: Je eher du aufbrichst, desto besser. Denn irgendwann findet das Leben dich. Du kannst dich verstecken, flüchten – von Ort zu Ort, von falscher Vorstellung zu falscher Vorstellung, von Ablenkung zu Ablenkung – ja selbst von Leben zu Leben, von Körper zu Körper. Aber es wird dir nie gelingen, vollständig zu flüchten. Also tritt lieber hinaus ins Freie und schau dich um.

Was dir passiert, wenn dich deine erste große Liebe verlassen hat, ist so banal wie alltäglich. Jedes menschliche Wesen geht da hindurch. Du scheinst allerdings mehr Geschrei und Drama daraus zu entwickeln als notwendig. Ja, es stimmt – die Liebe stößt zu und wenn sie zustößt, dann geht der Schmerz bis in die tiefsten Stellen deines Körpers und deiner Empfindungen. Wenn die erste Liebe deines Lebens dich verlässt, betrügt, sich abwendet, dich enttäuscht – dann erwischt es dich bis in die Tiefen deiner menschlichen Existenz. Aber in diesem Moment hast du die Chance – aufwachen oder versteinern. Natürlich erstarren die Menschen zuerst. Eine schützende Schicht legt sich über ihre Empfindungen. Über Jahre, manchmal über Jahrzehnte. Nichts kann sie mehr berühren. Das Misstrauen ist zu groß. Es ist tragisch – aber auch menschlich. Vergiss nie, dass Empfindsamkeit menschlich ist. Deine Angst ist menschlich. Kein Lebewesen möchte wieder so schwer verwundet werden, wenn es das einmal erlebt hat. Es will sich schützen, flüchten, misstrauen. Das ist menschlich. Also sei auch du menschlich. Akzeptiere den Schmerz und das Misstrauen erst einmal so wie sie jetzt da sind. Ansonsten erzeugst du nur noch mehr Schmerz, indem du dich selbst anklagst, warum du nicht anders bist als du dich selbst empfindest.

Aber du bist noch nicht vollständig und hoffnungslos verwundet, solange du dir noch diese Fragen stellst. Nicht so sehr, als dass das Leben sich nicht doch noch in dir regen würde. Allein schon, dass du zugibst, dass du verwundet bist und nicht mehr lieben willst, weil die erste Erfahrung so von Verwirrung und Schmerz geprägt war, dass dir jede weitere Liebe unerträglich erscheint, zeugt davon, dass du nicht vollständig in Schmerz und Verwirrung aufgegangen bist. Ansonsten hätte dich die Erfahrung längst umgebracht – oder so unempfindlich gemacht, dass du den Unterschied gar nicht bemerken würdest. Es besteht also Hoffung für dich, solange du fragst. Dann fühlst du noch. Tief in dir bemerkst du einen Unterschied zwischen dem, was sich über deine Empfindungen gelegt hat und dem, was dort draußen auf dich wartet. Es ist also nur eine Frage der Zeit für dich, bis du in deinem Gefängnis genug hast und erste zaghafte Blicke nach draußen wagst. Und die Luft atmest. Die kühle klare Luft des Lebens… die hin und wieder den Duft der Liebe zu dir trägt und Begegnung ermöglicht. Dein Herz sehnt sich nach Begegnung, sonst würde dein Mund nicht aussprechen, was dich innerlich bekümmert.

Der Verlust der ersten Liebe ist ein großer Kummer. Alle Menschen fühlen ihn mit dir. Denn alle Menschen tragen diese Narbe. Aber es ist eine Sache sie zu tragen, eine andere an ihr zu leiden.

Wenn deine erste Liebe scheitert, dich verlässt oder betrügt, so hast du die Wahl: Willst du von nun an alle Menschen, die dir in Liebe zugetan sind, abweisen – willst du immer wieder den alten Schmerz wiederholen? Oder kannst du verzeihen und Vergangenheit Vergangenheit sein lassen?

Erinnerst du dich, was ich über die innere Frau und den inneren Mann gesagt habe? Was passiert, wenn die erste Liebe dich verlässt? Du gerätst in Streit mit deiner inneren Frau; mit deinem inneren Mann. In deinem Inneren entbrennt ein fürchterlicher Streit. Als Mann klagst du die innere Frau an, dass sie dich betrogen hat, weil sich die äußere Frau von dir abwendet. Als Frau klagst du den inneren Mann an, dass er nicht so ist, wie du ihn innerlich empfinden möchtest. Es entsteht eine Spannung zwischen der inneren Empfindung und den äußeren Wahrnehmung. Du wendest dich ab – erst vom äußeren, dann vom inneren. Weil beides dich enttäuscht. Das ist der Punkt, an dem Menschen beginnen, weder ihren inneren Empfindungen noch ihrer äußeren Wahrnehmung vertrauen zu können. Es ist das Ende der Unschuld. Der Mensch ist erwachsen geworden. Er vertraut weder sich selbst noch den anderen. Ein heikler Punkt. Aber auch ein notwendiger. Du kannst als Mensch nie Reife erlangen, wenn du nicht auch diese Erfahrung gemacht hast: Dass dich Menschen täuschen können. Dass dich deine Empfindungen täuschen können. Tatsächlich kann dich alles täuschen, was du wahrnimmst: Gedanken, Gefühle, Menschen – alles.

Darum richtet Tantra deinen Blick auf das Wahrnehmende in dir. Nicht auf das Wahrgenommene. Denn das Wahrnehmende ist das Bewusstsein – dein Bewusstsein. Nur darum geht es im Tantra. Nur das, was in dir völlig frei und unbeeinflussbar beobachtet – das kann weder täuschen noch getäuscht werden. Denn das bist du – egal, was an Wahrnehmungen auch an dir vorbeizieht – egal, ob gut oder schlecht. Das Wahrnehmende bist du – das Wahrgenommene sind flüchtige Täuschungen. Das ist die Essenz des Tantra. Der Grund, warum der Mensch im Tantra zum stillen Zentrum im Sturm wird.

Deswegen möchte Tantra dir an dieser Stelle sagen: Egal, ob dich deine erste Liebe enttäuscht, dich verwundet. Egal, ob du darüber in Streit mit deinem Inneren gerätst. Das ist alles gar nicht so wichtig. Das ist wie Staub auf einem Spiegel – er kann auf ihm liegen, aber nie der Spiegel sein. Und genauso wenig kannst du die Verbitterung und Enttäuschung sein, die durch diese Erfahrung hervorgerufen wird. Und das bemerkst du – denn du stellst die Frage, du teilst dich mit. Du nimmst Verwirrung und Schmerz wahr. Bist einsichtig, dass die erste Liebe dich so verwundet hat, dass du nicht mehr lieben willst. Bemerkst du den kleinen aber wesentlichen Unterschied? Du bist nicht das Leid. Du bist nicht die Verwirrung. Irgendwo darunter bist du unangetastet, frisch und frei davon. Deswegen möchte ich dich bitten: Wenn du als Mensch weiter gehen willst, statt nur auf der Stelle zu treten: Verzeihe einfach. Verzeihe deiner ersten Liebe, dass sie dich verletzt hat. Und projiziere ihren Schmerz nicht weiter auf alle anderen Menschen, die dir begegnen. Sie können nichts dafür. Erinnere dich, dass alle Gesichter, die dir begegnen, nur immer neue, wechselnde Farben des einen Gottes, der einen Göttin sind. Die Göttin hat es nicht verdient, dass du mit Dreck nach ihr wirfst, sie abweist und beschimpfst. Nur, weil eine ihrer Formen dir über den Verlust der ersten Liebe das Tor ins Leben geöffnet hat. Und vergiss nicht: Dieses Tor ist das Tor zur Reife. Ohne Schmerz geht es nicht. Die Geburt bringt Schmerz, die Pubertät bringt Schmerz, die erste Liebe bringt Schmerz, der erste Sex bringt Schmerz, Kinder bringen Schmerz, Freundschaften bringen Schmerz, der Tod bringt Schmerz – alles, was wichtig und heilig ist – es kommt immer mit zwei Gesichtern. Eines davon bringt Glück, das andere Kummer. Weißt du das eine ab, wird das andere ausbleiben.

Darum: Verzeihe. Verzeihe so tief wie möglich. Der Weg lautet: Verzeihung – Akzeptanz – Vertrauen. Setze Verzeihung als erstes… Akzeptanz ist oft schwieriger. Besonders in der Liebe. Denn Akzeptanz setzt Weisheit voraus, Einsicht. Wenn aber Schmerz und Verwirrung, Hass und Wut da sind, dann müssen diese erst gekühlt werden. Sie verdunkeln das Innere, und ohne den Zugang ins Innere wird der Weg schwierig.

Verzeihe erst dem Menschen, der dir das angetan hat. Verzeihe ihm alles. Rückhaltlos und ohne zu fragen oder Bedingungen zu stellen. Wenn du ihm nicht sofort verzeihen kannst, dann wiederhole dein Verzeihen so lange, bis es tief in dich eindringt und dir die Türen öffnet. Spiele und simuliere das Verzeihen ruhig, wenn es nicht ehrlich ist, weil Wut und Verbitterung noch zu scharf und aktiv sind – aber das wird sich legen. Nichts kann der Verzeihung lange standhalten. Mach so lange weiter, bis sie tief in dich eindringt – dein Denken und Fühlen ganz durchdringt. Bis es in deine Träume Einzug nimmt. Dann kommt Frieden. Und im Frieden kannst du akzeptieren. Du wirst akzeptieren und annehmen, dass es so ist, wie es ist. Dass dich deine erste Liebe verlassen musste, dass sie verschwunden ist, um dich weiter voran zu bringen. Bitternis und Kummer weichen. Das ist der erste Schritt aus dem Tor deiner eigenen Schutzmauern hinaus. Und bist du erst einmal dort angelangt, wirst du lernen, was echtes Vertrauen ist. Denn die Luft, das Grün, der Himmel, die Gefährten – alles, was du dort triffst – das wird dir zeigen, dass es sich gelohnt hat, hinaus zu treten. Natürlich wird dein Vertrauen auf die Probe gestellt – erwarte bloß nicht ein Paradies von Glück und Harmonie, wenn du die erste Liebe überstanden hast – die nächste Probe wartet direkt um die Ecke. Alles, was dir begegnet, wird dich auf die Probe stellen. Dazu ist diese Welt da – um das Vertrauen auf die Probe zu stellen. Also schreite weiter voran. Und schau nicht zurück. Es wartet genug auf dem Weg vor dir.

Verzweifle nicht über den Kummer der ersten Liebe. Er ist unausweichlich und nützlich. Auch wenn diese Einsicht erst mit der Zeit kommt. Aber wenn sie kommt, dann akzeptiere sie und kehre zurück zum Vertrauen. Gott im Anderen ist nicht dein Feind. Du kannst ihn dazu machen. Aber das wäre dumm. Niemand sollte sich Gott zum Feind machen. Er sitzt am längeren Hebel. Akzeptiere, dass die erste Liebe dir Kummer gebracht hat, aber verkümmere nicht darüber. Die Liebe hat Millionen Gesichter – du musst sie annehmen, wenn sie kommt. Weise sie nicht zurück, wegen etwas, das lange zurück liegt, vorbei und notwendig ist. Verzeihe, akzeptiere und vertraue… das wird dich zurück ins Leben und in die Empfindsamkeit führen.

Kapitel 5

Das große Rennen

Ich suche nach Liebe. Nach einer echten Liebesbeziehung mit Treue, Vertrauen und Verbundenheit. Aber ich scheitere immer wieder. Die Verzweiflung und der Schmerz darüber werden immer schlimmer. Was kann ich tun?

Erst einmal musst du begreifen, was ich schon einige Male erwähnt habe. Die Beziehung zwischen Mann und Frau ist nicht dazu da, dir Erfüllung zu bringen. Diese Illusion musst du ein für alle Mal loswerden, wenn du dich selbst darüber nicht ins Unglück stürzen willst. Wenn ihr auf diese Täuschung hereinfallt, so wird euer Leben ein Spießrutenlauf aus Hoffnung, Enttäuschung, Schmerz. Immer wieder aufs Neue – mit jeder Begegnung, mit jeder Liebe, mit jeder Beziehung. Diese Abfolge von Hoffnung und Enttäuschung wird sich solange abspielen, bis ihr endgültig genug davon habt.

An diesem Punkt gibt es zwei Wege: Totale Verzweiflung – die vollständige Nacht der Seele, die sich durch die ewigen Enttäuschungen und leidvollen Erfahrungen in so eine dichte Schicht aus Wut, Verwirrung und Schmerz zurück zieht, dass ihr als Menschen darunter verkümmert und innerlich absterbt.

Die zweite Alternative: Ihr steigt vollständig aus diesem Kreislauf aus. Denn der eine Weg ist im Grunde kein Ausstieg, sondern ein Verharren, ein Aufgeben. Die zweite Alternative dagegen ist ein echter Ausstieg. Es ist Hingabe. Wenn du den ersten Weg wählst, bist du wie ein Marathon-Läufer, der völlig erschöpft und am Rande des Todes auf der Strecke zu Boden stürzt. Obwohl er sich nicht mehr bewegen kann und am Boden liegt, ist das Rennen nicht beendet für ihn. Er hat nur aufgeben. Aber er liegt immer noch auf der Strecke des Rennens. Im Grunde ist er immer noch ein Teilnehmer, wenn auch ein regungsloser, toter Teilnehmer.

Aber das Rennen ist intakt. Er mag keine Kraft mehr haben und gelähmt sein von seiner Erschöpfung, aber tief in seinem Innern, in seinem Denken und seinem Willen ist das Rennen immer noch in vollem

Gange – dort ist immer noch der Gedanke aktiv, ans Ziel zu kommen, auch wenn ihm jegliche Kraft dafür fehlt. Deswegen ist die Nacht der Seele keine echte Alternative. Sie ist nur ein Schlaf der Erschöpfung. Sobald sich die Gelegenheit ergibt, wirst du dich aufrappeln und wieder nach Erfüllung und Harmonie durch Liebe suchen. Selbst wenn du dabei völlig entkräftet durch den Staub kriechst. Aber die drängende Absicht, das Ziel zu erreichen, ist viel größer als die Erschöpfung und wird dich irgendwann wieder weiter treiben.

Darum merke dir, wenn dieser Punkt sich in dir einstellt: Wenn du aufgibst aus Erschöpfung und Verzweiflung, mag es dir wie ein Ausstieg vorkommen – aber das ist es nicht. Es ist nur eine Pause – ein Spiel auf Zeit. Die Hoffnung auf Liebe wird sich irgendwann wieder in dir regen und deine geschundene Existenz wird sich aufrappeln in der Hoffung, es doch noch einmal zu versuchen. In der Hoffung, irgendwo anzukommen. Aber du wirst nirgendwo ankommen, wenn du darauf hoffst, dass Liebe und Partnerschaften dir Frieden und Erfüllungen bringen. Du kannst dich vielleicht eine Zeit lang weiterschleppen, aber irgendwann wird dich das Rennen wieder an den Rand der Erschöpfung führen und dich zurück in den Staub drücken. Das ist immer so. Denn das Rennen wurde ausgerufen, aber es gibt kein Ziel. Die Läufer wurden mit falschen Versprechungen betrogen und hetzen sich nun ab, ein Rennen zu gewinnen, bei dem es kein Ziel gibt, keinen Sieg. Niemand kann es gewinnen, denn es existiert kein Ziel, an dem die Teilnehmer je ankommen könnten. Es ist ein Witz. Allerdings ein leidvoller für diejenigen, die am Rennen teilnehmen.

Die zweite Möglichkeit: Hingabe. Sie ist die einzige echte Alternative. Denn sie ist ein tatsächlicher Ausstieg aus dem Kreislauf von Hoffung und Enttäuschung in der Liebe. Hingabe ist vergleichbar mit einem Läufer, der den Marathon einfach verlässt. Er verlässt die ausgetrampelte, staubige Rennbahn, auf der die übrigen Läufer weiter einem eingebildeten Ziel hinterher hecheln. Dieser Läufer ist einsichtiger und intelligenter als die übrigen Läufer. Er hat gemerkt, dass die Anstrengung ihm schadet, dass sie ihn umbringen kann, wenn er weiter macht – ohne dass ein reales, wirkliches Ziel in Sicht ist. Er hat eingesehen, dass er nur einem Ziel in seiner Vorstellung folgt und dass diese Vorstellung ihn zu Anstrengungen antreibt, die ihm schaden, die ihn krank und verzweifelt machen können, die ihn umbringen.

Also sagt er sich: „Was soll´s. Das macht keinen Spaß und führt zu nichts. Ich höre auf mit dem Unsinn.“ Und statt weiter zu laufen, bleibt er stehen, schaut sich um und sieht, dass es noch viel mehr gibt als dieses dumme Rennen ohne Ziel. Er muss nur die Rennbahn verlassen und das Rennen ist für ihn vorbei. Ohne Erschöpfung, ohne das Gefühl von Niederlage. Einfach ein paar Schritte zur Seite – runter von der ausgetrampelten Strasse, auf der die anderen Läufer weiter unterwegs sind. Nur ein paar Schritte – und diese Schritte sind sehr viel klüger und leichter als alle anderen Millionen Schritte, die in diesem Rennen gemacht werden und nie irgendjemanden irgendwo hin bringen. Also verlässt ein kluger Läufer das Rennen, tritt zur Seite und begibt sich hinaus auf die Wiesen und Wälder jenseits der Rennbahn. Dort ist es viel frischer, ruhiger und kühler. Die ganze Last und Anstrengung des Rennens fällt von ihm ab und er kann das Leben, die Ruhe, die Natur genießen. Und schnell amüsiert er sich über die anderen Läufer, denn vom Straßenrand aus kann er plötzlich erkennen, was den anderen in ihrer Hast und Anstrengung völlig verborgen bleibt: Es gibt kein Ziel! Die Läufer rennen einfach blind ins Leere. Das Ziel existiert nur in ihren Köpfen, aber nicht in der Wirklichkeit. Es ist eine Rennbahn ins Nirgendwo. Und sie alle hecheln, schwitzen, kämpfen – aber wozu? Das Ziel ist nicht da. Der Wegesrand mit seinen Blumen, seinen Wiesen und der Sonne sehr wohl. Wozu also die Mühe? Es ist absurd.

Darum die zweite Möglichkeit: Der Ausstieg. Die Hingabe. Du akzeptierst das Rennen wie es ist, die Anstrengung und Verwirrung der übrigen Läufer, aber du nimmst selbst nicht mehr teil. Das bedeutet für dich: Du lässt ab von diesem ganzen Unsinn von Liebe, Beziehung und Erfüllung durch das andere Geschlecht. Du lässt davon ab, weil du erkennst, dass die Anstrengung dich umbringt und dass du sowieso nie ankommst, weil es in diesem Rennen kein Ziel gibt. Also bleibst du stehen, verlässt die Rennbahn des Geschlechterkampfes und lässt dich neben ihr auf der Wiese nieder, um das Leben zu genießen. Und dann, nur dann – im Sonnenschein, in der Ruhe, in einem entspannten Zustand, kann es sein, dass auch der ein oder andere Läufer eine Pause bei dir einlegt, um mit dir zu plaudern oder deine Gesellschaft zu genießen. Vielleicht bleibt er eine Zeit lang und genießt deine Gesellschaft. Vielleicht will er dann in das Rennen zurück oder es gefällt ihm hier draußen und er steigt ebenfalls völlig aus dem absurden Rennen ohne

Ankunft aus. Hier am Rand, auf der Wiese, in der Sonne ist es auch viel angenehmer. Dann könnt ihr zusammen die Zeit verbringen und das Leben genießen.

Und nur so ist eine echte Begegnung möglich. Früher seid ihr entweder nebeneinander her gerannt, habt versucht, euch gegenseitig zu überholen oder seid voreinander geflüchtet. Da draußen im Gras, in der Sonne in der Ruhe – ohne atemlose Anstrengung, ohne Ziel und Konkurrenz, ist eine erste echte Begegnung möglich. Ein erstes echtes Gespräch ohne außer Atmen zu sein oder etwas fürchten zu müssen. Ihr könnt plaudern, euch das Rennen der anderen anschauen und euch darüber amüsieren. Plötzlich habt ihr Gemeinsamkeiten, wo vorher nur Stress und Anstrengung herrschten. Dieser Weg des Ausstiegs ist der Weg der Hingabe. Der Zusammenbuch ist der Weg der Verzweiflung. Wenn der Punkt kommt, dass dir das Verlangen nach Liebe und Beziehung unerträglich wird, weil es dich nur von einer Enttäuschung zur nächsten führt, in diesem Moment kannst du wählen: Aufgeben oder Hingabe. Wählst du den Ausstieg an die Hingabe, so bringt sie dir Freiheit, Lebendigkeit, Frieden und Segen. Wählst du den Ausstieg durch das Aufgeben, so bringt es dir nur den harten, steinigen Boden und drückt dich in den Staub. Aber glaube nicht, dass das Rennen damit zu Ende ist für dich. Es geht weiter, in deinem Inneren, verborgen – auch wenn alles an dir aufgegeben hat. Dieser Funke Hoffung auf Liebe ist das Letzte, was in dir stirbt. Er ist extrem hartnäckig. Darum hüte dich vor ihm. Sei lieber bewusst und werde zum Zeugen am Wegesrand – das ist entspannter und gesünder.

Sind denn Liebe und Partnerschaft nicht das Wichtigste im Leben? Was für ein Leben soll das sein – ohne Liebe? Ohne Beziehung? Sollen Einsamkeit und Entsagung etwa die Alternative sein? Dann kann ich dir nicht folgen. So kann ich nicht leben. Liebe macht mich lebendig. Ich kann nicht einfach sagen: Ich steige aus und verzichte auf sie.

Die Lebendigkeit, von der du redest, ist noch gar keine wirkliche Lebendigkeit. Sie kommt dir so vor, aber sie ist es nicht. Sie ist Aufregung. Wenn ein neuer, interessanter Mensch in dein Leben tritt – ein schöner, charmanter Mann, eine faszinierende, anziehende Frau – dann sorgt das für Aufregung in deiner Biologie und in deiner Psychologie. Die Biologie pumpt Blut und Energie in jede Faser deines Körpers, um dich stärker, gesünder und ansehnlicher zu machen. Ihr höchster Selbstzweck ist auf einmal in greifbarer Nähe: Fortpflanzung und Vermehrung. Das verzückt die Biologie in dir. Sie fackelt ein komplettes Fest in dir ab, um dich vorzubereiten und zur Fortpflanzung zu überreden. Auf einmal sind deine Sinne schärfer, du fühlst dich stärker, strahlender, gesünder. Selbst klüger und interessanter fühlst du dich auf einmal. Lass dich davon nicht täuschen. Du bist der gleiche Mensch wie zuvor auch – genauso attraktiv, genauso gesund, genauso klug und interessant. Mutter Natur putzt dich nur ein bisschen heraus – schließlich ist Besuch da. Diesen Vorgang nimmst du als sehr aufregend wahr. Du fühlst dich beschwingt, im Einklang und natürlich. Aber das bist nicht du – das ist nicht deine ursprüngliche Lebendigkeit, von der ich rede. Dieses biologische Herausputzen wird irgendwann in sich zusammenfallen. Die Energie wird verschwinden. Dann fällst du in deine Normalität zurück. Und das wird dich frustrieren. Es ist nur eine geborgte, geschenkte Lebendigkeit – keine Lebendigkeit, die ursprünglich und zeitlos aus dir selbst kommt. Sie ist zwar eine sehr schöne Lebendigkeit, eine aufregende und verführerische Lebendigkeit. Aber sie ist geborgt. Sie ist vergänglich. Entweder wird sie verschwinden, wenn der Sex erfolgreich war und ihr ein Paar werdet. Oder sie verschwindet, wenn es nicht dazu kommt und der Andere dich als Partner ablehnt und verlässt. Beides ist möglich. Beides ist frustrierend. In beiden Momenten musst du die geliehene Lebendigkeit an Mutter Natur zurückzahlen. Und der Preis ist hoch. Verwechsle die biologisch geborgte Lebendigkeit also nicht mit deiner natürlichen Lebendigkeit, die an keine Begegnungen mit anderen Menschen oder an äußere Bedingungen geknüpft ist. Wenn du das tust, machst du dir was vor und bist im Marathon-Lauf ohne Ziel gefangen.

Der zweite Faktor, der dir diesen Eindruck von Lebendigkeit vorgaukelt: Psychologie. Wenn ein schöner, faszinierender Mensch in dein Leben tritt und sich für dich interessiert, so aktiviert die Ego-Psychologie alles in dir, was sie zu bieten hat: Zweifel, Hoffnung, Euphorie, Gefühle, Ziele, Strategie – ein komplexes Spiel läuft in deinem Kopf und in deinen Empfindungen ab und trägt dich von einem Hoch zum nächsten. Verliebte balancieren ständig auf einem Hochseil zwischen Angst und Euphorie. Denn plötzlich sind all deine psychologischen Ziele sehr nahe: Wenn sich so ein schöner Mann, so eine schöne Frau für dich interessiert, dann muss du auch schön und interessant sein. Deine ganzen Selbstzweifel hoffen auf einmal auf Heilung – auf Absolution. Denn wenn ein schöner, faszinierender Mensch dich liebt, dann musst du etwas Wert sein – wo du dich doch sonst eher mit deinen Selbstzweifeln, Unvollkommenheiten und Ängsten quälst. Auf einmal ist Perfektion nahe. Wenn dieser Mensch dich liebt, der so perfekt, anziehend und schön, ist – dann musst du auch schön und perfekt sein. Und zusammen werden ihr ein schönes, perfektes Leben in Liebe erfahren. Die totale Projektion wird in deinem Kopf aktiviert. Gleichzeitig sind Selbstzweifel und Ängste natürlich nicht verschwunden – sie sind weiter da. Sie lösen sich schließlich nicht in Luft auf. Die Nervenbahnen in deinem Kopf, die für diese Emotionen zuständig sind und sie verwalten, werden vom Glück nur für einige Zeit übertönt. Von Hormonen betäubt. Aber sie sind noch da. Sie sind nicht einfach dadurch verschwunden, dass ein neuer Mensch in dein Leben getreten ist. Ängste und Zweifel sind also weiter vorhanden – selbst wenn sie eine Zeit lang ausgeschaltet sind. Sie kommen zurück: Mach dir keine falschen Hoffungen. Du hast ein wenig Zeit gewonnen, magst du betäubt sein vom Glück der Liebe und vom Sex. Aber sobald das Feuerwerk abgefackelt ist, wird dir dein Gehirn seine alten Rechungen servieren.

Meistens mit einem zusätzlichen Aufschlag an Gebühren und Zinsen – denn nun ist die Sache wesentlich komplizierter geworden. Du musst deine Ängste, Sorgen und Selbstzweifel nicht mehr allein und isoliert mit dir selbst ausmachen – jemand anderes ist mit im Boot. Das macht die Sache sehr kompliziert. Darum kommt immer das böse Erwachen nach den ersten Flitterwochen der Liebe: Das Gehirn serviert dann seine aufgesparten Rechungen, und die soll nun jemand anderes gleich mit bezahlen. Der Streit und das Geschrei sind vorprogrammiert.

Es gibt natürlich auch ängstliche Naturen, die einen sehr ausgeprägten Angstüberhang in ihrem Verstand haben. Diese Menschen hat man während ihrer Entwicklung innerlich so beschnitten und zu Grunde gerichtet, dass sie es von Anfang an gar nicht zu den Flitterwochen kommen lassen. Sie verjagen jede Möglichkeit zu Liebe und Verliebtheit durch Angriff und verletzende Manöver. Ihr Gehirn kommt gar nicht erst in den Betäubungsmodus der Verliebtheit, denn ihr Selbsthass übertönt grundsätzlich alles in ihrem Inneren. Aber das sind bereits traurige, gestrandete Menschen, denen nur sehr schwer zu helfen ist. Die Mehrheit der Menschen ist eher vom Drogenrausch der Hormone in ihrem Gehirn so begeistert, dass sie sich gerne auf die Möglichkeit von Liebe und Flitterwochen einlässt. Zumindest solange diese Wirkung in ihrem Gehirn funktioniert.

Die Lebendigkeit, von der du sprichst, ist also eine biologisch-psychologische Lebendigkeit. Keine tatsächliche allumfassende Lebendigkeit. Denn sie stirbt irgendwann. Und dann? Was ist, wenn sie vergeht und die Liebe dich enttäuscht und verschwindet? Bist du dann immer noch lebendig? Bist du dann immer noch erfüllt von Freude und Lebendigkeit? Oder holt dich der Liebeskummer, der Katzenjammer ein? Sei ehrlich zu dir: Was ist, wenn die Liebe oder der Liebhaber verschwindet? Bist du dann genauso lebendig wie vorher? Oder bleibst du zurück mit einem Gefühl von Leere und Unerfülltheit? Sei so ehrlich wie möglich zu dir in dieser Angelegenheit. Es ist wichtig, sich nichts vorzumachen an diesem Punkt. Bleibt die Lebendigkeit, wenn der Partner geht? Wahrscheinlich nicht. Sie verschwindet mit ihm, wenn er dich verlässt.

Die Frage ist also eher: Was für eine Lebendigkeit ist das, wenn sie verschwindet? Ist es eine tatsächliche Lebendigkeit oder eine Illusion?

Das Merkmal von Illusionen ist, dass sie irgendwann verschwinden. Sie lösen sich in Luft auf und lassen dich alleine zurück. Was dann? Greifst du zur nächsten Illusion, um das Verschwinden der anderen Illusion vergessen zu können? Rennst du weiter? Von Etappe zu Etappe – ohne irgendwo anzukommen?

Was du als Lebendigkeit bezeichnest, ist ein Phänomen – aber nicht wahre Lebendigkeit. Sie ist geborgt, vergänglich. Mit ihr öffnest du Leid und Enttäuschung das Tor. Diese Lebendigkeit ist die Kehrseite des Todes – denn wenn sie verschwindet, bleiben Kälte und Verlust zurück. Wahre Lebendigkeit – die Lebendigkeit, die aus deinem innersten Wesen kommt, kennt keinen Verlust. Sie kennt keine Kälte, keine Verwirrung, keinen Tod, keinen Verlust. Wenn du dich also im Namen der Liebe auf eine Illusion deines biologisch-psychologischen Verstandes einlässt, dann sei darauf gefasst, dass das Erwachen irgendwann kommt und dass es bitter sein wird.

Wovon ich spreche, ist kein Ausstieg aus Verzicht. Es mag dir zuerst so vorkommen. Denn dein Verstand kennt nur die Kontrolle über dich – wenn du aus einem alten Muster aussteigst mit seinen eingebildeten Zielen und Absichten – dann entsteht eine Lücke. Eine Leere – die alte Geschäftigkeit der Gedanken, die alte Anspannung ist nicht mehr da. Was nun? Für einen Moment bekommst du Angst, denn das Alte ist verschwunden und das Neue noch nicht da. Es gibt nichts mehr zu tun, aber die Abwesenheit des alten Stresses kann auch noch nicht wirklich genossen werden. Das alte Muster fehlt – und das erscheint dir zuerst wie ein Verlust. Aber habe Geduld – wenn die Ruhe ihre Wirkung entfaltet, wird dir der Gedanke an Verlust absurd vorkommen. Er ist nur eine Täuschung. Ein kurzes Aufflackern, das den Übergang begleitet. Sobald das Aufflackern verschwindet, kommt die Sonne durch.

Wenn du das Rennen, die Gier nach Liebe und Erfüllung in Beziehungen, verlässt, dann ist das keine Entsagung. Es ist keine Einsamkeit. Dein Verstand erzählt dir diesen Unsinn, weil er nichts anderes kennt. Er kennt nur Informationen aus der Vergangenheit – niemals Informationen, die vor dir liegen. Also sagt er dir: „Wenn du aufhörst mit dem Rennen – was dann? Alle rennen. Wenn du nicht rennst, wer ist dann noch mit dir? Du wirst alleine dastehen. Du wirst dumm dastehen. Vielleicht wird man dich auch einfach über den Haufen rennen. Oder verschleppen und umbringen. Alles ist möglich, wenn du jetzt aufhörst, dem gemeinsamen Ziel hinterher zu rennen. Sie werden dich hassen, anrempeln, disqualifizieren – renn lieber weiter. Das ist sicherer."

Das gemeinsame Ziel der Menschen: Liebe und Erfüllung in einer Partnerbeziehung zu finden, ist ein Rennen ohne Ende. Es ist eine Illusion. Es ist Gift.

Die monogame Eins-zu-eins-Partnerbeziehung ist eine Illusion. Mehr noch: Sie ist ein gefährliches Gift, das den Menschen zum Sklaven gemacht hat. Denn es ist ein gesellschaftliches Modell – sie hat mit Leben und Liebe nichts zu tun. Mutter Natur hat den Menschen nicht so geschaffen, dass er seinen Frieden und seine Erfüllung in der ausschließlichen Beziehung zu einem einzigen Menschen findet. Es ist biologischer Unsinn. Mutter Natur ist an Vielfalt interessiert. Sie will, dass die Gene des Menschen kräftig gemischt werden, um eine möglichst große Vielfalt zu erschaffen. Der Mensch hat ihre Pläne durchkreuzt, indem er eine Lebensform erfunden hat, die nur einen Mann mit einer Frau zusammenbringen soll. Aber es ist eine erfundene, künstliche Lebensform. Es ist Kontrolle. Sie stammt aus dem Verstand – sie wurde erdacht und erfunden von den ersten städtischen Zivilisationen und Siedlungen, um das Zusammenleben auf engem Raum zu regeln. Denn andernfalls wäre das Zusammenleben in Siedlungen und Städten unmöglich. Es würde außer Kontrolle geraten, wenn niemand sagen könnte: „Das hier ist meine Frau. Das hier ist mein Mann. Das hier sind meine Kinder." Städte, Siedlungen und Menschen wären unkontrollierbar. Niemand wüsste, wo er am nächsten Morgen aufwachen würde. Die Kinder würden durch die Strasse laufen und niemandem gehören. Und wie sollte man Steuern eintreiben? Jeder Mensch würde mal hier und mal da wohnen – je nachdem, wo es gerade spannender ist und in wen er gerade verliebt ist. Ein einziges Chaos.

Deswegen wurde die Monogamie erfunden und dem Menschen als Bedingung für die Teilnahme am zivilisierten Leben auferlegt. Und tatsächlich wird die Absage an die Monogamie als höchstes Tabu erachtet – als Verfall von Sitte, als Unzivilisiertheit, als Sünde und Fehlen jeder Moral. Polygamie ist die Mutter aller Sünden, denn Sünden sind Erfindungen, um Menschen in Häuser und Städte einzusperren, sie kategorisierbar, verwaltbar, ausbeutbar zu machen. Einen polygamen Menschen kann niemand kategorisieren, verwalten und ausbeuten. Denn niemand weiß, wo er morgen zu finden ist. Ständig ist er mit anderen Frauen unterwegs – ständig schläft er in anderen Betten – ständig hat er andere Kinder. Und niemand kann genau sagen, wer denn nun eigentlich Vater und Mutter dieser Kinder ist. Die Angst vor Polygamie ist die ultimative Angst vor Kontrollverlust der Gesellschaft. Die ganze gesellschaftliche Identität eines Menschen hängt an seiner monogamen Eins-zu-eins-Beziehung. Sie definiert ihn, kategorisiert ihn, verwaltet ihn. Deswegen ist freie Liebe der Alptraum jeder Gesellschaft. Und Fremdgehen die größte Sünde in diesem Gefüge. Denn wenn ein Mann oder eine Frau ihrem Partner fremdgeht, raubt sie ihm seine Identität – er ist nicht mehr das, was er vorher war. Er ist auf einmal nicht mehr in Sicherheit. Die Leute werden auf ihn zeigen und sagen: „Er hat seine Frau und sein Leben nicht unter Kontrolle. Er muss ein Versager sein." Der Betrogene selbst kann nicht mehr sagen: „Das ist meine Frau, mein Haus, meine Kinder" – denn auf einmal ist seine Frau nicht mehr seine Frau, in seinem Haus wohnt – zumindest als unsichtbarer Gast – auf einmal noch jemand anderes. Und sind seine Kinder wirklich seine Kinder? Oder ist ihm seine Frau schon früher fremdgegangen? Die Angst kommt. Der Zweifel. Der totale Verlust der Kontrolle ist da. Ihm wurde seine gesellschaftliche Identität genommen. Und da der Mensch nur seine gesellschaftliche Identität kennt und nichts darüber hinaus, ist diese Erfahrung schmerzvoll und voller Verwirrung und Leid.

Man sagt: Scheidung und Ehebruch sind noch schmerzvoller als der Verlust eines Partners durch Tod. Denn der Tod nimmt dir den Partner zwar, lässt dir aber deine Identität. In deinem Kopf kannst du deine Identität und dein Leben mit diesem Partner weiter spinnen – auch wenn er selbst nicht mehr da ist. Du kannst dein Leben und deinen Partner glorifizieren, dir ausmalen, wie schön doch alles gewesen wäre oder geworden wäre. Die Projektion kann weiter gehen – was dir niemals gelingt, wenn dein Partner plötzlich mit anderen Menschen ins Bett geht, Sex hat, sich gehen lässt oder die Scheidung einreicht. Die Emotionen, die mit dieser Erfahrung kommen, sind viel brutaler und intensiver als der Tod. Dieser ist kurz und schmerzlos und danach kann weiter geträumt werden. Wenn deine Frau dich für einen anderen verlässt, dann ist ausgeträumt. Du stehst vor dem Scherbenhaufen deiner Identität. Alles, woran du geglaubt hast, ist plötzlich zerschlagen, missachtet und in den Dreck gezogen. Eine gefährliche Sache – der Mensch ist in seinem Wahnsinn, der Normalität genannt wird, fähig zu töten, um seine Identität wieder herzustellen. Mord ist immer der letzte, ultimative Versuch von Kontrolle. Und ein so intensiver Tabubruch, wie Ehebruch und Fremdgehen, rührt an den tiefsten gesellschaftlichen Ängsten der Menschen.

Aber sie sind krank. Sie sind dumm, unnatürlich und krank. Deswegen sage ich auch: Lasst ab von der Illusion der Erfüllung durch Liebe. Lasst ab von der Illusion, das Glück in Partnerschaften finden zu wollen. Werft die kranken gesellschaftlichen Illusionen von monogamen Eins-zu-eins-Beziehungen über Bord. Sie sind giftig und krank. Sie sind eine Illusion. Die Welt, die Natur des Menschen, die Liebe – sie alle sind nicht monogam. Sie kennen keine Monogamie. Wäre der Mensch monogam, so wäre er es einfach. Schluss, basta, fertig. Es gäbe keine Diskussion, keinen einzigen Gedanken über Treue oder Fremdgehen. Der Mensch wäre monogam und würde keine Abweichung davon kennen. Treue, Monogamie wären seine Natur und er wäre sogar unfähig darüber nachzudenken, ob er monogam ist oder nicht. Es wäre sein ganz natürliches Sein, an der Seite eines Menschen zu leben, ausschließlich nur Sex mit ihm zu haben, nur mit ihm in Beziehung zu leben. Aber das ist er nicht. Und ihr kennt die Realität selbst. Welcher Mensch ist vollständig treu? Welche Beziehung kennt nicht die ständige Wankelmütigkeit, die ständige Bedrohung durch die Möglichkeit, Sex mit anderen Menschen zu haben? Der Anspruch der Treue und der Monogamie scheitert an der Wirklichkeit. Ihr habt euch in eine Illusion eingemauert und verteidigt sie unter allen Umständen. Jede Frau ist felsenfest davon überzeugt, dass ihr Mann anders ist – dass er ihr treu ist. Selbst wenn andere Männer untreu sind – ihr Mann ist nicht so. Er liebt sie wirklich, würde ihr nie fremdgehen. Was für ein absurder Witz. Kein Mann ist treu auf dieser Welt. Und das, was in diesem Moment an Widerstand gegen diese Vorstellung, an Hoffnung, dass es bei dir nicht so ist, durch dein Gehirn zuckt – und das tut es, ich weiß es – die ganzen Vorstellungen davon, dass dein jetziger Mann oder der Mann, der es in Zukunft sein wird, anders ist – das ist eine reine psychologische Selbsttäuschung. Trauma-Opfer basteln sich ihre eigene Wirklichkeit zurecht, um mit den Auswirkungen eines schrecklichen Erlebnisses fertig zu werden. Genauso sind Menschen von der Gesellschaft so traumatisiert worden, dass sie in Bezug auf ihre Liebesbeziehungen wie Trauma-Opfer sind. Sie leugnen die Realität unter allen Umständen. Jedes Wort, jeder Hinweis darauf, dass monogame Liebesbeziehungen in vollständiger Treue unmöglich sind, werden sofort auf das Bitterste bekämpft. Denn sie rühren so tief am gesellschaftlichen Trauma der Menschen, dass jeder Hinweis, der diesen Unsinn anprangert und entlarvt – augenblicklich bekämpft werden muss. Die Menschen, die von der Monogamie abweichen, gelten als unmoralisch, charakterschwach, lieblos, pervertiert, krank – dabei ist die Gesellschaft krank. Die Liebesbeziehungen der Menschen sind krank. Oder würdet ihr das, was sich jeden Tag zwischen den Geschlechtern abspielt, als gesund und friedlich betrachten? Der Mensch ist krank geworden über das gesellschaftliche Trauma Monogamie. Die künstliche Wirklichkeit, die er unter allem Umständen aufrechterhalten muss, um überhaupt irgendeine Form von persönlicher Identität zu haben, macht ihn krank. Denn die künstliche Wirklichkeit erfordert Kontrolle und Manipulation. Beides trennt ihn von seinen eigenen Gefühlen, von seiner eigenen Wirklichkeit. Der Teufelskreis wird zu einem Rad, das sich immer schneller dreht. Die Menschen werden immer hilfloser und verzweifelter in ihren Beziehungen.

Und genau das geschieht zur Zeit. Die Hilflosigkeit in Beziehungen und Geschlechterfragen ist so groß, dass man meinen müsste, man hätte es nicht mit Erwachsenen in einer fortschrittlichen Welt zu tun, sondern mit einem Haufen Kindern, die gerade ihre ersten Schritte in Sachen Sex, Liebe und Beziehungen gemacht hätten. Und tatsächlich ist das auch so. Der Mensch muss nun in seinen Beziehungen zur Reife gelangen. Aber das geht nicht, solange die alten Illusionen von Treue und der Ehe weiter aufrechterhalten werden. Sie hindern den Menschen daran, die Wirklichkeit seines Lebens zu sehen und zu erleben. Reife ist ohne den ungetrübten Blick auf die Wirklichkeit nicht möglich. Reife ist die Fähigkeit, die Wirklichkeit vollkommen und ohne Illusionen zu sehen – so wie sie ist. Auch wenn sie schmerzlich und unbequem ist. Dazu ist es nun an der Zeit für den Menschen. Darum tretet zur Seite und werft einen Blick auf das Rennen. Ist es das wirklich wert? Die ganze Anstrengung, das Leid, die Zeit – und für was? Kommt ihr wirklich irgendwo an? Kennt ihr jemanden, der jemals angekommen ist? Und wenn ja: Kannst du wirklich sicher sein, dass er dir nichts vormacht? Dass er nie im Ziel war und dir nur davon erzählt, um dich zu beeindrucken, sich wichtig zu machen oder sich selbst weiter etwas vorzumachen, damit seine eigene Atemlosigkeit und Anstrengung ihn nicht in Angst versetzt? Also? Wie ist die Wirklichkeit? Wenn du ehrlich zu dir selbst bist? Schau umher und sieh ganz genau hin – in die Wirklichkeit und in dein eigenes Herz. Wo ist das Ziel, von dem alle reden?

Der Austritt aus diesem Unfug ist Hingabe. Du akzeptierst erst einmal alles, wie es ist. Wenn die Menschen rennen wollen, sollen sie rennen. Wenn du erschöpft bist, dann lass dich erst einmal auf der Wiese neben der Bahn nieder und ruh dich aus. Dann kannst du immer noch entscheiden, ob du zurück ins Rennen willst oder nicht. Ich kann dir zwar versichern, dass du ganz bestimmt im Gras und in der Sonne bleiben wirst. Aber wenn du dann wieder gerne zurück ins Rennen willst, wird dich auch niemand aufhalten. Es ist deine Sache.

Hingabe bedeutet: Sieh erst einmal die Welt und die Menschen so wie sie sind. Sieh deine eigene Situation erst einmal, so wie sie wirklich ist. Nicht durch den Schleier der Einbildungen, Wünsche und Träume – seien sie persönlich oder gesellschaftlich. Es spielt keine Rolle, ob Einbildungen und Illusionen persönlich oder gesellschaftlich sind. Illusion bleibt Illusion. Sie kann nie Gestalt und Wahrheit erlangen. Aber du selbst kannst Gestalt hinter der Illusion annehmen. Du selbst kannst dich jenseits der Illusionen aus diesem Schleier herauskristallisieren. Und darauf kommt es an. Du kannst Gestalt außerhalb des Rennens annehmen. Denn dort herrschen Ruhe, frische Luft und Licht. Dort kannst du zum ersten Mal an dir selbst herabsehen und dich betrachten. Vielleicht bist du gar kein Marathon-Läufer. Vielleicht liegt dir das Rennen nicht. Vielleicht willst du lieber Ski fahren. Oder Fahrrad. Aber dazu musst du von der Rennbahn runter. Die Berge und die Wälder sind jenseits der Rennbahn. Ski fahren und Fahrrad fahren kannst du nur dort. Nicht auf der staubigen, ausgetretenen Rennbahn. Also muss du erstmal dort runter und dir eine Auszeit nehmen. Das ist der erste Schritt. Was dann folgt, wird sich zeigen. Die Wahrheit und das Leben werden dich dorthin führen, wo du hingehörst.

Deswegen ist der Austritt keine Absage an die Liebe. Tatsächlich ist es die Einladung an die Liebe. Denn solange du rennst, kann sie dich nicht erreichen. Du rennst ja immer weiter. Weg von ihr. Aber wenn du im Gras liegst und die Sonne genießt, kann sie dich erreichen. Und erst dann können auch andere Menschen dich erreichen. Wie sollen sie dir Geschichten erzählen, dich berühren, mit dir Liebe machen, wenn du die ganze Zeit rennst und nicht zu Atem kommst? Das ist unmöglich. Also lass den Unsinn erst einmal sein, von Hoffnung zu Hoffnung und von Liebe zu Liebe zu rennen. Das ist keine Lebendigkeit – das ist Atemlosigkeit.

Mach es dir erst einmal bequem außerhalb der ständigen Paarbeziehungen. Entdecke das Leben außerhalb der Liebe und der Paarbeziehungen. Such dir Hobbies, Aufgaben. Entwickle deine Interessen, Talente. Kümmere dich um Kinder und andere Menschen, die Hilfe brauchen. Sei einfach wertvoll, statt Zielen hinterher zu rennen, von denen du hoffst, dass sie dich wertvoll machen. Das wird nicht geschehen. Alles, wozu sie dich machen, ist zu einem atemlosen Idioten. Dazu ist das Leben zu wertvoll. Tu dir die Ruhe an, ruh dich aus, nimm Abstand, Kümmere dich um dich selbst. Sei wertvoll – das ist vielleicht das Wichtigste. Fang einfach damit an, wertvoll zu sein. Solange du hoffst, dass die Liebe oder ein anderer Mensch dich wertvoll für Andere und für diese Welt machen wird, lebst du in einer Hölle. Denn dann brauchst du die ständige Aufmerksamkeit und Anwesenheit anderer Menschen und der Welt. Nur ihr Interesse und ihr Feedback machen dich wertvoll. Fällt die äußere Aufmerksamkeit weg, bist du einsam und verlassen.

Darum sage ich dir: Der Ausstieg, den Tantra dir bietet, ist keine Einsamkeit. Er ist Erfüllung. Du selbst fürchtest dich vor Einsamkeit, weil du nur die Einsamkeit kennst. Was du lebst, ist Einsamkeit unter dem Deckmantel von Beziehung oder wechselnden Liebschaften. Du bist abhängig von der Zustimmung, von der Anwesenheit und Liebe anderer Menschen. Aber was ist, wenn sie nicht da sind? Was ist, wenn sie gehen, wenn sie sich abwenden und sich nicht für dich interessieren? Dann tritt deine innere Einsamkeit unter dem Deckmantel von Liebe und Hoffnung hervor und stürzt dich in dein persönliches Unglück. Alles, was Zustimmung und Anwesenheit anderer Menschen benötigt, ist nicht Liebe – sondern Einsamkeit. Du fühlst die nagende Einsamkeit in dir und suchst nach Bestätigung durch Liebe und Gesellschaft. Sie sollen diesen nagenden Eindruck von Einsamkeit in dir verscheuchen. Manchmal gelingt es sogar – wenn das Leben lustig, aufregend, sexy wird durch andere. Dann ist die Einsamkeit für einige Zeit überlagert. Aber sie kommt wieder, sobald der Andere weg ist. Dadurch wirst du neurotisch abhängig von der Anwesenheit oder der Liebe anderer Menschen. Du beginnst damit, andere Menschen dazu zu benutzen, die Angst vor der Einsamkeit von dir fern zu halten. Aber das ist neurotisch. Und auf Dauer unmöglich.

Fange lieber an, selbst wertvoll zu sein. Lebendig zu sein. Dann ist Gesellschaft erst möglich. Alles andere sind neurotische Spielchen und Manöver. Wenn du etwas hast, das du teilen kannst und das dir Freude bereitet – ganz egal, ob andere da sind oder nicht, dann findest du zu dir selbst zurück. Und solange du selbst anwesend bist – wie könntest du da irgendwie einsam sein? Deine eigene Anwesenheit verscheucht jede Einsamkeit. Denn Einsamkeit ist Abwesenheit – Abwesenheit von dir selbst. Aber da du nur Gesellschaft und Verstand kennst, versuchst du die Abwesenheit von dir selbst natürlich durch Gesellschaft und Verstandestricks zu vertreiben. Ein lächerliches, absurdes Spiel. Du erzeugst nur immer noch mehr Einsamkeit, weil Verstand Abwesenheit von dir selbst bedeutet. Selbst anwesend zu sein in seinem Leben – das bedeutet: Ein Leben zu führen, von dem du das Gefühl hast, dass es dein eigenes Leben ist. Dass es das Leben ist, das du führen möchtest und führen sollst. Wenn du deine Interessen, Fähigkeiten und Talente entwickelt hast, um anderen Menschen zu helfen und ihnen Freuden zu bereiten. Wenn du so ein Leben führst, dann bist du da. Dann ist deine Essenz, deine unsterbliche Lebendigkeit voll und ganz anwesend – und mit dieser Anwesenheit verschwindet alle Einsamkeit aus deinem Leben. Denn diese Anwesenheit bedeutet Fülle, Kreativität, Leben. Nur in dieser Anwesenheit kannst du teilen und für andere Menschen zu einer echten Freude werden, denn diese Anwesenheit kennt nur Teilen, Geben, Verschenken.

Verstand und Gesellschaft bedeuten: Nehmen, Fordern, Kontrollieren – zusammen produzieren sie Einsamkeit unter dem Deckmantel der Geselligkeit.

Die Anwesenheit deines wahren Wesens – die Anwesenheit, die allgegenwärtig ist, nie schläft und nie berührt werden kann – sie bedeutet: Geben, Lieben, Zulassen – sie allein bringt Liebe und Verbundenheit in dein Leben. Denn es ist ihre wahre Natur. Es ist deine wahre Natur.

Wie kann ich den Pfad der Hingabe praktisch umsetzen? Ich höre und verstehe zwar, was du sagst, aber wie mache ich den ersten Schritt?

Vertrauen. Es gibt keinen anderen Weg als Vertrauen. Damit meine ich nicht die Art von Vertrauen, die ihr bisher in eurer Psychologie anwendet. Diese Art von Vertrauen ist nur eine andere Form des Misstrauens. Euer Vertrauen ist nichts anderes als verdeckte Manipulation. Wenn Liebespaare von Vertrauen reden, dann bedeutet das: „Verletze nicht die Regeln, die ich dir auferlegt habe und die uns zusammen halten. Ansonsten ist der Teufel los." Wenn du fremdgehst und mit einer anderen Frau schläfst, dann ist eine Regel verletzt, die viele Menschen ihrem Partner auferlegen. Dann ist das Geschrei groß und wenn irgendein Vorwurf dann in dieser typischen Situation zwischen Mann und Frau auftaucht, ist das dieser: „Du hast mein Vertrauen missbraucht und verletzt. Wie soll ich dir je wieder vertrauen können, nachdem du das getan hast?" Doch diese Art von Vertrauen ist kein Vertrauen, sondern moralische Manipulation. Jeder von euch hat gewisse Spielregeln im Kopf nach denen die Welt, andere Menschen und eure direkten Partnerschaften funktionieren sollen. Sobald etwas nicht nach diesen Regeln läuft, seid ihr wie vor den Kopf gestoßen – euer ganzes Weltbild ist erschüttert. Euer Vertrauen ist verletzt. Aber das ist kein Vertrauen – es ist ein Korsett, in das ihr die Welt stecken wollt. Es sind eure Moral, eure Wertvorstellungen, eure Absichten und Vorstellungen von einem harmonischen und friedvollen Leben nach eurem Gusto. Aber diese Pervertierung von Vertrauen ist nur ein Zerrbild eures Egos und das genaue Gegenteil von wahrem Vertrauen.

Würdet ihr wirklich vertrauen, so bräuchtet ihr überhaupt keine Forderung nach Vertrauen – wenn ihr frei von diesem Unsinn seid und echtes Vertrauen kennt, dann SEID ihr Vertrauen. Ihr braucht kein Vertrauen, ihr empfindet kein Vertrauen – ihr SEID Vertrauen. Und nichts kann euch dieses Vertrauen nehmen oder erschüttern – das ist unmöglich. Es müsste euer unsterbliches, ewiges Wesen erreichen und das ist nicht möglich. Nichts kann eure wahre Natur tief in eurer Existenz erreichen. Nichts. Darum kann wahres Vertrauen auch nie erschüttert werden – denn es ist eure wahre Existenz. Nur Vertrauen existiert. Sonst nichts.

Also verwechselt nicht eure persönlichen Motive, eure persönlichen Moral-Vorstellungen und eure verdeckten egozentrischen Forderungen mit dem Vertrauen, von dem Tantra spricht. Eure Vorstellung von Vertrauen ist eine Pervertierung von Vertrauen – und eine illusorische noch dazu. Denn die Welt wird für immer und ewig eure verzerrten psychologischen Forderungen nach Moral und Kontrolle boykottieren und mit Leichtigkeit demontieren. Deswegen erinnert euch Tantra daran: Macht euch gar nicht erst die Mühe. Steigt direkt hinab zum wahren Vertrauen jenseits von Kontrolle und Psychologie. Das seid nämlich ihr. Und keine konfusen Vorstellungen darüber wie eure Wahrnehmung in dieser Welt verlaufen sollte. Vergesst diesen Unsinn einfach und geht direkt zum Vertrauen tief, tief in euch – jenseits von anderen Personen, jenseits der Welt, jenseits von Gefühl und Verstand.

Aber das wird dir am Anfang nicht leicht fallen. Du musst erst lernen zu vertrauen. Dazu musst du wissen, dass die Art von Vertrauen, die durch Tantra zu dir kommt, einen Ort in deinem Körper hat, den du direkt erreichen kannst. Das wahre, ursprüngliche Vertrauen liegt unterhalb deines Bauchnabels. Es ist immer da – du hast es nur aus den Augen verloren, wie fast alle zivilisierten Menschen es aus den Augen verlieren, weil sich ihre Energie in ihrem Verstand konzentriert. Ihre ganze Aufmerksamkeit ist im Verstand, im Denken gefangen und kennt daher die anderen Kanäle des menschlichen Daseins nicht mehr.

Einer davon ist das Zentrum unterhalb deines Bauchnabels. Wenn du wieder lernen willst zu vertrauen, dann musst du dich fallen lassen und deine Aufmerksamkeit, den Zeugen in dir, wieder im Bereich unterhalb deines Bauchnabels entfalten. Im Moment steckt er in deinem Kopf, in deinem Verstand. Vertrauen ist dort nicht möglich, weil die Natur des Denkens Zweifel ist – für jedes Argument gibt es ein Gegenargument. Jedes Für hat ein Wider. Dein Mann sagt dir, dass er dich liebt, aber dir fallen direkt tausend Gründe ein, daran zu zweifeln – das ist immer so. Darum ist Liebe im Kopf unmöglich. Sie kann nur unterhalb des Bauchnabels geschehen und sich für dich öffnen, denn dort lebt das Vertrauen. Dieses Vertrauen hast du als Säugling und Kind noch gehabt. Kinder leben viel mehr aus dem Bauch heraus als Erwachsene. Aber nach und nach hat man dich zivilisiert – zu einem sozialen und intellektuellen Wesen gemacht, aber dir das Vertrauen dadurch genommen. Und genau das ist das Phänomen unserer Welt. Die ganze Welt ist im Zweifel über sich. Zu widersprüchlich sind die Informationen und Eindrücke, die jeder Mensch mit sich herum trägt und die wie ein endloses Videoband immer wieder aufs Neue abgespult werden – mit Bildern, Tönen und Emotionen. Die Summe dieser Emotio-Ratio-Informationen sind Zweifel. Und Zweifel ist der Fluch der Menschheit, denn er hat sie von sich selbst entfernt. Wenn du wieder zu dir selbst finden willst, dann musst du zurück zum Bauch. Zum Zentrum unterhalb deines Bauchnabels. Dort lebt reines, natürliches Vertrauen. Und das ist die Essenz, die dir dein Leben überhaupt erst ermöglicht.

Weil diese Essenz in eurem derzeitigen Dasein fehlt, fühlt sich das Leben für viele Menschen leer und unlebendig an. Sie haben zwar den Eindruck, auf eine Weise zu existieren, aber nie richtig und vollständig zu leben. Wie sollte das auch möglich sein? Kein Vertrauen, keine Essenz, keine Vollständigkeit – nur Zweifel, Verwirrung und Angst. Ohne Rückkehr zum Vertrauen gibt es keinen Ausstieg aus diesem Kreislauf. Ohne Vertrauen kein Zentrum. Ohne Vertrauen kein Leben. Ohne Vertrauen ist nur ein Pseudoleben möglich. Und ein Pseudoleben braucht Regeln, Auflagen und Moral, um kontrollierbar zu bleiben. Ansonsten droht der Abstieg in den Wahnsinn – denn diese Regeln und diese Moral sind künstliche Zentren, um die Angst vor dem Leben und seiner Unbeständigkeit, seiner Bedrohlichkeit in den Griff zu bekommen. Aber nur scheinbar und niemals auf Dauer. Denn das Leben ist nun mal bedrohlich und unbeständig. Wie bedrohlich und unbeständig es sein kann, merkst du spätestens, wenn der Tod anklopft und dich holt. Mehr Bedrohlichkeit und Unbeständigkeit wirst du nicht erfahren können. Dann kommt beides mit einem Schlag und ohne Rücksicht auf deine Vorstellungen und deine Moral. Und da zumindest der Tod ganz sicher kommt, lass diesen Unsinn doch lieber gleich bleiben. Moral und Kontrolle sind die Zuckerwatte für dein ängstliches Ego, hinter dem der Tod auf dich wartet. Und wenn er kommt, werden dir auch Moral und Kontrolle nicht helfen können.

Aber Vertrauen wird dir helfen können. Vertrauen kann den Alptraum in ein Paradies verwandeln. Denn im Vertrauen ist Angst unmöglich. Zweifel sind unmöglich. Wenn Vertrauen da ist, wenn du selbst zum Vertrauen geworden bist in diesem Leben, dann kann dir der Tod nichts anhaben. Dann kommt er wie ein Freund, der dich in deine tatsächliche, vollständige Existenz zurückbringt. Für alle anderen wird er ein dunkler Schatten der Angst und des Wahnsinns sein. Es ist ein großes Dilemma, dass der Mensch nicht sterben kann. Aber das liegt daran, dass er kein Vertrauen hat. Der Verstand hat es ihm genommen. Die Gesellschaft hat es ihm genommen. Verstand und Gesellschaft sind eins – das müsst ihr verstehen. Alles, was ihr als Verstand in euch wahrnehmt, ist die Gesellschaft, die ihr in euch aufgenommen habt. Wie könnte es auch anders sein? Der Verstand ist eine Sammelstelle für äußere Eindrücke und diese nehmt ihr nun mal durch euer Umfeld auf. Verstand ist Gesellschaft – Gesellschaft ist Verstand. Es ist sehr wichtig, dass ihr dieses Phänomen sehr genau erkennt. Denn Verstand und Gesellschaft bedingen sich gegenseitig. Ihr werdet zu Zweiflern erzogen – vom ersten Moment an. Doch gebt ihr damit euer Zentrum im Bauch auf und verankert euer ganzes Dasein im Kopf – im Denken des Verstandes. Wenn dieser euch erst einmal eingelullt hat in seinem ewigen Prozess des Denkens, Wünschens und Phantasierens, dann läuft das Leben so an euch vorbei und ihr habt immer das Gefühl, dass es nicht so vollständig ist, wie es eigentlich sein sollte. Das ist es sehr wohl – du hast nur den Zugang verloren. Und dann strengst du dich noch mehr an in allen möglichen Bereichen und Disziplinen, um diesen Eindruck der Unvollständigkeit los zu werden und ihn zu bekämpfen und das macht alles nur noch schlimmer, weil du damit noch mehr Verstand produzierst. Wenn dann der Tod kommt, hast du das Gefühl, gar nicht gelebt zu haben und die Angst ist groß. So viel wurde verpasst, so viel muss eigentlich noch erledigt werden und jetzt kommt dieser scheußliche Tod und will dir das alles unmöglich machen. Das große Heulen und Zähneklappern macht sich breit.

Das ist alles gar nicht notwendig, wenn du wieder zurück gehst in das Zentrum. In dein Zentrum im Bauch, unter dem Bauchnabel. Dort ist Vertrauen – und Vertrauen schlägt dir eine direkte Brücke zum Leben. Keine Moral, keine Kontrolle, keine Auflagen sind mehr notwendig. Von dort aus trittst du in ein direktes Zwiegespräch mit dem Leben, mit der Existenz, mit den Geschöpfen und Menschen, die dir begegnen. Vertrauen macht Leben erst möglich. Denn wenn du Vertrauen hast, brauchst du nicht mehr flüchten – denn für Flucht ist Angst notwendig. Kein Zweifel – keine Angst. Du kannst dich vollständig auf das Leben einlassen. Auf Liebe, auf Freundschaft, auf Gemeinsamkeiten.

So, wie du jetzt lebst, verankert im ständigen Denken, im Zweifel, lässt du dir ständig ein Hintertürchen zur Flucht auf, weil du ein ständiges Misstrauen empfindest. Doch lebst du in Vertrauen und durch Vertrauen, dann brauchst nicht mehr zu manipulieren und zu kontrollieren, dann ist ein natürliches Vertrauen immer in dir anwesend.

Aber dieses Vertrauen ist nicht zu vergleichen mit dem, was ihr heute Vertrauen nennt. Es ist kein moralisches Vertrauen. Es kennt überhaupt keine Moral. Keine Forderungen und Ansprüche. Es ist nicht an den anderen Menschen und seine Verhaltensweisen gekoppelt. Es ist einfach. Ein Mensch in deiner Umgebung mag sich verhalten wie er es für richtig hält, da du dein eigenes unabhängiges Vertrauen in dir selbst hast, kann dich sein Weg und seine Lebensweise nicht erschüttern. Wie auch? Du hast vollständiges Vertrauen zu ihm – dass es richtig ist, was er tut – zumindest für ihn, auch wenn du selbst damit nicht unbedingt übereinstimmst. Aber das bringt dich nicht gleich in Gefahr oder Verzweiflung. Er hat seinen Weg, du hast deinen – beides ermöglicht durch Vertrauen.

Aber diesen Weg haben die Menschen längst verlernt, weil sie im Verstand, im Kopf gefangen sind. Deswegen geht jeder mit seiner Überzeugung hausieren, deswegen ist es Volkssport Nummer Eins, Meinungen zu vertreten und andere Menschen davon zu überzeugen. Deswegen gibt es die Kriege im Namen der Religionen, Ideologien und Gesellschaften. Dieser ganze Humbug wird erzeugt, weil der Mensch im Kopf festsitzt, der nur fähig ist, Zweifel zu produzieren, weil es seine Aufgabe ist zu zweifeln. Und wenn man den Anderen schon nicht bekehren und überzeugen kann, dann kann man ihn wenigstens umbringen – die höchste Form der Kontrolle. Es ist absurd. Die Lösung liegt so nah – vielleicht 80 oder 90 Zentimeter. Nur die Distanz vom Kopf zum Bereich unter dem Bauchnabel. Und schon ist Frieden möglich.

Aber dieser Weg ist über die Bildung von Gesellschaften und Zivilisationen ins Vergessen geraten. Aber darum soll ihm über Tantra hier neues Leben eingehaucht werden. Um euch daran zu erinnern, dass es diese Alternative gibt. Und dass sie gar nicht so schwer oder so weit weg ist. Die Menschen rennen über den Planeten und phantasieren vom Himmelreich, vom Nirvana und anderem Esoterik-Unsinn. Dabei liegt die Antwort ganz nah – im eigenen Bauch. Unterhalb des Bauchnabels. Ihr müsst nur eure Aufmerksamkeit im Leben und im Alltag dort hinlenken und wieder so verankern, wie es gesund und natürlich für euch ist – und dieser ganze Unsinn des Verstandes verliert seine Macht über euch. Der Verstand selbst verliert seine Macht über euch. Denn dorthin kann er nicht kommen. Der Verstand spielt sich schrecklich auf in seinen Projektionen und in der Einbildung von Macht und Kontrolle – aber das liegt nur daran, dass er im Grunde so machtlos ist. Sein Einfluss reicht nur bis unter die Augen – von da an verliert er sich. Die Kontrolle, die ihr wahrnehmt, ist eine eingebildete – eine Projektion. Der Verstand projiziert seinen Einfluss auf den ganzen Körper herunter und ihr lasst euch davon täuschen, denn eure ganze Aufmerksamkeit ist unter seinen Einfluss geraten und hält sich nur noch im Kopfbereich auf.

Sobald ihr das ändert, schwindet der Einfluss des Verstandes auf euch und mit ihm die eingebildete Kontrolle über den Rest des Körpers. Denn tatsächlich besteht dort keine Kontrolle mehr. Deswegen wirkt jede natürliche Reaktion des Körpers auch immer so bedrohlich – sie ist ungewohnt und stellt die Kontrolle des Verstandes in Frage. Krankheit, Sex, Schmerz entlarven die Projektion des Verstandes und die Vorstellung von Kontrolle. Darum versucht er diese Phänomene zu leugnen oder zu umgehen – vor allem Krankheit, Schmerz und Sex. Das ist seine ganze Absurdität. Denn wenn ein Mensch etwas nicht umgehen kann, dann diese drei Einflüsse auf sein körperliches Dasein. Aber der Verstand versucht es trotzdem. Ohne Erfolg natürlich. Er bastelt sich eine Einbildung von Macht und Kontrolle zurecht, die er aufrechterhalten kann, solange alles in gewohnten Bahnen verläuft. Weicht etwas davon ab, dann bricht das Kartenhaus zusammen. Aber das Kartenhaus aus Einbildung und Verdrängung zu errichten, ist die Mühe nicht wert – die drei großen Phänomene des Körpers, Sex, Krankheit und Schmerz kommen so oder so. Verlasst euch drauf. Zimmert euch also nicht eine krankhafte, eingebildete Realität über euren Körper zurecht. Nutz lieber eure Zeit sinnvoll.

Vertraut! Kehrt zurück zum Vertrauen. Kehrt zurück zum Leben unterhalb des Bauchnabels. Ihr braucht einfach eure Aufmerksamkeit, die im Moment vor allem mit den Gedanken und Prozessen des Verstandes beschäftigt ist, in den Bereich unter euren Bauchnabel lenken. Das genügt schon. Einfach hin und wieder mal dort mit eurer Aufmerksamkeit nachschauen, was ihr dort findet. Und wenn ihr euch wohl dabei fühlt, dann bleibt einfach ein bisschen länger. Ihr braucht keine aufwändigen Meditationsübungen oder geheimen Techniken. Einfach ein bisschen relaxen, mal öfter tiefer einatmen als sonst und dort unten nachschauen mit eurer Aufmerksamkeit. Nach und nach werdet ihr euch daran gewöhnen und länger dort verweilen können.

Am Anfang ist es ein wenig ungewohnt und schwierig. Vielleicht entdeckt ihr auch während der ersten Zeit nicht so viel und es tut sich nichts. Erwartet keine radikalen und spektakulären Ergebnisse. Wir reden von Frieden und Vertrauen – das kommt nicht mit einem Feuerwerk. Deine Entwicklung hängt davon ab, wie lange und wie weit du von diesem Bereich in dir getrennt warst. Und wie stark dein Verstand dich dominiert. Aber nach und nach wird sich etwas tun. Es wird kribbeln. Es wird sich regen. Du wirst allgemein entspannter und gleichzeitig vitaler. Deine Energie fließt wieder mehr, aber sie macht dich nicht unruhig, sondern gelassener. Dann bist du auf dem richtigen Weg. Mach weiter und gönne dir immer mehr Zeit in deiner Aufmerksamkeit unterhalb des Bauchnabels. Nach und nach wird keine Anstrengung mehr notwendig sein und die Aufmerksamkeit begleitet dich durch den Alltag ohne Anstrengung.

Du wirst sie zwischendurch sicherlich hin und wieder verlieren. Das macht nichts. Bleib am Ball. Irgendwann wird es von alleine geschehen und dir das Tor öffnen. Es wird dich aus der Identifikation mit deinem Verstand herausholen. Es wird dich in den Bereich unterhalb deiner Emotionen und Gefühle leiten. Sie werden ihren Einfluss auf dich verlieren und nach und nach kommst du deiner Wahrheit immer näher. Bis du erkennen kannst... Bis du zum Erkennen wirst... Und bist!

Der Ausstieg ist also nicht so schwierig. Halte dich an Vertrauen. Den natürlichen Zugang dazu findest du in dem Bereich unterhalb des Bauchnabels. Du kannst dich zusätzlich auch immer wieder daran erinnern – Vertrauen! Ruf dir das Wort und die Bedeutung einfach immer wieder in den Sinn. Mit der Zeit wird sich Vertrauen in dir einstellen und wird dir helfen, dich in die Erkenntnis des natürlichen Vertrauens in deinem unteren Bauch zu verankern.

Wenn du auf diese Weise zurück kommst zum Vertrauen, das natürlich und lebendig ist, dann ist das der Ausstieg aus dem absurden Rennen, von dem wir gesprochen haben. Dann erreichst du Hingabe – denn Vertrauen ist Hingabe. Egal, was kommt und geschieht – du vertraust. Du wirst unabhängig durch dieses Vertrauen. In Situationen, in denen du früher verzweifelt wärst, in denen dich die Angst gepackt hätte oder in denen du dich im Schutze der Meinungen und Ansichten anderer Menschen verkrochen hättest, kannst du jetzt auf ein Vertrauen bauen, das tiefer geht. Es wird die Situation vielleicht nicht besser oder anders machen – aber es kann dich durch die Situationen hindurch leiten. Auf eine Weise, die deinem Verstand fremd ist. Nicht durch Kontrolle, sondern durch Geschehenlassen.

In deinen menschlichen Beziehungen bedeutet das: Du kannst Menschen geschehen lassen. Du kannst Situationen geschehen lassen. Du musst sie nicht mehr krampfhaft in eine Richtung drängen, damit sie in deine Vorstellungen passen oder nicht deine Ängste berühren. Du musst der Liebe nicht mehr krampfhaft hinterher rennen. Wenn sie kommt, ist sie da. Wenn sie geht, geht sie. Aber du bist noch da. Das Vertrauen ist da. Weil es dir niemand nehmen kann, sind diese Abläufe nur Phänomene in deiner Wahrnehmung – du bist nicht mehr verankert in einer Ego-Wahrnehmung, die die Wirklichkeit so steuern will, wie sie ihren Vorstellungen am besten entspricht. Stattdessen kannst du die Wirklichkeit so wahrnehmen wie sie ist: Ohne Projektion und Verdrängung. Denn sie ist nur ein Phänomen. Sie ist nicht du. Sie kann nicht du sein. Wenn du zu dieser Realisation durch Vertrauen kommst, geschieht Hingabe. Der Ausstieg aus dem Rennen. Egal, wohin du gehst, egal was passiert – das Vertrauen ist allgegenwärtig. Denn das bist du. Das Rennen ist zu Ende.

Du hast von Polygamie gesprochen. Müssen wir die freie Liebe praktizieren, um wieder frei und gesund zu werden? Ist das der Weg des Tantra?

Anhand deiner Frage kannst du ganz genau die Arbeitsweise des Verstandes erkennen. Wenn ich sage, dass die auferlegte Monogamie in Paarbeziehungen ein künstliches Produkt der Gesellschaft ist und dass die Natur diese Lebensweise nicht kennt, dann stürzt sich dein Verstand sofort auf diese Information und will eine absolute Wahrheit daraus machen. Er will dich auf diese Weise ins andere Extrem zerren. Genau in dem Moment sagt er dir: „Siehst du, Tantra sagt, treibe dich rum und springe mit jeder Frau ins Bett, die dir über den Weg läuft. Klasse. Auf geht´s!“

Aber das ist nur die Verzerrung deiner vorher gelebten künstlichen Monogamie. Das ist das Pendel, das zurück schwingt, nachdem du es zu sehr in eine Richtung gedrückt hast. Du hast versucht treu, anständig, monogam und ehrlich zu sein. Jetzt schnappt deine Psychologie in die andere Richtung wie ein Gummiband und du sagst dir: „Endlich kann ich untreu, unanständig und notgeil sein. Ich habe so lange drauf gewartet und jetzt habe ich auch noch den Freibrief des Tantras dazu. Toll!“

Ihr könnt alles, was ich sage, ins konkrete Gegenteil verkehren und damit eine Perversion aus dem Gesagten machen. Das ist die Funktionsweise des Verstandes. Darum sprechen die Kriegsverbrecher dieser Welt immer von höheren Zielen, vom Willen Gottes, von Fügungen des Schicksals. Das ist die ganze Perversion in der Funktionsweise des Verstandes. Er kann Frauen und Kinder quälen, töten und verstümmeln und dabei von Gott, Frieden, Liebe und Freiheit sprechen. Er kennt nur die Extreme. Die Mitte ist ihm unbekannt.

Wenn ich also sage: Lasst diesen Unsinn von Ehe und monogamer Partnerschaft, dann knüpft dein Verstand augenblicklich die Verbindung zum anderen Extrem: Freie Liebe und wilde Sex-Orgien. Beides sind Extreme. Beide sind krank. Nichts davon ist Tantra. Tantra ist die

Freiheit in der Mitte. Extreme mögen existieren, aber sie vergehen. Das ist die innerste und tiefste Einsicht des Tantras: Zulassen ohne sich zu verlieren.

Es geht im Tantra um die Mitte. Es sagt: Sei weder monogam noch polygam. Sei, wie du bist. Sei natürlich, so wie es der gegenwärtige Moment erfordert. Wenn ein Mann da ist, den du liebst, dann liebe diesen einen Mann. Zwinge dich nicht in ein dummes Korsett und steige mit anderen Männern ins Bett, weil du denkst, das wäre ein Weg zur Freiheit und Selbstbestimmung, nur weil du das irgendwo aufgeschnappt hast.

Es geht um die Fähigkeit zu wählen. Und diese Fähigkeit hat die Gesellschaft mit ihrem Einbahnstraßenmodell der monogamen Eins-zu-eins-Partnerschaft beschnitten. Du kannst dir in unserer Gesellschaft nicht aussuchen, ob du monogam oder polygam leben willst. Sie schreibt es dir vor. Es gibt nur dieses eine Modell und alles, was davon abweicht, wird als Perversion erachtet.

Mach dir mal einen Spaß daraus und frage bei der nächsten Einladung zum Abendessen, ob du deine drei Ehefrauen mitbringen kannst. Achte auf die Reaktion. Und wenn du es auf die Spitze treiben willst, dann miete dir für den Abend drei Frauen als Begleitung. Bringe sie mit und stelle sie als deine Frauen und Geliebten vor. Was glaubst du, was in deiner Familie, unter deinen Freunden und bei deinen Geschäftspartnern los sein wird? Versuche es einfach mal – und beobachte, was geschieht. Dann wirst du schnell sehen, wie gering die gesellschaftliche Akzeptanz für andere Lebensweisen ist. Wenn man dich nicht öffentlich verurteilen wird für so viel moralische Unbeständigkeit, so wird man zumindest hinter vorgehaltener Hand über dich tuscheln. Dich für verrückt oder schamlos erklären.

Die Gesellschaft lässt dir keine Wahl, wie du leben willst. Und das macht dich krank. Es geht nicht darum, ob Monogamie oder Polygamie besser oder schlechter sind. Es geht darum, dass du das leben kannst, was du bist. Manche Menschen bevorzugen die monogame Lebensweise, weil sie weniger stressig und verbindlicher ist. Manche Menschen bevorzugen die polygame Lebensweise, weil sie freier, abwechslungsreicher und unverbindlicher ist. Junge Menschen werden eher polygam leben wollen, weil die sexuelle Energie noch heiß und unbeständig in ihnen ist. Ältere Menschen werden eher zur Monogamie tendieren, weil das monogame Leben weniger unruhig ist. Aber selbst das muss nicht sein – vielleicht erfreust du dich mit hohem Alter viel eher an der Gegenwart von vielen Frauen als dich nur auf eine zu beschränken. Vielleicht bist du in jungen Jahren viel zu sensibel, um zu viele sexuelle Begegnungen zu verkraften.

Du siehst: Es gibt nicht die eine Antwort. Aber wenn die Gesellschaft sagt: „Es gibt nur diese eine Antwort" – dann macht das die Mehrheit der Menschen krank. Die Minderheit, die so leben kann und möchte, macht durch die Auflage, dass alle Menschen so leben sollen, die Mehrheit krank. Eine Minderheit dominiert die Mehrheit – das ist das Zeichen jeder Diktatur. Und das Mittel dazu ist Angst und Verfolgung.

Männer, die sich herumtreiben, mit den Frauen ihrer Nachbarn schlafen, zu Huren und allein stehenden Frauen gehen – das sind in unserer Gesellschaft Männer ohne Moral. Die Leute werden sagen: „Diesem Mann fehlt es an Anstand und Verantwortung." Oder Frauen – deren Sexualität allgemein viel aufnahmefähiger und unerschöpflicher ist als die des Mannes – wenn also Frauen fordern sollten: „Ein Mann genügt mir nicht. Ich brauche viel mehr Sex und viel mehr Männer" – solche Frauen stehen schnell isoliert und alleine da. Am moralischen Pranger, als Schlampe und Miststück verschrien. Denn jede Frau in ihrer Nähe muss um ihren Mann fürchten. So viel Energie, so viel Bereitschaft, so viel Leben und Verführung… Angst macht sich unter den Hausmütterchen breit, wenn so eine Frau in der Nähe ist. Und das Getuschel geht los…

Es ist also weniger eine Frage der Monogamie oder der Polygamie, sondern der Wahlfreiheit. Was sich gut und gesund für dich anfühlt, was dich zufrieden und zentriert in deinem Wesen macht – das ist gut. Aber zwinge deiner Lebensweise kein Etikett auf. Manchmal ist Monogamie gesund, manchmal Polygamie.

Deine Frage ist ganz sicherlich von Schuldgefühlen begleitet. Denn das ist sie immer. Wenn in dir der Wunsch nach vielen Sex- und Lebenspartnern existiert, dann taucht unmittelbar ein Schuldgefühl auf. Es sagt dir: „Du bist nicht wie die anderen. Es ist falsch, nicht wie die anderen zu sein. Es könnte dich isolieren oder gar umbringen, nicht wie die anderen zu sein. Geh schnell zurück. Vergiss den Gedanken. Sei wie die anderen und dann bist du in Sicherheit."

Es ist eine tückische Doppelschuld. Auf der einen Seite empfindest du Schuld, weil du nicht lebst, wie du wirklich bist. Das ist eine nagende, heimliche Schuld in deinem Unbewussten, die dich dann über Träume und Emotionen erreicht, wenn der Verstand ausgeschaltet ist. Auf der anderen Seite empfindest du eine schneidende, offene Schuld, wenn du versuchst zu leben, wie du bist, aber die Hürden der Gesellschaft und des sozialen Umfeldes dir das Leben dann schwer machen. Auf diese Weise geht der Kreislauf der Schuld immer weiter. Er nährt sich quasi selbst.

Der Ausweg? Die Mitte. Drücke dir weder das eine Etikett auf noch das andere. So lange du auf alles starrst, was man dir von Außen aufkleben kann, wirst du nie wissen, was du wirklich bist. Solange du dich auf äußere Konzepte und Aussagen konzentrierst, kann es nie geschehen... Nie kann sich tatsächliche Freiheit einstellen – denn damit hat Monogamie und Polygamie nichts zu tun. Auch sie sind nur äußere Phänomene. Tantra führt dich von den äußeren Phänomenen, vom Tanz der Phänomene wieder zurück zu dem, was du bist. Zum Zentrum. Darum legt Tantra dir keine Auflagen und Bedingungen auf. Für Tantra sind das nur äußere Farben und Etikette. Tantra führt dich jenseits der Etikette.

Weder Monogamie noch Polygamie sind Wege zur Freiheit. Treue kann dich ebenso versklaven wie Rumtreiberei und ständig wechselnder Sex. Darauf kommt es gar nicht an.

Es kommt darauf an: Was bist du? Was bist du jenseits dieser Etikette? Monogamie ist ein Phänomen – sie kommt mit einem bestimmten Partner und sie geht wieder mit diesem bestimmten Partner. Polygamie kommt mit einer bestimmten Lebensweise und sie geht auch wieder mit dieser Lebensweise. Was ist also wahr davon? Wie kannst du monogam oder polygam sein, wenn beides vergeht? Bist du das Phänomen Monogamie? Kannst du ein Phänomen sein, das sich einstellt und wieder vergeht? Was war in der Zeit, bevor du als erwachsener Mensch sexuell warst? Wo war da die Frage nach Monogamie oder Polygamie? Schaue genau in dieses Phänomen in deiner Frage. Wo bist DU jenseits der Frage? Was nimmt das Ereignis Polygamie oder das Ereignis Monogamie wahr? Das ist die Quelle der Spiritualität – der Rest ist nur ein Ablauf von energetischen Zuständen und Ereignissen in deinem Leben. Willst du weiter davon abhängig sein, dann beschäftige dich mit solchen Entweder-oder-Fragen. Willst du Freiheit erlangen, dann wirf solche Fragen über Bord und schaue: Was nimmt wahr? Was nimmt wahr – egal, ob dein Leben gerade monogam oder polygam ist. Nur das ist die entscheidende Frage.

Kapitel 6

Irrwege auf dem Weg zur Liebe

Bedeutet Ausstieg, dass wir aus bestehenden Partnerschaften und Beziehungen aussteigen sollen, um zu uns selbst zu finden?

Nein. Das ist nicht damit gemeint. Wenn dich diese Beziehungen zerstören, wenn dein Partner destruktiv ist und dich physisch und psychisch quält, wenn du dich selbst in einer Beziehung quälst, dann steige aus, verlasse die Beziehung und schau nicht zurück.

Aber wenn deine Beziehung normal ist, wenn sie in sinnvollen Bahnen verläuft, dann gibt es keinen Grund auszusteigen – nur um einem subtilen Egoismus im Namen der Selbstverwirklichung und Selbstfindung zu frönen.

Du findest die Wahrheit niemals in Extremen. Wenn jemand da ist, der dir gut tut und in dessen Gegenwart du dich wohl fühlst, dann gibt es keinen Grund ihn zu verlassen. Nimm es so wie es ist. Wir Menschen sind nicht dazu gemacht, alleine auf dieser Welt zu sein. Also freue dich, wenn jemand da ist. Aber mache die Anwesenheit eines anderen Menschen auch nicht zur Bedingung, um erfüllt zu sein. Beide Wege sind Übertreibungen und führen dich in die Irre.

Der wahre Ausstieg heißt Hingabe – nicht Rücksichtslosigkeit gegen sich selbst und andere. Und Hingabe bedeutet, alles so zu akzeptieren, wie es gerade ist. Wenn ein Partner, wenn Liebe da ist, dann nimm es auch an. Wenn es schon da ist, brauchst du nicht mehr hinterher zu rennen. Sei froh. Dein Ausgangspunkt ist viel gelassener und lebendiger als der von denen, die sich innerlich noch auf der Suche nach Liebe oder einem passenden Partner befinden.

Wenn ein Partner da ist, sind deine Aufgaben ganz anders. Dann kannst du in der Partnerschaft lernen, dass es kein Ziel gibt. Dass du Situationen und andere Menschen nicht kontrollieren kannst. Dass du in einer Beziehung einsam sein kannst, wenn du den Anderen nur dazu benutzt, deine innere Einsamkeit los zu werden. Du wirst Streit, Meinungsverschiedenheiten, unterschiedlichen Interessen, Wut und Eifersucht in der Partnerschaft begegnen. Sie werden deine Herausforderungen sein. Sie werden die Wegweiser sein: Bist du noch innerlich gefangen in deinen Projektionen und Hoffungen oder kannst du dich der Wirklichkeit so stellen wie sie ist? Kannst du einen anderen Menschen so nehmen wie er ist?

Das ist nicht leicht. Menschen, die alleine sind, können jeden Vorgang auch alleine mit sich ausmachen – wenn jemand anderes mit dir verbunden ist, dann potenzieren sich die Anforderungen. Ein Verstand alleine ist schon sehr kompliziert – zwei Verstandeswelten in einem Boot sind dann erst recht ein multi-komplexes System. Der Weg alleine ist daher einfacher. Dafür ist der Weg mit einem Partner reicher, farbiger, lebendiger. Komplizierter, aber auch reicher.

Aber im Prinzip kannst du in einer Beziehung auch so verfahren als wärst du alleine. Denn im Grunde bist du das. An der Oberfläche ist zwar noch eine weitere Einheit anwesend, aber tief im Inneren bist du alleine. Denn dort gibt es weder Du noch Ich. Wenn du genau hinschaust, verliert sich der Andere in der Tiefe deines Wesens und dort bist du vollständig alleine. Aber anwesend.

Du kannst also sehr wohl auch in einer bestehenden Beziehung das anwenden, was wir zuvor gesagt haben. Wenn du in deiner Partnerschaft in schwierige Situationen kommst, dann steige innerlich aus – denn das Rennen, das Hamsterrad des Verstandes dreht sich natürlich auch in Partnerschaften – auf andere Weise. Sobald die Emotionen und der Verstand dich übernehmen wollen – sei es in einer Situation der Eifersucht, der unterschiedlichen Ansichten und Interessen oder in irgendeiner anderen alltäglichen Situation, die dir zu schaffen macht mit deinem Partner – sobald du merkst, dass du Kontrolle ausüben willst, mach einen Schritt zur Seite, runter von der inneren Rennbahn. Und schau erst einmal zu. Bekämpfe den Impuls der Kontrolle nicht – das erzeugt nur neue Kontrolle.

Ich gebe dir eine Technik. Sie ist sehr mächtig. Sie kann dir helfen: Wenn du in eine Situation aus Wut und Kontrolle kommst, wenn Verzweiflung oder Angst kommen – dann tritt aus dir selbst heraus. Stell dir einfach vor, dass du selbst hinter dir stehst und dich anschaust. Es ist ein einfacher Trick, aber sehr mächtig in seiner Wirkung. Betrachte dich selbst wie ein stiller Zuschauer, der in dieser Situation hinter dir steht. Betrachte dich als vollständiges Wesen.

Wut ist da, Angst ist da, der Versuch, Kontrolle auszuüben ist da – das Objekt der Wut, das Ziel der Kontrolle ist da: Dein Partner, die Situation – alles ist da, aber du bist nicht mehr im Körper. Du betrachtest dich von hinten. Wie der Verstand arbeitet, wie die Wut aufwallt, wie das Verlangen nach Kontrolle dich und die Situation ergreift, wie sich deine Haltung verändert, dein Körper starr und angespannt wird – kampfbereit. Beurteile das alles nicht. Nimm es nur wahr. Von dieser Sicht außerhalb von dir selbst, außerhalb des Körpers, außerhalb der Situation. Etwas wird geschehen – Situationen werden die Macht über dich verlieren und Bewusstsein wird sich zeigen. Es wird sich nach und nach in deinem Leben ausbreiten und dir mehr Freiraum geben. Statt wie eine Maschine zu reagieren, kannst du Anteil nehmen, ohne dich in den Situationen zu verlieren. Bewusstsein ist wie ein Schwert, das dich von den unsichtbaren Fäden befreit, die dich lenken.

Warum ist diese Technik so wirkungsvoll? Weil sie dich unmittelbar aus Verstand, Körper und Situation herausbringt. Sie desidentifiziert dich in Sekunden und macht dich zum Zeugen. Erinnere dich: Zeuge sein ist die Essenz von Bewusstsein. Sie ist die Essenz des Tantras. Als Zeuge kannst du dich in alle Situationen begeben, ohne sie fürchten zu müssen. Sie können dich nicht überwältigen. Deswegen trittst du in dieser Technik einfach aus dir heraus und betrachtest dich von hinten.

Warum hier nicht in das anwenden, was ich euch über das Vertrauen in eurem Bauchnabel erzählt habe? Es ist auch möglich, aber schwieriger. Denn wenn sich stressige oder anstrengende Situationen in Partnerschaften einstellen, dann spielt meistens der Bauch verrückt mit seinen Emotionen. Zwischen Herz und Bauchnabel sitzt das Zentrum, das die zwischenmenschlichen Emotionen steuert. Wenn dieses Zentrum in Aufregung ist, weil sich eine aggressive Emotion in die Partnerschaft einschleicht, dann wird es schwierig, bis zum Bauchnabel zu kommen. In den meisten Fällen werden dich die Emotionen in deinem Oberbauch, dein aufgeregtes Herz abfangen und einwickeln. Ergebnis: Du bist wütend und aufgeregt, bevor du dich überhaupt so weit entspannen kannst, dass du das Vertrauen und die Ruhe in deinem Bauchnabel erreichen kannst.

Hier ist es besser, sofort ganz aus sich heraus zu treten. Damit die intensiven Emotionen gar keine Chance haben, dich zu überwältigen und einzufangen. Wende die Technik an, wenn Situationen für dich schwierig werden. Für dich selbst, in deinen ruhigen, alltäglichen Stunden, gehe in das Vertrauen unterhalb des Bauchnabels. Du musst nicht aus Beziehungen aussteigen, sondern aus deinen mentalen Hamsterrädern und Wunschvorstellungen. Akzeptiere den Menschen an deiner Seite als Menschen und nicht als Wunschvorstellung. Mach dich nicht zu abhängig von seiner Gegenwart – suche dir eine Identität jenseits der Partnerschaft als Ergänzung. Entwickle deine Interessen, lebe deine Interessen. Suche nach deinem Weg und deiner Aufgabe in dieser Welt. Entwickle Kunst und Talent in dir. Wenn dein Partner diese mit dir teilen möchte, dann lade ihn dazu ein, wenn nicht, dann nicht. Zwinge sie ihm nicht auf. Und führe dir öfter vor Augen, dass es kein Ziel gibt. Die Anwesenheit des anderen ist genug. Deine Anwesenheit ist genug.

Es geht nicht darum, Brücken hinter sich abzubrechen, sondern darum, Brücken zu schlagen – hin zu sich selbst! Du kannst das in einer Partnerschaft genauso gut machen wie ohne eine Partnerschaft. Nur die Nuancen sind andere.

Du hast gesagt, wir sollen auf Ziele verzichten. Wie soll das möglich sein? Wir brauchen doch Ziele, um überhaupt vorwärts zu kommen im Leben. Wie soll sich denn eine Partnerschaft entwickeln, wenn es in ihr keine Ziele gibt?

Erst einmal: Das Leben ist etwas, das geschieht. Die Welt gehört sich selbst – sie geschieht. Keine Kontrolle ist möglich. Der Verstand gaukelt dir einen illusorischen Eindruck von Kontrolle vor. Aber das ist eine Einbildung ohne Macht.

Wenn du nach Zielen in Partnerschaft und Leben fragst, dann fragst du nach „Macht und Kontrolle“ über das Leben und die Liebe. Beides ist unmöglich. Du kannst es versuchen. Es steht dir frei. Aber du wirst ein ganzes Leben damit verschwenden und am Ende einsehen müssen: Alle Versuche von Kontrolle sind umsonst. Es gibt nichts zu erreichen – aber es gibt viel geschehen zu lassen.

Um den Hintergrund deiner Frage besser zu verstehen, müssen wir tiefer gehen. Einen Blick in unsere moderne Zeit werfen. Den Zeitgeist betrachten. Denn deine Frage stammt aus dem Zeitgeist. Die ganze Welt ist verrückt geworden über Ziele. Wir haben einen Zeitgeist der Wirtschaftlichkeit. Und Wirtschaftlichkeit braucht Ziele – sie ist eine Disziplin des Verstandes. Eine sinnvolle Disziplin, aber sie wird dann gefährlich, wenn sie in die Psychologie des Menschen eindringt. Und das hat sie getan. Wirtschaft und Handel finden heute nicht mehr nur im Außen statt – Wirtschaftlichkeit ist tief in das Denken und Fühlen der Menschen eingedrungen. Heute kann man die Verfassung des Menschen über Aktienkurse, über Arbeitslosenstatistiken, über Konsumentenvertrauen messen. Der Mensch empfindet sich im Auf und Ab von wirtschaftlichen Abläufen. Seine ganze Existenz ist daran geknüpft. Warum das so ist, erschließt sich aus dem, was wir über die Aktivität des Verstandes gesagt haben: Er führt dich ständig weg von dir selbst – hin zu äußeren Zielen. Und Wirtschaft bedeutet: Äußere Ziele. Der Mensch ist ein Homo Economicus geworden – definiert, gesteuert, erfüllt von wirtschaftlichen Faktoren, nicht mehr erfüllt von sich selbst. Die ganze Welt ist verrückt geworden über Produktion und Handel. Dieses absurde Theater ist so tief in dich eingedrungen, dass du ihm unterliegst – selbst deine Beziehungen sind nicht mehr frei von Wirtschaftlichkeit.

Also sind auch die Paarbeziehungen wirtschaftlich geworden. Es wird auf Profit-Maximierung und Risikominimierung gelebt. Profite in Beziehungen sind: Sexuelle Erfüllung und Abwechslung, psychologische Unterstützung, psychologischer Genuss, Image, gemeinsamer materieller Besitz und Konsum. Ein Partner muss etwas hergeben. Etwas beisteuern. Verantwortung übernehmen. Verfügbar sein. Geben und Nehmen. Erkennt ihr den Geist dieser Begriffe? Sie stammen alle aus der Wirtschaft. Es sind wirtschaftliche Begriffe.

Die Wirtschaft hat so tief vom Denken und Fühlen der Menschen Besitz ergriffen, dass sich ihr Geist nun auch in den Beziehungen widerspiegeln muss – ansonsten finden sie die Beziehungen beunruhigend und befremdlich. Wenn ein Mensch nicht den Eindruck hat, dass er sich durch die Wahl des Partners als Gewinner fühlen kann, dann läuft nach dem Konzept des modernen Zeitgeistes etwas falsch. Daher dieses ganze Geschwätz um erwachsene Beziehungen, Verantwortung, Kommunikationsfähigkeit, Bindungswille – das sind die gleichen Konzepte, die ihr auch in euren Büros und Seminarräumen zu hören bekommt.

Es wird viel Wert darauf gelegt, in Partnerschaften „irgendwo anzukommen“. Aber was soll denn das Ziel sein? Haus, Auto, intelligente anständige Kinder, gemeinsame Urlaube und Besuche im Fitnessclub? Ist das die ultimative Antwort auf euer Leben?

Der Gedanke an gemeinsame Ziele in Partnerschaften entstammt dem modernen Zeitgeist. Hättest du die Möglichkeit, einen Menschen, der vor zweihundert Jahren gelebt hat, zu fragen, wo er denn die Ziele seiner Partnerschaft sieht und wie er gedenkt, sie zu erreichen, würde er dich entgeistert anschauen und antworten: „Wie? Wieso? Wir sind bereits verheiratet und haben Kinder. Was meinst du damit?“. Ein völlig anderer Zeitgeist.

Der Gedanke, es müsste Ziele in Beziehungen und Partnerschaften geben, Erfolge müssten sich zwischen Mann und Frau einstellen, stammt aus den Giftküchen der Erfolgslehre und Motivationsphilosophie.

Motivations-Gurus sind die Priester der neuen Welt. Sie gehen mit ihrer Ziele-Philosophie und Erfolgsheilslehre hausieren und wissen nicht einmal, was sie damit anstellen. Sie verstärken die Krise des Menschen nur noch weiter mit diesem Unfug. Sie sind die Regenmacher und Medizinmänner der modernen Welt – früher sind sie von Dorf zu Dorf gezogen, um irgendeinen religiösen und esoterischen Unsinn an die dumme, abergläubische Landbevölkerung zu verkaufen. Im Zeitalter des Angestellten-Lebens, in der Welt der Wirtschaft und Konzerne, ziehen sie im Anzug von Seminar zu Seminar, um der dummen, abergläubischen Belegschaft einer von Wirtschaftlichkeit dominierten Welt den Unsinn von Erfolgen und Zielen zu verkaufen. Es ist der gleiche Geist des mittelalterlichen Jahrmarkts, der dahinter steckt: Illusionen an eine gläubige, dumme und gierige Zuhörerschaft zu verkaufen. Nur das Gewand, die Zeit und das Vokabular haben sich geändert. Aber es bleiben die gleichen Tricks, die gleichen Illusionen.

Warum sind es Illusionen? Weil Ziele Projektionen sind. Es sind Gedanken an eine Zukunft, die jetzt noch nicht ist – und vielleicht niemals kommt. Was du aber dadurch verlierst ist dein Bezug zur Gegenwart. Dein Verstand hat dich wieder von dir selbst entfernt – vom Hier und Jetzt, von diesem Augenblick, von dir selbst. Du bist in Gedanken, wenn du dich mit Zielen beschäftigst – aber Gedanken sind keine Realität. Sie legen sich über die Realität – wie Wolken über den Himmel.

Die Psychologie hat sehr richtig erkannt, dass der Gradmesser für Geisteskrankheit der Verlust der unmittelbaren, direkten Realität ist. Je kranker der Geist eines Menschen ist, desto weiter entfernt er ihn von der Realität.

In den Lehren der Ziele- und Erfolgsgurus wirkt die gleiche Krankheit. Du wirst weg von deiner aktuellen direkten Realität hin zu einer Fantasie in der Zukunft geführt. Der einzige Unterschied: Sie verwenden eine gesellschaftlich akzeptierte Fantasie. Aber der Prozess ist der gleiche – es ist eine Geisteskrankheit. Sie unterscheidet sich vom Geisteskranken nur in der gesellschaftlichen Akzeptanz ihrer Projektion. Ein verrückter Triebtäter und Mörder wird sich das Ziel setzten, so viele Frauen zu vergewaltigen und zu töten wie nur irgendwie möglich. Dieser Mensch ist gefährlich und muss weggesperrt werden – zu Recht.

Ein Mensch, der in die Fänge der Motivationsphilosophie geraten ist, wird davon fantasieren, zwei Porsche, ein Haus und so viel Geld wie nur irgendwie möglich zu verdienen. Das ist gesellschaftlich akzeptiert und anerkannt. Das ist ein Mann mit Visionen, mit Zielen. Ihm wird man auf die Schulter klopfen und ihm eine große Zukunft voraussagen. Aber er ist im Grunde genauso geisteskrank wie der Mörder hinter Gittern. Nur weniger gefährlich. Aber in beiden Fällen haben Ziele sie von ihrer tatsächlichen, unmittelbaren Realität als Menschen mit einer Gegenwart weg geführt – und hin zu abstrakten, nicht realen Objekten in einer herbeifantasierten Zukunft gelenkt. Beide sind gleich krank – nur die gesellschaftliche Akzeptanz ist anders. Der Prozess, der dahinter wirkt, ist ein- und derselbe. Schaut genau hin und lasst euch nicht davon täuschen. Der Prozess ist der gleiche… Alles, was dich von deiner direkten, unmittelbaren Realität wegführt, ist eine Geisteskrankheit.

Aber diese Geisteskrankheit ist zur Normalität geworden. Und ihre lautesten Vertreter sind ihre Priester – wie könnte es auch anders sein. In unserer Welt sind es die Erfolgsgurus und Motivations-Lehrer. Ziele und Fantasie können ein starkes und sinnvolles Instrument sein – aber es muss bewusst und weise angewandt werden. Nicht auf jeder Ebene des Lebens und schon gar nicht auf diese entfesselte und uneingeschränkte Art und Weise, wie es heute geschieht.

Ziele sind ein Instrument – aber sie haben sich zum Herrscher aufgeschwungen. Menschen werden heute von ihren Zielen beherrscht. Sie rennen ihnen nach, nehmen alles in Kauf, um sie zu erreichen. Sie geben ihre Würde an der Rezeption ihres Unternehmens ab, ihr Rückgrad bei der Vorzimmerdame ihrer Vorgesetzten und ihre Seele im Personalbüro. Alles im Namen von Zielen und Erfolg. Sie tauschen ihre beseelte Gegenwart gegen eine seelenlose Zukunft, die in den meisten Fällen nicht einmal eintritt.

Und dann werden jene auch noch ganz besonders bewundert, die rücksichtslos jedes Ziel verfolgen, das sie sich in den Kopf setzen. Das sind die Helden der modernen Welt. Die Visionäre. Die dumme, unbewusste Masse klatscht ihnen Beifall und schaut zu ihnen auf als wären sie Gottheiten. Auf die Idee, dass es Geisteskranke sind, kommt niemand. Die Narren beklatschen die Narren mit der größten Narrenkappe. Aber schaut genau hin: Wer ist da der Herr im Haus? Der Mensch oder das Ziel? Ist er ein Getriebener ohne Zeit und Ruhe? Ohne jemals genug zu haben? Die wesentliche Frage ist: Wird der Mensch von seinen Zielen beherrscht oder beherrscht der Mensch seine Ziele? Ein erheblicher Unterschied.

Tatsächlich ist es so: Es können keine Ziele erreicht werden. Sie können geschehen – aber das ist etwas anderes. Sie stellen sich ein, wenn die Bereitschaft dazu da ist und du die richtigen Vorraussetzungen geschaffen hast. Das ist es, was im Zen bekannt ist unter „Mühelose Mühe. Kampfloser Kampf.“. Die Weisheit des Zens ist nie auf die dumme Illusion hereingefallen, ein Mensch könnte das Leben und die Welt soweit dominieren und kontrollieren, dass sie sich seinen Zielen unterordnen. Eine Zeit lang mag dies den Anschein haben – wenn ein Mensch eine große weltliche und materielle Macht angehäuft hat. Aber das ist Glück. Zufall. Auch wenn er selbst das natürlich bestreiten und als Schicksal und Können bezeichnen wird. Es ist die Zerrbrille des Egos, die ihn das glauben lässt. Das Ego hat die Eigenschaft, jeden Zufall in der Welt auf sich selbst zu beziehen – sei es Glück oder Unglück. Immer geht es davon aus, dass es selbst für Glück oder Unglück in dieser Welt verantwortlich ist. Aber im Grunde sind es nur Zufälle, die das Ego sich auf eine Art und Weise so zurechtlegt, dass es diese Zufälle auf sich selbst beziehen kann. Eine Täuschung.

Und selbst wenn es einem Menschen gelingt, auf ungewöhnlich glückliche oder rücksichtslose Weise sehr viel Reichtum und Macht anzuhäufen – irgendwann wird diese Macht verschwinden. Es ist nur eine Frage der Zeit – irgendwann kommt jeder König, jede Macht zu Fall. Entweder holt ihn das Pech, der Tod oder seine Neider... Keiner entkommt diesen drei Geistern. Sie sind das einzig zuverlässige in dieser Welt.

Statt dich in dieses Hamsterrad zu begeben, in dem die Chancen von Anfang an schlecht für dich stehen, schaue lieber in die Wahrheit des Lebens. Und eine dieser Wahrheiten ist: Du kannst keine Ziele erreichen. Wenn überhaupt, geschehen sie dir. Sie werden dir zuteil. Wie Geschenke. Aber das liegt außerhalb deiner Kontrolle. Dein Verstand wird versuchen, dir die Macht vorzutäuschen, dass du alles erreichen kannst. Lass dich davon nicht einwickeln. Diese Macht existiert nicht. Jedenfalls nicht auf der psychologischen Ebene.

Wirf den rationalen und materiellen Sinn von Zielen nicht mit der psychologischen Illusion von Kontrolle durcheinander. Natürlich kannst du in einen Zug steigen und von Berlin nach Hamburg fahren. Das ist absolut richtig. Aber das ist auch etwas anderes: Es ist ein konkreter, sachlicher Vorgang: „Steige in Zug. Zug bewegt sich von A nach B. Angekommen." Absolut richtig. Hier gibt es keine Zweifel. Auf dieser Ebene kannst du Ziele erreichen.

Absurd wird es, wenn dein Verstand diese Fähigkeit zur Steuerung von sinnvoll sachlichen Vorgängen auf das ganze Leben projiziert. Dann heißt es auf einmal: „Ich erreiche mein Ziel, Millionär zu sein, in drei Jahren. Ich werde Vorstand von Microsoft in fünf Jahren. Ich heirate eine attraktive selbständige Frau mit guten beruflichen Perspektiven und wir werden 3 Kinder haben."

Als ob das Leben ein Zug wäre, für den man jedes beliebige Ticket kaufen könnte. Wenn das so einfach wäre, gäbe es nur Millionäre und Vorstände auf der Welt. Es ist eine absurde Illusion. Aber sie kann euch ganz deutlich die Arbeitsweise des Verstandes zeigen: Er projiziert logisch-sachliche Zusammenhänge auf euer ganzes Wesen. Und darüber verlierst du dein wahres Wesen. Denn dein wahres Wesen ist nicht logisch, materiell oder sachlich. Es ist umfassend, göttlich und frei. Ohne Begrenzung. Es braucht keine Ziele. Es wird nie irgendwo ankommen. Es ist in sich selbst vollkommen und genügt sich vollkommen. Es ist alles, was notwendig ist.

Rein logisch kannst du den äußerlichen Beweis für die Richtigkeit von Zielen antreten: Wenn du viel arbeitest, gutes Geld verdienst, sparst und es sinnvoll anlegst, dann wirst du irgendwann Millionär. Es ist ein logischer, sachlicher Weg. Aber das Leben verläuft anders – es verläuft eben nicht logisch und sachlich. Nach dieser Logik müsste die Welt aus Millionären bestehen, denn jeder in unserer Gesellschaft kennt diesen Weg und versucht ihm zu folgen. Tatsächlich sieht es aber so aus, dass 90% des Reichtums an 10% der Menschheit gehen. Ist das logisch?

Gleichzeitig erzählen die 10%, die 90% des Reichtums besitzen, dass die übrigen 90%, die eben nicht so viel besitzen, auch dorthin kommen können, wo sie stehen – sie müssen sich nur genug anstrengen und weiter fleißig für sie arbeiten. Seht ihr den Unfug in dieser Gleichung? Es ist eine Illusion. Geschaffen und genährt von denjenigen, die sicher im Warmen und Trockenen sitzen. Wenn ihr diesen Unsinn glaubt, kommt ihr niemals irgendwo an in eurem Leben. Ihr gebt euer innerstes Wesen auf, eure göttliche unsterbliche Natur, um es denjenigen recht zu machen, die nichts auf euch geben. Die euch nicht mal kennen. Wenn ihr dann irgendwann erschöpft an das Ende eures Lebens kommt, dann bleibt euch auf diese Weise nur der Gedanke: „Was habe ich getan? Für fremde Träume habe ich mich verkauft... Und was bleibt mir jetzt?" – Nicht viel. Und ich garantiere euch, dass die 10% der Reichen nicht an euren Gräbern stehen werden, um euch zu beweinen. Aber der Zeitgeist liebt diese Märchen. Denn er wird von ihnen erschaffen, um euch am Laufen zu halten. Aber es sind nur Illusionen – sie haben nichts mit der innersten Wahrheit der Menschen zu tun.

Zeitgeist ist immer eine Illusion. Darum fragen Enkelkinder auch immer ihre Grosseltern: „Wieso habt ihr das früher so gemacht? Das ist doch total unsinnig". Und sie werden antworten: „Es war halt früher so." Wenn deutsche Enkel ihre Großväter fragen, warum sie nichts gegen Hitler unternommen haben, werden sie sagen: „Was hätte ich den tun können? Es war alles nicht so einfach." Genauso wundern wir uns über die Begeisterung der Kreuzfahrer, zu Fuß über Tausende Kilometer und Gefahren in ein fremdes Land zu ziehen, um irgendetwas zu befreien, das sie selbst nur aus Erzählungen kannten und noch nie gesehen hatten. Absurde Sache. Oder die Bereitschaft, einem Napoleon zu Fuß bis nach Russland zu folgen. Genauso absurd. Frauen zu verbrennen, weil man befürchtete, dass sie magische Kräfte hätten. Verrückt! Und genauso werden eure Enkelkinder euch eines Tages fragen: „Wieso habt ihr eurer Leben damit verbracht, für den Reichtum anderer Leute zu arbeiten? Das ist doch verrückt…"

Zeitgeist stellt sich nachträglich immer als verrückt und absurd heraus. Als Illusion. Es ist eine kollektive Hypnose. Eine kollektive Geisteskrankheit, in der jede individuelle Intelligenz unterdrückt wird. Individuelle Intelligenz wird verdrängt – Illusion übernimmt das Steuer. Das untrügliche Zeichen von Geisteskrankheit!

Die Formeln unseres Zeitgeistes der Wirtschaftlichkeit und die der Motivations-Prediger sind solche Illusionen. Sie lullen deinen Verstand ein und stellen dich ruhig. Man könnte sagen: Motivations-Prediger sind die Gestapo der modernen Wirtschaftswelt. Sie töten deine Klarsicht mit Zuckerwatte aus Träumen von Erfolg und Millionen. Wenn man einem Sklaven verspricht: „Du kannst alles haben: Geld, Frauen, Ansehen, Erfolg und Paläste – du musst nur ein besonders fleißiger und treuer Sklave sein"… dann wirst du den treusten und fleißigsten Sklaven der Welt haben. Natürlich wird er immer Sklave bleiben und nie in den Palast kommen, aber das spielt natürlich keine Rolle. Statt auf den Putz zu hauen und dem Vorsteher in den Hintern zu treten, pfeift er fröhlich ein Lied auf den Lippen im Glauben an eine glückliche Zukunft und schuftet sich in der Gegenwart zu Tode – für eine Zukunft, die niemals kommt. Und wenn sie nicht kommt und er das einsehen muss, dann ist er irgendwann zu schwach, um sich wirklich noch zu wehren. Oder er ist tot – und Tote sind bekanntlich eher ruhig und zurückhaltend in ihren Äußerungen. Der optimale Fall für ein solches System.

Hütet euch vor den Predigern des Erfolges. Und seid vorsichtig mit diesen Formeln von Zielen und Erfolgen. Im Grunde wisst ihr nicht, was ihr anrichtet – und auch diese ganzen Ziele- und Erfolgsprediger der Moderne wissen gar nicht, womit sie da hantieren. Drogensüchtige sind immer damit beschäftigt, andere ebenfalls drogensüchtig zu machen oder sie subtil dahin zu beeinflussen, dass ihre Drogensucht nichts Falsches ist, sondern etwas Angenehmes. Alkoholiker brauchen

Mitsäufer. Fixer brauchen Fixer. Kokain-Junkies brauchen Kokain-Junkies. Sucht braucht Gesellschaft. Und da der moderne Verstand süchtig nach der Zuckerwatte materieller Ziele geworden ist, braucht er die Gesellschaft von Motivations-Gurus und Zielen, die ihn in diese Zuckerwatte einwickeln.

Du kannst diesen Unsinn von Zielen und Motivation nur glauben, wenn du dich auf der Ebene des Verstandes bewegst. Sobald du dich im Bewusstsein jenseits des Emotio-Ratio-Verstandes befindest, entlarvt sich dieser Unsinn sehr schnell. Er hat keinen Bestand. Denn in Wahrheit ist es so, dass die Welt etwas ist, das geschieht – ein Phänomen, das vor deinem Bewusstsein abläuft. Es ist nichts, worüber du mit deinem Verstand und mit deinen Handlungen Kontrolle hast. Das ist die Illusion.

Natürlich können sich Glück und Erfolg einstellen. Natürlich kann man auf Ziele hinarbeiten. Aber verfalle nicht in den Irrglauben, dass diese sich dann auch einstellen, nur weil DU an sie glaubst und dich mit ihnen beschäftigst. Bemühung im Leben ist eine Grundvoraussetzung, aber keine Bedingung für eine sichere Ankunft. Aber genau das will man dir im aktuellen Zeitgeist weismachen. Unsere Gesellschaft ist eingelullt in einen umfassenden „Alles-ist-möglich"-Erfolgswahn. Du kannst alles sein, du kannst alles machen, du kannst alles erreichen – es liegt nur an dir.

Natürlich liegt es an dir – denn wenn ein Motivations-Lehrer dir eine rechtlich gültige Garantie ausstellen würde, dass seine Rezepte und Formeln dich ganz sicher dorthin bringen, wo du hin willst, dann wäre er sehr schnell seinen Job los. Warum schreiben sie dir keine Garantie auf Erfolg aus, wenn sie sich so sicher sind, dass sich deine Ziele ganz sicher einstellen, wenn du ihren Rezepten folgst? Weil sie ganz genau wissen, dass die Mehrzahl ihrer Jünger und Zuhörer auf der Strecke bleibt und nie das erreichen wird, was sie sich vornehmen. Aber es ist keine Frage der Disziplin und der Vorsätze, wie sie gerne behaupten – es ist eine Frage der Illusion. Eine Illusion kann nicht Wirklichkeit werden. Kurzzeitig kann sie dir ein Hochgefühl, einen Rausch geben – aber irgendwann kommt die Realität zurück. Es ist eine Krankheit, die du da durchmachst. Ein Fiebertraum. Der Rausch führt dich weg von der Realität deines derzeitigen Lebens – in ein Gefühl von Allmacht und Kontrolle. Alles Symptome einer Geisteskrankheit.

Jeder Jünger der modernen Erfolgsphilosophie kennt das Phänomen: Er ist auf einem Seminar, auf einer Schulung – der Rausch ist da. Er ist sich sicher: „Mein Leben hat eine wichtige Wendung genommen. Von nun an kann ich alles anpacken und mein Leben aktiv verändern. Ich werde mir Ziele setzen. Sie erreichen. Ich werde glänzen. Beliebt und erfolgreich sein." Drei Tage bis drei Wochen später ist das Hoch verflogen, der alte Trott ist wieder da – der Mensch ist der gleiche geblieben.

Verstand kann keine Transformation herstellen. Keine wirkliche Wandlung des Wesens. Eine Illusion kann nicht eine Illusion entlarven. Illusionen können sich nur gegenseitig ablösen. Das ist die Falle. Der Mensch bleibt der gleiche Mensch – er hat nur mehr oder andere Informationen in seinem Kopf. Oder er organisiert sie anders. Aber der Mensch hat sich nicht verändert. Er ist nur ein bisschen mehr geworden – ein bisschen mehr Verstand. Ein bisschen mehr Information.

Echte Veränderung, echte Transformation tritt nur durch die Anwesenheit des Bewusstseins ein. Niemals durch Denken und Verstand. Denken und Verstand verhindern Transformation und Veränderung, weil sie nur aus Informationen der Vergangenheit bestehen und diese weiter fortsetzen wollen. Veränderung und Transformation entstehen nur in der Gegenwart, durch Anwesenheit von Bewusstsein. Denn wo immer das umfassende Bewusstsein zutage tritt, kann Täuschung nicht mehr existieren. Sie fällt ab wie ein welkes Blatt von einem Baum. Bewusstsein ist da – Täuschung verschwindet. Du veränderst dich dadurch im Grunde nicht, so wie dich die Versprechungen und Märchen der Motivations- und Ziele-Jünger verändern wollen, sondern wirst nur wieder viel mehr, was du sowieso bist – völlig unabhängig von deinen Gedanken, Emotionen und Handlungen. Man könnte sagen: Es ist eine Heimkehr – obwohl das im Grunde gar nicht richtig ist, denn du warst nie wirklich fort. Nur dein Blick war abgewandt. Du hast nur ein bisschen fantasiert. Das kann passieren – jetzt bist du wieder da und der Traum verschwindet. Das ist die Qualität des Bewusstseins. In der Anwesenheit des Bewusstseins kann Täuschung nicht existieren.

Darum lass dich nicht auf die Täuschungen des Zeitgeistes ein. Sie führen dich fort von deiner wahren Natur. Du kannst dich nicht erfolgreich denken. Dazu müsstest du dein Denken sein. Wenn du etwas werden willst, musst du es sein. Aber du bist nicht dein Denken. Du kannst dein Denken beobachten – wie kannst du etwas sein, das du beobachten kannst? Das ist unmöglich. Beobachter und Beobachtetes können unmöglich eins sein. Ist dir das nie aufgefallen?

Wenn du einen reichen Menschen befragst: „Denkst du, dass du reich bist?", dann wird er dich verdutzt anschauen: „Was fragst du mich das? Ich BIN reich. Wieso sollte ich darüber nachdenken, ob ich reich bin? Ich BIN es." Und tatsächlich ist es so: Reiche denken weniger über Geld nach als Arme. Sie haben es einfach. Wenn der Reiche ein wenig einsichtiger als Mensch ist, wird er sagen: „Ich habe nur Geld. Aber das macht mich nicht reich..." Dann hat er eine spirituelle Ader – denn er verwechselt sich selbst nicht mit seinem Geld.

Deswegen kannst du denken, denken, denken, Ziele setzen, Ziele setzen, Ziele setzen. Dich motivieren, motivieren, motivieren – und doch immer der gleiche Mensch bleiben. Immer wieder wirst du scheitern. Denn es verändert sich nichts durch Denken. Eher im Gegenteil. Es sammelt sich nur mehr und mehr mentaler Staub um dich herum.

Natürlich geschehen Veränderungen in deinem Leben, bewegst du dich, erreichst Dinge, Stationen und Situationen – aber diese geschehen unabhängig von dir. Man könnte sagen: Das Leben geschieht dir einfach, während du darüber nachdenkst, was dir am besten geschehen sollte.

Das Ergebnis: Du verpasst es. Du verpasst das Leben. Es ist eine Gabe. Ein Geschenk. Du machst eine Forderung daraus. Während du mit deinen Zielen, Plänen und Träumen beschäftigt bist, rauschen die Gaben und Geschenke an dir vorbei und du nimmst sie überhaupt nicht zur Kenntnis. Dann kommt der Tod und du wirst plötzlich wach: „Mensch, ich hab's irgendwie verpasst. Vielleicht war ich zu beschäftigt... Jetzt ist es zu spät."

Und genau das wird dir in deinen Liebesbeziehungen ebenfalls geschehen, wenn du dich mit dieser Absicht in sie hinein begibst. Wenn du von Anfang an irgendwo ankommen willst in einer Liebesbeziehung. Wenn du Ziele und Vorstellungen davon hast, wie eure Liebe sein soll, wie eure Liebe verlaufen soll – dann verpasst du es. Ganz sicher.

Denn das Leben, die Liebe und dein Partner werden nie so sein, wie du dir das vorstellst. Sie gehören sich selbst. Mit deinem Verlangen nach Zielen, nach gemeinsamer Ankunft nährst du die Illusion von Kontrolle in deinem Leben. Und das wird es giftig machen, denn jede Abweichung davon wird dich panisch machen und du wirst versuchen sie zu bekämpfen.

Die Liebe gehört sich selbst. Dein Partner gehört sich selbst. Das Leben gehört sich selbst. Sie alle sind Phänomene, die geschehen – die du wahrnehmen kannst, an denen du dich erfreuen kannst, sie genießen kannst. Es sind so unglaubliche und wunderschöne Phänomene vor der ewigen Aufmerksamkeit deines Bewusstseins – einzigartig, unwiederbringlich, göttlich. Aber du musst sie JETZT sehen – nicht in irgendeiner Zukunft. Jetzt und hier – so wie sie sind.

Gott kennt kein Morgen. Er ist immer hier und jetzt – augenblicklich und unmittelbar – anwesend. Und alles, was in deine Wahrnehmung tritt, ist göttlich. Wenn Liebe geschieht, ist sie göttlich. Wenn dein Partner geschieht, ist er göttlich. Wie kannst du Gott deine persönlichen Ziele aufdrücken? Willst du das wirklich versuchen? Du kannst es versuchen – aber ich würde nicht darauf wetten, dass du damit durchkommst. Du bist nur ein Kind der Schöpfung – wenn du dich selbst in ihr zum Schöpfer aufschwingen willst, wird dir das auf Dauer schlecht bekommen. Sie sitzt am längeren Hebel. Versuche es ruhig, aber beklage dich nicht, wenn du scheiterst…

Wie können wir daran arbeiten, dass sich unsere Hoffungen auf Ziele und Ergebnisse nicht in unsere Beziehungen einmischen? Wir sind sie so sehr gewohnt, dass wir sie unbewusst immer mit einbringen. Was können wir tun?

Höre jetzt ganz genau zu. Das ist sehr wichtig. Es ist andersartig, mag dir fremd vorkommen, aber es ist elementar.

Schau deinen Geliebten an. Schau deinen Partner an. Er ist kein Objekt, sondern ein Geschehen. Er geschieht. Dein Liebster geschieht dir. Du hast ihn nicht, du besitzt ihn nicht, er gehört nicht zu dir – er geschieht dir. Das ist eine vollkommen andere Sichtweise. Betrachte ihn nicht mehr als Person, sondern als Geschehen. Als ein Geschehen vor deinen Augen. Das nimmt dir die Starre, die Festigkeit deiner Sichtweise, den anderen Menschen als Objekt, als Person wahrzunehmen. Ein Mensch ist ein viel zu komplexes, sich ständig änderndes Phänomen, um ihn in die Kategorie einer Persönlichkeit und Identität stecken zu können. Er ändert sich von Sekunde zu Sekunde. Deswegen ist er ein Geschehen und keine feste Einheit.

Beginne damit, Menschen als ein Geschehen zu betrachten. Sie ereignen sich dir. Und ein Ereignis musst du annehmen. Natürlich kannst du versuchen, Geschehnisse in deinem Leben auszublenden, sie zu leugnen, deinen Blick abzuwenden oder sie zu bekämpfen. Nichtsdestotrotz bleibt es ein Ereignis, das dir geschieht. Du kannst es annehmen oder bekämpfen. Das Annehmen macht dich frei und gelassen. Der Kampf macht dich verkrampft und ängstlich.

Lasse viel mehr geschehen als dir immer nur Ziele zu stecken oder Bedingungen für das Glücklichsein aufzustellen. Geschehnisse kommen zu dir – du musst sie dir nicht auferlegen, erarbeiten und erzwingen, wie du es mit Zielen machen musst. Für Ereignisse sind keine Ziele notwendig. Sie geschehen. Lass die Menschen in deinem Umfeld einfach „geschehen“. Lass deinen Liebsten „geschehen“.

Natürlich widerstreben dir dieser Vorschlag und die Vorstellung im ersten Moment. Dein Verstand fühlt sich bedroht. Er mag nicht, wenn Ereignisse geschehen – ihn überraschen. Er will Kontrolle. Er will seine Illusion von Einfluss und Berechenbarkeit weiter projizieren.

Diese neue Sichtweise wird deinen Umgang mit Menschen verändern. Wenn du sie als ein Geschehen, ein Ereignis betrachtest, dann bist du viel aufmerksamer und wacher. Du willst nichts verpassen, so viel gibt es aufzunehmen und zu entdecken – und es kann sehr schnell vorbei sein. Also musst du wach und aufmerksam sein. Mit allen Sinnen. Schnell ist das Ereignis vorbei und dann hast du die Chance verpasst, etwas Einmaliges zu erleben.

Wenn du so mit deiner Frau, mit deinem Mann leben kannst, dann brauchst du keine Ziele. Du wirst nirgendwo ankommen. Der Moment ist Erfüllung genug – was für ein wundervolles Ereignis. Es ist gar nicht mehr nötig, in die Zukunft zu gehen, wenn hier und jetzt vor deinen Augen bereits alles vorhanden ist. Die Gegenwart ist viel aufregender als eine starre Zukunft, die nur die Projektion der Vergangenheit auf zukünftige Ereignisse ist.

Kapitel 7

Liebe und Betrug

Ich falle immer auf die falschen Männer herein. Ich weiß, dass sie nicht gut für mich sind oder mich schlecht behandeln werden, aber ich lande dann trotzdem mit ihnen im Bett – und jedes Mal lassen sie mich so zerstört zurück, dass ich keine Männer mehr will und keine Beziehungen mehr eingehen möchte. Aber dann passiert es mir doch wieder... Die Liebe macht mich krank und fertig.

Du willst dir selbst etwas beweisen. Mit Liebe hat das nichts zu tun. Du stellst dir über diese Lebensweise jedes Mal den innerlichen Beweis aus, dass du nichts wert bist – dass du keine Fürsorge, keine Liebe, keine Anerkennung als gesamtes wertvolles Wesen verdient hast.

Menschen, die leiden, wollen sich etwas selbst beweisen. Sie wollen sich ihr falsches Selbst – das Abbild ihrer Ängste und Schuldgefühle – bestätigen. Verwechsle das niemals mit Liebe.

Die Liebe gehört sich selbst. Sie ist anwesend – ganz egal, was für persönliche Dramen du auch entwickelst und durchlebst, um dir selbst weh zu tun. Was du beschreibst, ist nicht Liebe, sondern emotionaler Stress.

Der emotionale Stress in dir zwingt dich immer wieder in Situationen, die dir schaden, aber die intensiv sind. Erlebst du den intensiven Stress in dir, dann hast du ein Gefühl von Emotionalität und Erleben – du hast einen Eindruck, lebendig zu sein. Aber das ist eine falsche Lebendigkeit, eine Schein-Lebendigkeit. Sie ist eine dunkle Form des Verliebtseins, die in leuchtenden Farben daher kommt, um dich zu täuschen. Sie hat aber nichts mit wahrem Leben und wahrer Liebe zu tun. Nur ist es so, dass du nichts anderes kennst. Wenn du einem Menschen, der sein ganzes Leben lang in der Wüste verbracht hast, etwas vom Meer erzählst, wird er dich für verrückt halten. Und genauso geht es den Menschen mit der Liebe. Sie kennen sie nicht – sie haben den Sand der emotionalen Wüste in ihren Gefühlen, und er reibt und verletzt sie die ganze Zeit innerlich, und weil sie das sanfte, gesunde und weite Meer nicht kennen. Sie halten den Schmerz und die Verwirrung für Liebe. Es ist Unkenntnis. Nichts anderes.

Du fällst nicht auf die falschen Männer herein. Du fällst auf dein falsches Empfinden von dir selbst herein. Die Männer können nichts dafür. Sie tappen nur in die Falle, die du ihnen selbst stellst. Gib ihnen nicht die Schuld. Wenn du das tust, dann kannst du niemals Mündigkeit für dein eigenes Wohlergehen erreichen. Du bleibst innerlich ein verletztes und verbittertes Kind. Klage niemanden an. Erkenne, dass du selbst dir immer wieder die gleiche Falle stellst – niemand zwingt dich dazu, dich mit diesen Männern einzulassen und mit ihnen zu schlafen. Du selbst zwingst dir diese Verletzungen, diese Enttäuschungen und damit die Verbitterung deiner Seele auf.

Es fehlt dir an Bewusstheit zu erkennen, was du tust. Solange sich diese Bewusstheit nicht einstellt, wird sich dieses Rad weiter für dich drehen. Du erkennst zwar, dass diese Männer und diese Erfahrungen nicht gut für dich sind – aber der Reiz, dich in die emotionale Dualität zu begeben, die der emotionale Sand in deinem Innern erzeugt, wirkt zu verlockend auf dich. Auf der einen Seite willst du dir beweisen, dass persönliches Glück und Erlösung durch die Liebe möglich sind. Jedes menschliche Wesen trägt diese Hoffnung in sich – vor allem Frauen. Auf der anderen Seite will sich das dunkle Unbewusste in dir selbst bestätigen, dass du wertlos bist, keine Liebe und Fürsorge verdient hast – sondern nur Leid, Drama und Schmerz.

Egal, wie du dieses Verlangen, das du beschreibst, auch drehst und wendest – du wirst verlieren. Die Männer, die ehrliches Empfinden für dein Wesen haben, wirst du verletzen und versuchen, sie zu vertreiben oder zu zerstören, weil der dunkle Teil deiner verborgenen Emotionen dir niemals gestatten kann, dich als wertvolles Wesen zu erfahren. Der sanfte emotionale Teil in dir, der sich nach Liebe sehnt, will dagegen den Beweis antreten, dass Liebe möglich ist – dass sie dich heilen kann – und dass du einen Mann dadurch dazu bewegen kannst, dich zu lieben, indem du dich ihm hingibst. Das zieht die Jäger an – sie nehmen die Witterung deiner schwachen emotionalen Seite auf. In einem ganzen Raum voller Frauen werden sie dich heraussuchen, weil du ein leichtes Opfer bist. Deine ganze Gegenwart wird subtil vermitteln: „Ich will geliebt werden – ich zahle jeden Preis dafür. Nimm mich!“

Die Frauen in unserer modernen Welt quälen sich auf unglaubliche Weise mit diesem Dilemma. Sie martern sich, reiben sich auf – bis zur emotionalen Erschöpfung. Sex ist zu einfach geworden – deswegen sind sie mit jeder netten Begegnung bereit, dieses Drama abzuspulen. Bis das Drama so schnell läuft, dass sie selbst nicht mehr durchblicken. Mehr und mehr Männer machen sich in ihren Körpern und in ihren Empfindungen breit – und zurück bleibt eine zerstörte Frau. Denn in ihrem Wesen funktioniert die Frau nicht so. Sie sehnt sich nach sorgfältiger Verbindung. Nach verbindlicher Liebe. Nach Anerkennung ihres Wesens und vor allem nach Zugehörigkeit. Frauen müssen sich verbinden – auf vielen Ebenen. Sexuell, emotional, persönlich. Darin liegt ihre besondere Fähigkeit und Schönheit – aber eben auch ihr großes Dilemma in unserer modernen Welt. Verbindungen sind nicht beliebig. Und genauso wenig sind es die Körper und die Wesen der Frauen. Jede von ihnen ist ganz speziell, ein Wunder, ein Gebet Gottes an seine eigene Glückseligkeit. Und tief in ihrem Innern wissen sie auch, dass sie das Recht haben, so behandelt zu werden und dass sie so auch behandelt werden wollen – sie sind es wert, denn sie sind die Träger des Lebens auf dieser Welt.

Was kann es wertvolleres und wichtigeres in dieser Welt geben als Frauen? Aber die Höhen, zu denen Frauen fähig sind, schaffen auch die Tiefe ihrer Abgründe. Die Abgründe einer Frau sind so tief und Schwindel erregend, dass kein Mann sich jemals ein Bild davon machen kann. Die Abgründe der Frau in unserer modernen Welt sind noch einmal tiefer geworden durch die Lebensweise, das Ego – „das selbstbezogene Ich“ – ins Zentrum des Daseins zu stellen. Und wie über kein anderes Wesen hat sich der emotionale Schatten des Egos, des falschen Selbst, über die Frau gelegt. Ein Schatten aus zerstörten Emotionen und falschen Vorstellungen über das eigene Wesen.

Eine der beherrschenden falschen Vorstellungen der Frauen sind Schuldgefühle. Seit jeher hat man den Frauen Schuldgefühle über ihre Körper, ihre Empfindungen und über ihr Wesen eingeredet. Irgendwann in diesem langen Prozess haben sie angefangen, sie zu glauben, sie zu einem Teil ihrer Eigenwahrnehmung zu machen und über die Generationen weiter zu geben.

Dein Dilemma hat also sowohl eine gesellschaftliche, kollektive Dimension als auch eine persönliche. Wenn sich die kollektiven, verborgenen Schuldgefühle mit deinen persönlichen Schuldgefühlen verbinden – dann entsteht in deinem Inneren ein Gemisch, wie es zerstörerischer und schmerzvoller nicht sein könnte. Du leidest für dich selbst und gleichzeitig stellvertretend für alle Frauen. Dieser Kreislauf muss aufhören!

Aber du kannst diesen Kreislauf nicht willentlich unterbrechen. Er ist wie eine Sucht. Eine Sucht entzieht sich dem Willen und dem Verstand. Ihre Dynamik läuft immer weiter – selbst wenn der Süchtige aufhört, der Sucht nachzugehen. Alkoholiker bleiben immer Alkoholiker, ihr ganzes Leben lang.

Und so bleiben auch Frauen Süchtige nach ihrem eigenen Drama – ein Leben lang. Und verlieren darüber ihren ganzen Glanz, ihre natürliche Anmut und alles Wertvolle ihres Wesens. Sie werden verbittert und hart – obwohl diese Welt sie ursprünglich als sanfte und gütige Wesen hervorgebracht hat.

Und weil die Rückverbindung zu ihrem eigenen Wesen fehlt – zu der eher sanften, beständigen und gütigen Natur in ihnen – sind Frauen süchtig nach Leid geworden. Frauen lieben ihr Leid. Sie lieben es auf eine dunkle, perverse Art, sich leidvollen Situationen unter Männern auszusetzen. Dann fühlt sich ihr dunkles Ego bestätigt. Sie sind wie Hunde, die man seit der Geburt getreten hat und die dann nach jedem schnappen, der sie streicheln und sich um sie kümmern will. Sie kennen es nicht mehr. Die Ausbeutung, der emotionale Missbrauch und die Missachtung eures Wesens haben sich so tief in euch Frauen eingegraben, dass euch Fürsorge, Loyalität und Liebe ohne Besitz und Bedingungen vorkommen wie eine fremde Sprache. Frauen sind der Sucht nach dem eigenen Leid auf den Leim gegangen.

Schau genau hin, wie die Dynamik arbeitet: Wenn du aus deinem Frust und Schmerz heraus sagst: „Ich will keine Männer. Ich will keine Beziehungen mehr." – Dann bist du wie ein Alkoholiker, der seinen Alkohol wegkippt und sich selbst gegenüber versichert: „So, jetzt nicht mehr. Ich kann aufhören. Ab heute fange ich ein neues Leben an..." – Tausende Male macht ein Süchtiger das, aber das neue Leben kommt nie. Es kommt erst, wenn er am Rande des Todes steht – und wählen muss: Entweder sterbe ich mit dem Alkohol oder ich steige aus. Der Schmerz und das Drama der Sucht müssen sich erst so steigern, dass nur noch die Wahl zwischen Leben und Tod offen steht. Erst dann kann er aus dem Kreislauf ausbrechen. Und genauso ergeht es den Frauen in ihrem Sucht-Drama, das sie „Liebe“ nennen. Benenne es richtig: Nenne es „Die Sucht nach persönlichem Drama macht mich krank und fertig“ – und nicht Liebe.

Dein persönlicher Ausstieg kommt erst, wenn du genug hast. Erinnere dich, was wir über das große Rennen gesagt haben. Du bist im Rennen. Und dir geht die Luft aus. Aber du betrügst dich selbst, nicht die Männer betrügen dich. Du betrügst dich über die falschen Vorstellungen von dir selbst. Was hindert dich daran, Respekt, Hingabe und Aufrichtigkeit von einem Mann einzufordern? Du tust es nicht, weil etwas tief verborgen in dir davon ausgeht, dass du ihn dann verlierst – und dann kommt die Angst, alleine mit deinen schmerzlichen und unerfüllten Hoffnungen auf Erlösung durch Liebe zurück zu bleiben. Die Angst davor übersteigt sogar noch den Missbrauch, der dir durch die lieblose Ausbeutung durch einen Mann geschieht. Aber DU triffst die Entscheidung. DU gehst den Handel ein: „Tausche schmerzliche und entwürdigende Erfahrung gegen Hoffnung auf Erlösung durch Liebe.“

Es ist keine Liebe. Es ist nur Stress, was du empfindest. Es ist nicht mal Gefühl. Reiner Stress. Und es ist auch nicht Sex – es ist Stress, der in den Sex einsickert und sich dort ein Ventil sucht. Guter, gesunder Sex ist sehr frei, fürsorglich und natürlich. Selbst wenn er wild und leidenschaftlich durch echtes Begehren wird – er trägt trotzdem immer die Nuancen von Fürsorglichkeit und tiefer Verpflichtung in sich. Er muss dies schon allein aus dem Grund in sich tragen, weil Mutter Natur sicher gehen will, dass ihr euch auch wirklich liebevoll und aufopferungsbereit um die Kinder kümmert, die dieser Sex hervorbringen kann.

Aber dieser rücksichtlose, nehmende Sex in diesen flüchtigen Begegnungen ist kein echter Sex. Das ist ein Abreagieren. Das ist Stress – Stress, der aus deinem aufgewühlten Emotionen im Bauch und den kalten schneidenden Gedanken im Kopf nach unten, in den unteren Bauch fließt, weil er nach oben nicht weiter kann. Nach oben ist der Weg zu – dafür sorgt eine Steuerung in deinem Körper. Würde der Stress nach oben fließen, dann würde er dein Herz erreichen und irgendwann deinen Kopf und alles überschwemmen. Du würdest die Kontrolle verlieren – du würdest ausflippen, zur Furie werden, den

Männern in den Hintern treten, sie kastrieren wollen, kratzen, beißen, beschimpfen und verfluchen. Du würdest zu einer wilden, unbändigen Furie werden, die jede Vernunft über Bord geworfen hat und sich wütend gegen die Verletzungen wehrt, die man ihr angetan hat. Das können weder dein Verstand, der Kontrolle fordert, noch die Gesellschaft zulassen. Vor allem kann es die Männerwelt nicht zulassen, die diese Gesellschaftsformen geschaffen hat und sie anführt.

Nichts fürchten Männer so sehr wie die gerechte Wut einer Frau, weil sie wissen, dass sie ihr machtlos ausgeliefert sind. Sie können sich in diesem Moment nicht wehren – Mutter Natur hat einen Schutzinstinkt im Mann eingebaut: Sie werden hilflos und ängstlich, wenn sich die gerechte Raserei einer Frau zeigt. Das fürchten sie. Deswegen haben sie die Wut der Frau zerstört. Sie haben sie unterbunden, geknebelt und beschnitten.

Aus diesem Grund muss der Stress in dir ausweichen. Er muss seinen Weg nach unten antreten: In den Sex. Nach oben geht es nicht – da hat die Gesellschaft einen Riegel vorgesetzt. Aber nach unten – ins Verborgene, ins Heimliche, ins Sexuelle – dorthin kann der Stress ausweichen. Dann wird der Stress im Schlafzimmer ausgetragen, in den Beziehungen, in den Liebschaften und Affären. Ihr macht nicht mal Liebe, wenn ihr so liebt. Es ist ein wütender Stress. Die meiste Zeit ist Sex eine Vergewaltigung, Ausbeutung und ein rücksichtloses Benutzen. Der Mann benutzt den Körper der Frau für seine physische Befriedigung und die Frau den Mann für ihre psychologische Befriedigung. Der Mann hat dabei ein Gefühl von körperlicher Macht. Die Frau genießt die psychologische Macht, die sie über den Mann hat.

Nichts lieben Frauen so sehr wie das Spiel mit dem Feuer. Es ist die einzige Domäne, in der sie die uneingeschränkte Macht haben. Zumindest psychologisch und emotional können sie sich über den Mann erheben, wenn sie Sex mit ihm machen. Aber die Seele bleibt zurück... Tief im Inneren weint sie über die Lieblosigkeit in den Betten der Menschen. Denn es gibt auch eine andere Dimension in der Liebe – jenseits des Stresses, der Ausbeutung und der Manipulation. Aber die Menschen erreichen sie selten, weil sie zu sehr in den Spielchen und Tricks ihrer Psyche gefangen sind.

Genauso bleibst du auch mit deiner Frage in deinen Tricks und Spielchen gefangen, weil du über Sex versuchst, eine Liebe von den Männern zu erreichen, die es nicht gibt. Du inszenierst immer wieder aufs Neue dein eigenes Scheitern. Hör auf damit! Schau auf das, was niemals von den äußeren Umständen beeinflusst werden kann. Was niemals von deinen Spielchen, Tricks und falschen Hoffungen in dir selbst berührt wird – egal, wie viel Schmerz und Dramen du auch darüber packst. Das ist es, was dich ausmacht – nicht die Dramen und das Leid, die dir zwar eine Illusion von persönlicher Wichtigkeit geben, dich aber leer und als Mensch unerfüllt zurück lassen.

Diese wahre Gegenwart in dir hat kein Interesse an deinem Leid. Sie hat kein Interesse an Drama – weil sie niemals an deinen Dramen, noch an deinem Leid teilnehmen kann. Aber sie kann an echten Begegnungen teilnehmen, an einer Liebe, die verbindet, weil sie darauf verzichtet zu manipulieren, und die damit das Tor öffnet für die echte authentische Liebe aus dem Reich jenseits von Verstand und Emotion. Diese Liebe ist frei und gesund, weil sie weder dem Verstand noch den Emotionen angehört – und deswegen niemals Dramen erzeugen kann.

Aber solange du diese Rückverbindung zu deinem wahren Wesen nicht in dir und mit dir selbst geschlossen hast, wirst du weiter den Dramen folgen, die dich zerstören und zurück lassen. Aber DU bist es, die diese Dramen will – es sind nicht die Männer, von denen du behauptest, dass sie dich zerstören. Du kannst „NEIN!", sagen. Ganz einfach. Es ist nur ein Wort, aber sag es endgültig! Das „Nein!" an diese Männer ist das „Nein!" an deine Absicht zu leiden. Ein einziges „Nein!" und das Drama wird aufhören. Aber es muss ein bewusstes „Nein!" sein, kein verzweifeltes, das immer noch ein geheimes „Bitte, doch… ja! Mach aus meinem Nein ein Ja... schenke mir Glück und Bestätigung durch deine Liebe", in sich trägt. Es muss dein ureigenstes „Nein!" sein. Das „Nein!" deiner innersten Wertschätzung gegenüber dir selbst. Denn Fürsorge, Achtsamkeit und nährende Gefühle sind möglich – sie kommen aus einem Menschen, der den Dramen entsagt hat und sich dem zugewandt hat, was aus ihm selbst kommt. Das ist das wahre Selbst in dir. Es ist nur eine stille Anwesenheit, aber voller Freude und Überfluss. Die Dramen, die aus Emotionen und Verstand heraus entstehen, übertönen es sehr leicht in dieser hektischen lauten Welt – aber es ist da.

Du musst nur deinen Blickwinkel verschieben. Du musst mehr zuhören – aus deinem ganzen inneren Wesen heraus. Lerne im Kontakt mit Männern, mehr mit deiner Gesamtheit zuzuhören. Mit deinem Körper, deinen intuitiven Empfindungen und vor allem mit deinem ganzen Wesen. Versuche, eine Gesamtheit aufzunehmen und nicht nur Ausschnitte, die dir dein Verstand zurechtlegt oder die dir deine Emotionen auswählen. Du bist mehr als das, also höre auch mit mehr als dem zu.

Wenn sich starke Emotionen in deinem Bauch im Kontakt mit einem Mann melden – dann sei auf der Hut. Es ist eher verborgener Stress als Zuneigung und Liebe. Echte Zuneigung ist sanft – niemals intensiv. Nimm die Emotionen in deinem Bauch und das aufsteigende Verlangen ruhig wahr, aber folge ihnen nicht sofort. Sei ein Zeuge. Ein Zeuge muss sie weder verdrängen und bekämpfen, noch ihnen sofort folgen.

Immer, wenn die Impulse kommen, die dich in die Richtung treiben wollen und dir damit schaden könnten – kannst du zum Zeugen werden. Tritt einfach innerlich einen Moment zurück und schau dann hin mit deiner Gesamtheit. Jetzt kann dich der zerstörerische Impuls nicht mehr überwältigen… und irgendwann verliert er die Lust. Wenn er dich nicht mehr antreiben und lenken kann, wie er es gewohnt ist, dann verschwindet er einfach, sucht sich neue Opfer. Er ist ein Wanderer. Sehr unbeständig und schnell gelangweilt. Deswegen brauchst du nur ein bisschen Zeit und Bewusstheit.

Aber übernimm zuerst die Verantwortung für dich selbst! Solange du Männer dafür verantwortlich machst, wirst du nie innere Mündigkeit erfahren. Und sie ist Grundvoraussetzung für ein innerliches Zurücktreten. Entscheide dich dagegen, dein eigenes Opfer zu sein. Dann entscheide selbst aus der Position des Zeugen, an welchen Situationen du teilnehmen willst und an welchen nicht.

Lerne, Zeuge zu sein. Und die Freiheit wartet auf dich. Dann wird die Liebe eine bereichernde Gegenwart in deinem Leben – statt zu einem leidvollen Spießrutenlauf aus falschen Vorstellungen und emotionalen Verirrungen.

Männer sind nur von meinem Aussehen fasziniert. Immer wieder denke ich, dass sie mich lieben und dann kommt die Ernüchterung. Ist Liebe unmöglich, wenn man schön ist? Oder können Männer einfach nicht lieben?

Du stellt eine der elementarsten Fragen dieser Welt. „Ist Liebe unmöglich, wenn man schön ist?". Die Antwort ist: Ja.

Es ist ein bizarres Phänomen: Die schönsten Frauen sind gleichzeitig die verzweifeltsten. Eigentlich müsste man davon ausgehen, dass die hässlichen Frauen verzweifelt sind. Aber das ist nicht so. Tatsächlich sind die hässlichen Frauen viel glücklicher. Denn sie haben noch Hoffnung. Sie können noch auf die Liebe hoffen. Auf den Märchenprinzen, der sie finden und hinter ihrer weniger ansprechenden Fassade ihr wahres Wesen entdecken und lieben wird. Weniger attraktive Frauen sind voller Hoffung. Deswegen strengen sie sich auch so an in der Liebe. Sie sind viel herzlicher und wärmer. Sie bemühen sich um Männer, umsorgen sie, sind aufmerksam und freundlich. Sie müssen ihr Äußeres durch Freundlichkeit ausgleichen und die besondere Hoffnung auf Liebe treibt sie an, alles für einen Mann zu tun.

Den schönen Frauen dagegen bleibt irgendwann nur die Kapitulation. Sie haben alles gehabt, sie haben alles gesehen und gehört, was eine Frau mit Männern erleben kann. Sie haben die große Enttäuschung der Beziehung zwischen Mann und Frau immer und immer wieder erlebt. Einfach aus dem Grund, weil sie viel mehr Möglichkeiten haben. Sie können wählen. Das Angebot, Erfahrungen in der Liebe zu machen, ist für sie viel reichhaltiger. Und genauso wenig führt es sie irgendwo hin.

Schöne Frauen werden viel mehr belogen und ausgebeutet. Ihre Seelen nehmen einen viel größeren Schaden. Immer wieder blüht in ihnen die Hoffnung auf Liebe und Akzeptanz durch einen Partner auf – um irgendwann zu merken, dass der Mann nur geheuchelt hat. Männer sind sehr geschickte Heuchler. Und eine schöne Frau hat irgendwann jede erdenkliche Heuchelei gehört. Wie soll sie sich noch sicher sein, wenn sie bereits einige Männer gehabt hat, die ihr erzählt haben, wie sehr sie sie schätzen, lieben und interessant finden – und sich trotzdem irgendwann das Gegenteil davon einstellt? Eine schöne Frau hat nach ein paar Jahren faktisch keine Möglichkeit mehr, einem Mann zu vertrauen. Zu oft hat sie die Lügen, Halbwahrheiten und falschen Versprechungen der Männer gehört, die Männer nun mal am Fließband produzieren, um eine Frau zu verführen. Sie kennt das Spiel in- und auswendig. Was soll sie daran noch reizen? Geschweige denn dazu bewegen, ihm zu folgen mit Herz und Seele?

Aber auch von der Seite des Mannes her geht es einfach nicht. Er sieht diese schöne Frau und sofort wallt das Blut in ihm auf und betäubt seine Sinne. Die Schönheit der Frau flüstert ihm ein, dass er sie wirklich liebt. Mehr als alles andere auf der Welt. Nichts will er mehr als diese Frau. Deswegen strengt er sich an – der Preis ist zu verlockend. Aber wenn er sie bekommt, dann ist es nur eine Frage der Zeit – bis die Faszination verschwindet. Selbst eine schöne Frau schnarcht in der Nacht und hat Augenringe am Morgen. Nach und nach holt den Mann die Wirklichkeit ein… und sie wird ihm unerträglich. Der Wert seiner Eroberung verschwindet. Die Frau wird gewöhnlich. Sie wird vom Traum zum Mensch. Und das gefällt seinem Ego nicht. Er fängt an, sich betrogen zu fühlen und wendet sich ab.

Jede schöne Frau muss damit leben, dass sich die Männer nach einiger Zeit von ihr abwenden. Das ist das Gleichgewicht des Lebens. Am Anfang geben sich die Männer besonders Mühe und zum Schluss werden sie besonders gleichgültig und kalt ihr gegenüber. Die Enttäuschung im Mann ist groß, wenn aus einer schönen Frau durch Alltag und Nähe eine ganz gewöhnliche Frau wird, die im Grunde wie jede andere Frau auch ist. Sein Ego fühlt sich betrogen, da sie doch nur ein gewöhnlicher Mensch ist und nicht die Erfüllung all seiner Träume als Mann… und dann zahlt er es ihr auf diese Weise heim.

Seht ihr das verborgene Gleichgewicht? Schönheit mag den Anfang vereinfachen, aber das Ende macht sie nur dramatischer und schwerer. Alles ist im Gleichgewicht. Aber in der Seele der schönen Frau entsteht auf diese Weise großer Schmerz. Denn die Lügen und Bemühungen von Seiten des Mannes sind am Anfang der Beziehung aufgrund ihrer Schönheit besonders groß. Und von diesem Gipfel erwartet sie nach einiger Zeit ein tiefer Fall in die Schlucht der Kälte und Gleichgültigkeit. Für die Gabe ihrer Schönheit zahlt sie in dieser Welt einen hohen Preis in ihrer Seele. Darum beneidet nicht die schönen Frauen um ihre Schönheit. Ihr Grad der Verzweiflung ist in der Regel höher als bei normalen oder hässlichen Frauen.

Darum kann es nur eine Antwort auf deine Frage geben: Liebe ist unmöglich, wenn man schön ist. Wenn du darauf hoffst, dass Männer dich durch deine schöne Fassade hindurch lieben, dann hoffst du vergeblich. Du hoffst auf eine Erlösung durch Andere. Aber die gibt es nicht, denn Männer hoffen selbst auf Erlösung – durch deine Schönheit. Es kommen zwei Menschen mit leeren Händen und wollen Handel miteinander treiben. Das funktioniert nicht.

Du musst bei dir selbst anfangen. Es spielt keine Rolle, ob Männer lieben können oder nicht – du kannst dich selbst lieben. Du kannst dein innerstes Wesen selbst entdecken und erkennen – anstatt darauf zu warten, dass jemand anderes es für dich tut. Wenn du darauf wartest, dass ein Mann dein innerstes Wesen entdeckt und liebt – dann gibst du deine Aufgabe in die Hände eines Anderen. Du wirst unmündig. Passiv. Du erwartest von jemand anderem, was eigentlich deine Aufgabe ist. Also beschwere dich nicht, wenn sie schlecht oder unzureichend erfüllt wird.

Deine Schönheit ist Herausforderung und Chance zugleich. Du kannst sie nutzen, um dich zu zerstören oder um dich zu der Quelle deines wirklichen Wesens zu bringen. Wenn du anfängst zu durchschauen, dass dich die Hoffung auf Liebe nirgendwo hin führt und auch deine Schönheit keine besondere Hilfe auf diesem Weg ist, dann hast du die Chance, etwas Außergewöhnliches zu realisieren: Dich selbst. Denn die Einsicht ist Weisheit und die Weisheit kann dich zu deinem eigenen Wesen führen.

Schau genau hin: Wenn dir deine Schönheit keine Liebe ermöglicht, wenn dir kein Mann Liebe ermöglicht – was ermöglicht dir dann die Liebe? Etwas in dir, das die Liebe zu dir aufsteigen lässt. Wenn du ihr in dein eigenes Wesen folgst, dann kannst du in deiner Gegenwart dein Selbst wiederentdecken, das nichts mit all dem zu tun hat. Denn du bist weder deine Fassade – noch die Meinungen und Sichtweisen eines anderen Menschen. Wenn du dich aber genau daran klammerst, dann wird dir die Verzweiflung folgen wie ein Schatten. Doch in Wahrheit bist du weder das Eine noch das Andere. Du bist keine Schönheit. Über Schönheit entscheiden immer Andere. Du bist ein Wesen. Und über ein Wesen können andere Menschen nicht entscheiden. Dazu fehlt ihnen die Macht. Denn dein Wesen kommt durch dich von Anfang an in diese Welt und geht wieder mit dir. Es ist deine ureigenste Einzigartigkeit. Unabhängig davon, ob du schön bist oder nicht.

Darum beschäftige dich gar nicht damit. Geh nach innen – zu dir selbst. Und werde zum Zeugen. Lass deine Schönheit und ihre Wirkung einfach an dir vorbei ziehen und bekämpfe sie nicht. Sie ist was sie ist... Nur ein Phänomen. Lass die Bemühungen und Versprechungen der Männer an dir vorbei ziehen und bekämpfe sie nicht, noch verwickle dich in ihnen – sie werden enden... irgendwann. Spätestens, wenn deine Jugend und Schönheit verblüht sind. Und dann solltest du nicht mit leeren Händen dastehen. Denn ansonsten verpasst du etwas sehr wichtiges in deinem Leben: Du bist ein Bewusstsein!

Du bist ein Bewusstsein – das weder physische Schönheit hat, noch Mann oder Frau ist. Und du hast die Chance, dieses Bewusstsein über das Dilemma deiner Schönheit zu erfahren. Deine Schönheit kann dir Hilfestellung geben.

Wenn es dir gelingt, zu erkennen, dass du nicht dein eigenes Dilemma sein kannst – dann wird das Dilemma zum Segen. Denn dann nimmst du eine Lücke wahr. Das Dilemma und du – ihr könnt nicht eins sein. Du bist weder das Dilemma, noch deine Schönheit, noch die Reaktionen der Männer darauf – das alles kannst du zwar erfahren – aber wenn du es erfahren kannst, dann gibt es auch etwas, das erfährt. Und das bist du. Das ist das Bewusstsein. Tritt diese Lücke in dir hervor, tritt auch das Bewusstsein hervor, das von diesen Zusammenhängen in deinem äußeren Leben unabhängig existiert. Sobald etwas vollkommen unabhängig ist, kommt Freiheit – und diese Freiheit verändert dich. Du musst dich nicht mehr an die Zustände hängen. Du wirst innerlicher – ohne der Welt davonlaufen zu müssen.

Dieses Bewusstsein transformiert alles. Denn es bringt dich zurück nach Hause. In die Freude und Seligkeit, die jenseits von deinen äußeren Erfahrungen liegt.

Es ist sehr selten in dieser Welt, dass diese Schönheit durch die Anwesenheit eines Bewusstseins in einem schönen Körper stattfindet. Denn entweder verfängt sich ein schöner Mensch in seiner Schönheit oder er verzweifelt an ihr. Aber wenn es stattfindet, dann ist der Segen unvergleichlich. Denn die Herausforderungen einer physischen Schönheit sind schwer zu meistern.

Aber wenn du den Blick deiner Frage weg von deiner Schönheit und der Frage nach der Liebe durch die Männer und hin zu dir selbst lenkst, dann kann es dir möglich sein. Versuch es ruhig. Deine Schönheit hilft dir nicht weiter, und von den Männern kannst du sowieso nichts erwarten. Also versuche es ruhig mal… Schau genau hin… Was ist jenseits davon immer wach und anwesend in dir?

Mein Mann betrügt mich immer... Was soll ich tun? Ich weiß, dass er sich ändern würde, wenn er sehen würde, wie sehr ich ihn liebe und wie wichtig ich für ihn sein könnte.

Schauen wir auf den letzten Satz deiner Frage. Er ist komplett im Konjunktiv. Du lebst den Konjunktiv der Frauen. Hätte, könnte, würde… Das sind die drei Worte, die jeder Frau zum Verhängnis werden.

Mit diesen drei Worten bist du in einer sehr bösartigen, aber typisch weiblichen Illusion gefangen. Frauen tragen die absurde Vorstellung in sich, dass sie und ihre Liebe einen Mann ändern können. Niemand kann einen Menschen ändern. Du kannst ihn verbiegen, zerbrechen und manipulieren – aber niemals im Wesentlichen ändern. Und Menschen ändern sich auch nicht. Sie verändern sich – aber ändern tun sie sich niemals.

Deine Fragen und Hoffungen sind vergebliche Liebesmüh. Aber wie alle Frauen in dieser Situation willst du nicht wirklich etwas daran ändern. Dein Wille zu leiden ist größer als deine Einsichtsfähigkeit. Du wirst also weiter machen, egal welche Ratschläge man dir auch gibt. Nichts in dieser Welt übersteigt die freiwillige Leidensfähigkeit der Frauen.

Aber stellen wir es ruhig einmal klar: Wenn ein Mann seine Frau betrügt, gibt es zwei Möglichkeiten: Du verlässt ihn, wenn es dich stört und emotional krank macht. Oder du kannst damit leben. Ihn zu ändern, um ihn in deine eigene Empfindungswelt von Treue zu drängen, ist unmöglich. Damit erzeugst du Leid und Verzweiflung – aber den Preis zahlst DU – während er seinen Spaß in den Betten und mit den Körpern anderer Frauen hat.

Verlasse ihn oder nimm es hin. Eine andere Möglichkeit gibt es nicht. Der Mensch ist kein monogames Wesen. Der eine ist mehr und der andere weniger monogam. Aber die reine Monogamie gibt es nicht. Sie ist ein Wunschtraum – geboren aus dem persönlichen und gesellschaftlichen Verlangen nach Kontrolle. Aber Kontrolle ist Illusion. Und vor allem auf einer so elementaren biologischen Ebene wie der des Sex. Wäre der Mensch – wäre dein Mann – ein monogames Wesen, dann würde sich die Frage gar nicht stellen – es wäre einfach so und die Menschen würden den Unterschied gar nicht kennen. Er würde überhaupt nicht in ihren Sinnen auftauchen, weil er nicht in ihnen angelegt wäre. Das ist aber nicht der Fall. Du kannst es also nicht ändern. Er wird auch weiterhin mit anderen Frauen schlafen.

Die Frage ist also nicht, wie du ihn ändern kannst, sondern wie du damit umgehst. Wenn du bereit bist es hinzunehmen und damit leben kannst – dann ist alles in Ordnung. Das scheint nicht der Fall zu sein. Wenn du leidest, dann setze ihn vor die Tür oder packe selbst deine Sachen und gehe. Es ist nicht notwendig zu leiden. Männer kommen und gehen und einer ist so gut wie jeder andere. Es liegt an dir.

Oder du wendest deinen Blick wirklich dir selbst zu und schaust genau hin, was leidet. Was erzeugt dein Leid? Es sind falsche Vorstellungen. Wenn es falsche Vorstellungen sind und du sie in dir wahrnehmen kannst – wieso bleibst du an ihnen kleben? Du kannst aus ihnen heraus den ersten Schritt in deine persönliche Freiheit machen: Indem du erkennst, dass du nicht das Drama und das Leid sein kannst, das sich in deinem Leben bewegt und dich atemlos macht. Wenn du dich allerdings an diesem Drama festhältst und versuchst, es über einen anderen Menschen zu ändern und in den Griff zu bekommen, bist du auf ewig zum Scheitern verurteilt. Wie schwierig ist es, sich selbst zu ändern – und dann willst du das, was du nicht mal bei dir selbst schaffst, an jemand anderem vollziehen? Fang erstmal bei dir selbst an.

Wenn ein Mann sich so verhält, wie du es beschreibst, dann bist du ihm gleichgültig. Du hast deinen Reiz und die Faszination für ihn verloren. Die Verliebtheit ist weiter gezogen – zu der nächsten Frau. Das geschieht. Das ist natürlich. Es geschieht jeden Tag – allen Menschen. Also reg dich nicht auf. Männer verlieren Frauen an andere Männer, Frauen verlieren Männer an andere Frauen. So bewegt sich diese Welt nun mal. Aber du kannst bei dir selbst bleiben. Du kannst dein eigenes Wesen erfahren – tief in deinem Inneren. Und dieses Wesen kann nicht mit einer anderen Frau durchbrennen. Das kann dir niemand nehmen.

Der Schmerz und die Verwirrung, die du mitmachst, kommen daher, dass du selbst nicht weißt, wer du bist. Du bist auf Rückmeldung von außen angewiesen. Und in einer Zwei-Personen-Partnerschaft, wie sie heute durch die moderne Lebensweise weit verbreitet ist, ist ein Mensch als Rückmeldung sehr wenig. Fällt dieser eine Mensch weg, dann stehst du vollkommen vor deinem persönlichen Aus. Du hast nichts mehr. Du hast auf jemanden anderes gebaut und er geht einfach. Die einzige Säule, auf der dein Haus steht, bricht weg – und so bricht auch deine Welt in Kummer, Angst und Verzweiflung zusammen. Du kennst ja auch nichts anderes.

Solange du dich über eine einzelne andere Person definierst, sind Leid und Schmerz in deinem Leben vorprogrammiert. Du wirst ständig Angst um diese eine Person haben und sie wird dich unterschwellig dafür hassen, dass du so abhängig von ihr bist, dass du sie bedrängst. Wer möchte schon bedrängt werden? Und du bedrängst deinen Mann. Sogar mit deiner Frage drängst du dich auf: Forderst, dass er deine Liebe sehen und annehmen soll. Dabei kannst du nicht mal dich selbst lieben und sehen. Du forderst von einem anderen Menschen, was dir selbst schon unmöglich ist. Das ist nicht nur unfair – es ist unmöglich.

Schau genau hin: Wärst du wirklich wichtig für ihn, dann wäre er jetzt bei dir – und nicht woanders. Wenn er dich lieben würde, dann wäre er die Nacht bei dir, um sie mit dir zu verbringen. Es ist ganz einfach: Schaue auf das, was ein Mann tut – und zwar jetzt und hier. Und nicht darauf, was er irgendwann einmal für dich getan oder zu dir gesagt hat. Die Verbindlichkeit der Verliebtheit verfliegt schnell. Was gestern geschworen wurde, ist heute schon nicht mehr gültig. Und die Menschen machen eine Menger dummer Schwüre für die Liebe – obwohl sie ganz genau wissen, dass sie diese nie halten können. Aber es gehört dazu. Es ist Teil des Spiels. Es sind „Sweet Little Lies" – Lügen, die die Liebe erst ermöglichen. Nimm sie nicht zu ernst.

Was dir passiert, ist so banal wie alltäglich. Was du machst, ist ein persönliches Drama daraus zu stricken, in dem du dich einsam und isoliert fühlen kannst und das dir den Eindruck gibt, dass nichts auf dieser Welt dein persönliches Leid noch übertreffen kann. Dabei ist es nur eine kleine, schmutzige Geschichte der Liebe unter Millionen anderer kleiner, schmutziger Geschichten der Liebe. Es ist bedeutungslos, alltäglich und banal.

Aber dein Ego kann das nicht zulassen: Aus diesem Grund erfindet es einen absurden Traum von einer eingebildeten Bedeutsamkeit deiner Liebe für deinen Mann. Deine Liebe ist für ihn nicht wichtig. Er hat vor ihr gelebt und er wird nach ihr leben. Er braucht sie nicht. Das ist deine Einbildung, um dich vor der Wahrheit der Lieblosigkeit zu schützen. Denn du willst nicht ohne ihn leben, weil dann nichts die Lücke füllt, die er hinterlässt. Lieber den Schmerz in der Lücke empfinden als gar keine Empfindung. So denken und handeln viele Frauen. Sie fürchten die Leere mehr als den Schmerz. Also nehmen sie alles in Kauf, nur um dem Moment der Leere zu entgehen, wenn der Andere nicht mehr anwesend ist. Aber damit geht das Drama von dir aus. Von deiner inneren Leere, von deiner Unerfülltheit.

Dein wahres Bestreben ist, über die Manipulation, die du Liebe nennst, einen Sklaven aus deinem Mann zu machen. Kein Wunder, dass er vor dir die Flucht antritt und sich mit anderen Frauen amüsiert. Er muss einen sehr gesunden Instinkt haben. Er tut das einzig Richtige: Er rettet sich vor deiner manipulativen Liebe in die Arme anderer Frauen.

Es ist ein seltsames Phänomen, dass Frauen versuchen, Männer über Fürsorge und Gefühl zu manipulieren und damit genau das Gegenteil erreichen: Dass Männer ihnen ausweichen, sie betrügen oder sie verlassen. Männer wollen nicht die emotionalen Sklaven von bedürftigen Frauen sein. Sie lieben ihre Freiheit. Versuchst du ihnen die Flügel zu stutzen, dann werden sie genau diese benutzen, um davon zu fliegen.

Was du beschreibst, hat nichts mit Liebe zu tun. Weder von deinem Mann aus noch von dir. Das ist Psychodrama. Äußerlich ist die Lösung wie gesagt recht einfach: Entweder er geht, du gehst oder ihr schließt einen Frieden mit der Situation, damit ihr dann beide in Ruhe leben könnt ohne euch zu verletzen.

Aber auf der innerlichen Ebene ist die Frage wesentlich komplexer, denn dort kann die Antwort nur lauten: Wenn du den Kreislauf des Dramas beenden willst, musst du dich selbst entdecken. Du muss dein eigenes innerstes Wesen erfahren, wenn sich die Lücke auftut, wenn der Partner nicht mehr da ist. Das ist die wahre Herausforderung – viel schwieriger als die äußere Situation. Die lässt sich leicht regeln. Aber die Herausforderung kommt, wenn du statt an der äußeren Situation herum zu doktern, in deinen eigenen inneren Raum gehst. Dann musst du nämlich durch die Schichten der Angst, des Schmerzes und der Enttäuschungen gehen – bis du zu dir selbst gelangst.

Aber bevor du nicht zu dir selbst gelangst, bevor du dir nicht deiner eigenen innersten Wahrheit bewusst wirst – dass du ein Bewusstsein bist, das an all dem nicht teilnimmt –, wird sich das Karussell weiter für dich drehen. Du kannst den Mann wechseln – irgendwann stehst du am gleichen Punkt. Du kannst die Stadt wechseln, das Land – es holt dich immer wieder ein. Denn das, was fehlt, ist nicht die Treue des anderen Geschlechts – es ist die Treue zu deinem eigenen Bewusstsein. Erst wenn es in dir erwacht und du ihm folgen kannst, dann hört das Drama für dich auf.

Denn dann ist es keine Frage mehr von äußerlicher Treue, Liebe und Zuwendung – dann existiert eine eigene innere Treue in dir. Dann entstehen Liebe und Zuwendung in dir selbst und durch dich selbst – und zwar ohne Einschränkungen, ohne Anfang und Ende. Es wird eine innerliche Reise ohne Ziel, aber mit einer immer größer werdenden Freude. Dann müssen andere Menschen nicht mehr dazu herhalten, deine inneren Wunden zu überdecken. Stattdessen bist gegenwärtig in dir selbst und Liebe geschieht – du musst sie nicht erzwingen, Menschen umerziehen oder auf Liebe hoffen. Sie wird zu deiner ureigensten Realität, die es zu leben gilt. Darum ist die einzige wirklich vernünftige Antwort auf deine Frage: Wach auf und sieh genau hin – aber sieh zu dir selbst. Zu dem, was wach in dir ist und mit großer Freude durch dich in diese Welt schaut – ohne an deinen persönlichen Dramen teilzunehmen. Das ist die einzige Treue, die dich in dieser Welt erwarten kann: Die Treue zu dir selbst.

Kapitel 8

Ist Liebe möglich...?

Liebe soll nicht möglich sein, nur weil man schön ist? Es soll normal sein, dass man betrogen wird und der Partner sich irgendwann abwendet? Männer und Frauen sind Feinde? Ich empfinde das als eine sehr negative Sichtweise. Dann braucht man sich ja gar nicht mehr auf irgendwen einlassen. Wenn man danach geht, ist die Liebe ja überflüssig und nur eine Zumutung.

Es erscheint dir negativ, weil du nichts anderes kennst. Gute Erfahrungen in der Liebe teilst du als „positiv" ein. Schlechte Erfahrungen als „negativ". Unterm Strich erhoffst du dir auf diese Weise, dass es dir gelingt, mehr positive Erfahrungen anzusammeln als negative – damit du dein Leben als „glücklich" bezeichnen kannst. Aber das ist eine kaufmännische Rechnung – keine wahre Einsichtsfähigkeit in das Wesen des Lebens. Das Bemühen um „mehr positiv" ist ein Bemühen, im Leben besser wegzukommen – nicht das Bemühen um die Erkenntnis, dass du etwas in dir trägst, das weder negativ noch positiv ist, noch von negativ und positiv jemals beeinflusst werden kann. Etwas das frei ist, göttlich.

Du tauscht deinen eigenen göttlichen Wesenskern auf diese Weise gegen einen Handel ein. Die Losung lautet dann: „Tausche göttliche Gegenwart gegen positive Erfahrung." Aber was nützen dir positive Erfahrungen im Leben, wenn deine eigene göttliche Gegenwart dadurch verschwindet? Wenn Gott dadurch verschwindet? Natürlich kannst du eine Zeit lang ohne ihn weitermachen – aber irgendwann löst sich jede positive Erfahrung, die du als Glück bewertest, auf – und was bleibt dir dann? Du hast Gott eingetauscht, dein Vorrat an positiven Erfahrungen wird dir irgendwann ausgehen, weil nichts in dieser Welt jemals nur beständig in eine Richtung existieren kann – und dann stehst du mit leeren Händen da.

Es spielt keine Rolle, ob positiv oder negativ. Das Leben zwischen Mann und Frau ist keine Gewinnrechnung. Es ist ein Nullsummenspiel und darin exakt ausgewogen. Was du an Glück und Freude beziehst, musst du an anderer Stelle wieder abgeben.

Aber genau dieser Hunger nach „positiven Erfahrungen“ hat aus dem Leben zwischen Mann und Frau einen Kriegszustand gemacht. Denn jeder versucht auf seine Weise, über das andere Geschlecht an möglichst viele positive Erfahrungen für sich selbst heran zu kommen. Männer tendieren darin mehr zum Sex, Frauen eher zu Emotionalität. Beide richten sich auf diese Weise zu Grunde, weil sie „verlangen“, statt zu „sein“.

Als Frau bist du, was du bist – und als Mann bist du, was du bist. Mit all deinen Möglichkeiten und Unmöglichkeiten. Und auch das Leben zwischen Mann und Frau ist, was es ist: Es hat seine Höhen, seine Tiefen, sein Glück, sein Unglück, seinen Gewinn und seinen Verlust. Aber unterm Strich kommt niemals ein Plus für dich als einzelne Person heraus. Und je mehr du dich anstrengst, ein Plus unter deine persönliche Rechnung zu bekommen, desto größer wird im Grunde dein Minus.

Denn die entscheidende Wahrheit abseits deines Bemühens um möglichst viele positive Erfahrungen im Leben und der Liebe ist: Ganz egal, ob Mann oder Frau – du trägst etwas in diese Welt, das in sich selbst vollkommen genügt. Und aus diesem „Sich selbst vollkommen genügen“ entspringt eine große Freude, die beständig ist und nicht so wechselhaft, wie das sprunghafte Glück zwischen Mann und Frau. Verlangst du Männer als Quelle positiver Erfahrungen, dann beraubst du dich deiner Möglichkeit, dieses Sein in dir als die wahre Quelle der Freude in deinem Leben zu entdecken. Denn nur darum geht es. Und nur darum scheitern irgendwann alle Beziehungen, egal ob früher oder später – spätestens aber mit deinem Tod oder dem Tod deines Partners. Jede Beziehung endet irgendwann.

Und das hat seinen Sinn: Indem das Leben dir irgendwann alles nimmt, einschließlich all deiner Beziehungen, führt es dich wieder zurück zu deiner ureigensten Quelle – zu der Gegenwart in deiner eigenen Natur und deiner eigenen zeitlosen Anwesenheit, die weder dem Verstand noch den Emotionen entspringt. Das ist die einzige Beziehung, die niemals endet – die Beziehung mit dir selbst. Und zwar aus deinem innersten Selbst heraus – nicht aus dem äußeren Dunst an Wünschen und Bedürfnissen, der dich im Leben durch die ständigen Aktivitäten von Verstand und Emotionen umgibt und den du dadurch mit deinem eigentlichen Sein verwechselst. Dein eigentliches Sein ist jenseits deiner Wünsche und Bedürfnisse, die sich in deinem Leben bewegen, weil es nun mal Teil des Leben ist – aber niemals dich selbst als Vollständigkeit erfassen können. Wünsche und Bedürfnisse sind Ausschnitte des Lebens, dein Bewusstsein ist das Leben in seiner Ganzheit – und zwar in einer Vollständigkeit, die dir Wünsche und Bedürfnisse niemals erfüllen können.

Und nur darum geht es. Was du abspulst im Leben an Dramen und Wechseln zwischen positiv und negativ spielt keinerlei Rolle. Am Ende steht für dich immer deine ureigenste Gegenwart – die Gegenwart des Bewusstseins – und die kannst nur du selbst sein, niemals ein Mann oder eine Frau in deinem Leben.

Du kannst diese Zusammenhänge nur als „negativ" beurteilen, solange du nicht die Alternative des Bewusstseins kennst. Solange macht dein Verstand seine Berechnungen, ob er besser oder schlechter dabei wegkommt. Dabei sind es nur Situationen und Umstände, die vorbeiziehen – mal angenehm, mal unangenehm. Aber du selbst bleibst jenseits dieser Umstände immer gleich. Und das ist das Entscheidende!

Wenn du deinen Blick einmal von dem ständigen Wechsel zwischen Mann und Frau weg lenken kannst – und hin zu dir selbst, dann wirst du bald erkennen, dass jede Erfahrung tatsächlicher Freude aus dir selbst kommt. Aber diese tatsächliche Freude entspringt aus deinem innersten Wesen, nicht den äußeren Umständen und Begegnungen. Das äußere Glück ist sehr unruhig und wechselhaft. Aber die stille beständige Freude in dir und durch dich ist eine zeitlose Seligkeit, die in deinem Leben anwesend ist, egal was du machst. Es ist nicht das heftige Herzklopfen, die zittrigen Knie, die Leidenschaft, das Hochgefühl in der Liebe – es ist viel stiller, dafür beständiger. Es kann dich begleiten – sogar über den Tod hinaus. Welcher Mann oder welche Frau kann das?

Und genau darin liegt die schönste Botschaft, die es für Mann und Frau auf diese Weise geben kann: Der wahre Segen des Lebens kommt immer aus dir selbst – niemals aus jemand anderem. Diese Botschaft befreit sowohl Mann als auch Frau aus ihrem Sklavendasein vor dem anderen Geschlecht und macht sie mündig. Es macht den Bettler zum König. Diese Einsicht bringt den Frieden und die Freiheit der authentischen Liebe in das Leben der Menschen zurück. Und zwar ohne die Tricks und ohne Auflagen, die ihr braucht, wenn ihr nach Glück, Romantik und Leidenschaft verlangt. Glück, Romantik und Leidenschaft sind dann immer noch möglich – aber nicht mehr notwendig. Egal, ob sie gerade vorherrschen oder nicht – ihr werdet weiter der Liebe verbunden zu sein. Denn die Liebe stammt dann aus dir selbst und deine Begleiter und Gefährten sind die Verkörperung dieser Liebe in deinem Leben. Sie mögen sich verändern, mal dieses, mal jenes Gesicht tragen oder ganz verschwinden – all das kann weiterhin geschehen. Aber die Liebe in dir verschwindet nicht.

Du kannst Beziehungen auf zwei Arten nutzen. Die erste Möglichkeit ist die manipulative und fordernde Beziehung – sprich: Du verlangst, dass ein anderer Mensch sich vollkommen der Erfüllung deiner Bedürfnisse widmet. Das ist äußerlich völlig legitim – Menschen brauchen Unterstützung vom anderen Geschlecht in dieser Welt, sowohl Frauen als auch Männer – sexuell, emotional, persönlich. Es geht nicht darum, sich den Realitäten des Lebens zu verschließen. Und dass Männer und Frauen sich auf vielen Ebenen brauchen, ist eine Realität des Lebens. Aber diese Notwendigkeit äußerer Unterstützung darf nicht in deine Seele einsickern. Die äußere Bedürftigkeit darf dir nicht den Blick dafür nehmen, dass du trotz alledem ein Bewusstsein bist, das weder Anfang noch Ende kennt, sondern das einfach eine beständige und freudige Gegenwart in sich selbst ist.

Und aus diesem Bewusstsein kommt die zweite Variante, wie man Beziehungen in dieser Welt leben kann: Du machst sie zu einem Platz für dieses Bewusstsein. Du gibst ihm Raum, sich in deinen Beziehungen niederzulassen, sich zu zeigen und zu entfalten.

Wenn dein innerstes Bewusstsein den Raum erhält, in deine Beziehungen einzuziehen, dann werden sie sehr reich und konstruktiv. Das Bewusstsein ist eine ständige stille Freude an sich selbst. Und wenn eine Beziehung von Bewusstsein durchdrungen wird, dann wird sie ebenfalls zu einer ständigen stillen Freude an sich selbst. Die äußeren Umstände mögen wechselhaft und chaotisch sein – so ist das nun mal im Leben – aber die innere Freude wird sich fortsetzen. Dann kannst du die innere Freude einem einzigen Menschen widmen oder Tausenden Menschen. Es spielt keine Rolle – die innerste Freude, mit anderen Menschen in

Verbindung zu treten, kommt dann aus dir selbst. Denn du trittst jedes Mal nur mit Varianten deines eigenen innersten Selbst in Verbindung, mit immer neuen Gesichtern deiner eigenen inneren Freude.

Das ist wahrer innerer Reichtum. Denn dann genügt schon die gemeinsame Gegenwart, und Seligkeit stellt sich ein. Das Tun, das Machen, das Haben spielt dann überhaupt keine Rolle mehr. Das Sein übernimmt – und in seiner höchsten Form das *Bewusst*-Sein.

Aber Beziehungen mit Bewusstsein sind keine verklärten, zuckersüßen Beziehungen. Es sind reale Begegnungen, die weder Negatives noch Positives ausklammern müssen, weil sie von etwas durchdrungen sind, das weder negativ noch positiv ist – sondern in sich selbst vollkommen genügend. Dann kannst du annehmen: Sex, Leidenschaft, Freude, Streit, Kummer, Abschied, Verlust, Tod – in all diesen Farben des Lebens wird eine Basis für dich existieren, die nicht weicht oder sich verändert, auch wenn an der Oberfläche des Lebens die Wellen hoch schlagen.

Das Leben ist sehr schön. Und auch sehr reich. Aber eben auch reich an Wechseln und Facetten. Wenn du nur nach dem Positiven verlangst, dann beschneidest du es. Dann beschneidest du dich und deine Möglichkeiten. Und auch das Leben zwischen Mann und Frau ist sehr reich – aber eben auch reich zu beiden Seiten hin – zu den angenehmen und den unangenehmen.

Was du im innersten Kern des Tantras findest, sagt dir: Lass den Reichtum des Lebens ruhig fließen – von allen seinen Seiten aus – aber sei dir bewusst, dass etwas durch dich anwesend ist, das von all dem niemals berührt wird. Es schenkt dir eine unglaubliche Freiheit – wie sie in dieser Form sonst in keiner Schule oder Religion zu finden ist. Du kannst vollkommen Mensch sein und trotzdem eine göttliche Anwesenheit in dieser Welt. Lass geschehen, was dir begegnet – denn letztendlich führt alles dich zu deinem Bewusstsein zurück und trägt dich damit über die Grenzen von Verstand und Emotionen hinaus und zurück zu dir selbst.

Und das ist das vollkommene Einlassen. Was du mit „Einlassen" meinst, ist die möglichst geschickte Wahl eines Partners, der dir ein Maximum deiner persönlichen Bedürfnisse erfüllen kann. Alle Menschen handeln untereinander mit Bedürfnissen und Bedürfniserfüllung.

Frauen fragen materielle Sicherheiten nach, emotionale Verbundenheit, gleiche Interessen – also bieten Männer sie oder täuschen es vor. Männer fragen Sex und weibliche Attribute wie Sanftheit, Anschmiegsamkeit und Gefühl nach – also machen Frauen sich schön und geben sich weiblich und verführerisch. Was zwischen Mann und Frau abläuft, ist ein Handel – nichts anderes. Dein „Einlassen“ ist ein möglichst vorteilhafter Vertragsabschluss. Für einen guten Vertragsabschluss musst deinem Geschäftspartner „vertrauen“ können, denn du bist abhängig von der Erfüllung eures emotionalen Vertrags „Partnerschaft“.

Wovon Tantra redet, ist dagegen ein Einlassen auf das Leben. Nicht ein Einlassen auf den Handel zwischen Mann und Frau. Er gehört dazu – aber darf nicht Zentrum deines Lebens werden. Denn sonst droht dir an irgendeinem Punkt die Verzweiflung. Denn der Handel zwischen Mann und Frau führt zu nichts. Er hat kein Ziel. Er ist schlicht und ergreifend eine Notwendigkeit auf diesem Planeten – aber niemals die Quelle von dauerhafter Freude und Glück. Wer sich dieser Vorstellung aussetzt, wird nur unnötig leiden und am Leben verzweifeln. Die innerste Botschaft des Tantras ist: Nimm es hin, nimm Teil – aber bleibe im Kontakt mit deinem innersten Kern, mit deinem Selbst, das dir weder ein geglückter Handel in Sachen Mann und Frau noch der totale Bankrott auf diesen Gebiet nehmen kann. Darum ist es ein Geschenk – keine negative Sichtweise. Es hält dich dazu an, erwachsen und mündig zu sein – ohne dadurch die Freude an der Liebe zu verlieren. Denn die wahre Freude, an die dich das Tantra erinnert, kommt aus dir selbst.

Darum ist seine Botschaft: Lass dich erst einmal auf dich selbst ein – mit diesen Wurzeln wirst du wachsen und dann werden die Begegnungen mit Männern und Frauen die Blüte deines Lebens sein. Die Liebe zwischen Mann und Frau ist die Blüte des Lebens – nicht das Fundament. Die Menschen versuchen, sie zu einem Fundament zu machen. Aber es sind Blüten – und Blüten sind zu zart und empfindlich, um ein Fundament sein zu können. Ihre Aufgabe sind Farbe, Duft, Verführung, Abwechslung und Leben. Der ganze Ernst zwischen Mann und Frau resultiert aus dem Versuch, die Blüten des Lebens zu festem Boden zu machen. Das zerstört die Blüten und lässt den Baum deines Lebens verkümmern. Am Ende stehst du mit nichts da.

Der Verstand muss die Sichtweise des Tantras falsch interpretieren. Sie widerspricht ihm total. Tantra ist der vollkommene „Nicht-

Verstand". Natürlich fasst der Verstand es als Negation seiner eigenen Bemühungen auf. Denn zusammen mit den Emotionen spinnt er seine eigenen Pläne, was Glück und Unglück im Leben und in der Liebe ist. Aber diese Vorstellungen kommen dann nicht aus dir selbst, sondern werden dir von Außen durch den Emotio-Verstand auferlegt. Du folgst damit nicht mehr deinem innersten Wesen, sondern einer äußerlichen künstlichen Schicht, die du mit deinem innersten Wesen verwechselst. Weil sie so unbeständig und wechselhaft ist, immer in Bewegung, kann dir aus ihr viel Leid erwachsen. Aber das ist nicht notwendig.

Wenn jemand da ist, der dir gut tut, dann ist alles in Ordnung. Wenn jemand da ist, der dir nicht gut tut, dann trenne dich von ihm. Wenn du alleine bist, dann sei mit dir selbst. Es ist nicht notwendig, diese Abläufe in gut oder schlecht zu unterteilen. Genieße es, nimm es hin, ändere, was du ändern kannst und bleib bei dir selbst und in dir selbst, um dieses Selbst in der Gegenwart mit anderen Menschen zu teilen. Das ist die Essenz des Lebens – und nicht die ständigen Wechsel zwischen Mann und Frau, die sowieso niemand verstehen noch begreifen kann. Es sind die Blüten. Sie sind für die Farbe zuständig – verwechsle das nicht.

Es ist keine Frage von gut oder schlecht – keine Frage des Einlassens oder nicht – es ist eine Frage der richtigen Basis im Leben. Liebe ist nicht überflüssig. Die kann es niemals sein. Denn sie erschafft dieses Leben, sie erschafft dich. Spaltest du dich von ihr ab, stirbst du – seelisch und sehr bald auch körperlich. Die meisten Menschen sterben schon lange, bevor ihr Körper geht. Wenn du nur auf das Gut oder Schlecht zwischen Mann und Frau baust, dann droht dir die Gefahr, dass du schon vor deinem eigentlichen Tod stirbst. Denn die Liebe zwischen Mann und Frau verwundet. Das tut sie immer. Jede Liebe verwundet. Denn sie erinnert dich auf diese Weise, dass du nicht bist, was du wahrnimmst. Dass du zwar anwesend in der Liebe und in deinen Beziehungen sein kannst – aber niemals deine Liebe und die Beziehung zu jemand selbst sein kannst. Dass dich Liebe und Beziehungen zwar begleiten können, aber dich nicht definieren dürfen.

Denn jede Definition über eine Beziehung oder Liebe führt dich weg von dir selbst – schafft ein falsches Zentrum außerhalb von dir selbst – und mündet irgendwann in Drama und Verzweiflung. Denn du kannst es nicht halten. Das ist unmöglich. Es sind künstliche, bewegliche Zentren außerhalb deines eigenen Wesens. Nur dein innerstes

Wesen, deine eigene Gegenwart in dieser Welt, die bleibt bei dir – egal, welche Zentren sich auch äußerlich um dich drehen.

Dein innerstes Wesen ist wie die Sonne, die Zentren und Begegnungen im Leben wie die Planeten – sie kreisen um dich, können voller Farben und Wunder sein, oder wild, unheimlich, aufgewühlt – manche sind kalt, manche heiß, manche einladend, manche unfreundlich – aber sie können niemals das Licht bringen, wie es die Sonne tut. Es sind nur Planeten. Sie haben kein eigenes Licht. Menschen und Beziehungen können in deinem Licht auftauchen und sichtbar werden, wie die Planeten durch das Licht der Sonne sichtbar werden. Aber dein innerstes Wesen ist immer der Kern – die Quelle deines eigenen Lichts. Erwartest du von den Planeten in deinem Leben, dass sie diese Aufgabe der Sonne übernehmen, stehst du bald im Dunkeln da und es wird kalt in deinem Universum. Und genau das ist den Menschen geschehen. Sie haben ein kaltes, berechnendes Universum geschaffen, weil sie den Blickwinkel in ihrem Leben verschoben haben. Über die eigene natürliche Bedürftigkeit hin zum Anderen. Sie haben das Licht ihrer eigenen Gegenwart ausgeknipst und warten jetzt, dass die unbeständigen, energielosen Brocken, die dort draußen noch kreisen, für Wärme und Licht in ihrem Leben sorgen. Es ist fatal.

Darum kann die Antwort nur sein: Entdecke, was Liebe wirklich ist. Unabhängig von den Begegnungen in deinem Leben. Dringe bis zur innersten Essenz von Liebe vor und lass dich von den Begegnungen und Erfahrungen mit dem anderen Geschlecht nicht von deinem innersten Wesenskern ablenken. Nimm sie an, aber ersetze dich selbst nicht durch sie. Das ist das Wichtigste.

Wenn die Liebe dich verwundet, dann nimm es hin. Je größer die Wunde, desto größer deine Chance zu erkennen, dass du nicht der Schmerz und die Verzweiflung bist. Dass du sie niemals sein kannst. Erinnere dich im Schmerz an die innerste Sonne deiner eigenen Gegenwart in dir selbst und lass sowohl Freude wie Schmerz um dich kreisen, ohne ihnen anzugehören. Sei wie die Sonne – scheine grundlos und mit Energie aus dir selbst heraus… alles andere kommt von selbst.

Anhang 1

Methoden zu mehr Bewusstsein im Alltag

Die folgenden Übungen sollen dir helfen, den Inhalt des Buches auch praktisch in dein Leben integrieren zu können. Es sind ausgewählte Methoden, die dem Tantra sehr zugetan sind, aber nicht unbedingt den klassischen Schulen entsprechen. Es sind moderne, einfache Methoden für moderne Menschen, die auf einfache Weise mehr Bewusstsein in ihren Alltag bringen möchten. Einige stammen direkt aus dem Buchtext – andere wurden neu hinzugefügt. Die Einführungen sind absichtlich knapp gehalten, damit du mit ihnen experimentieren und arbeiten kannst, wie es dir gefällt.

Mit dem ganzen Wesen zuhören

Höre mehr aus deinem ganzen inneren Wesen heraus zu. Lerne im Kontakt mit dem anderen Geschlecht, mehr aus deiner Gesamtheit zuzuhören: Mit deinem Körper, deinen intuitiven Empfindungen und vor allem mit deinem ganzen Wesen. Versuche eine Gesamtheit aufzunehmen und nicht nur Ausschnitte, die dir dein Verstand zurechtlegt oder die dir deine Emotionen auswählen. Du bist mehr als das, also höre auch mit mehr als dem zu.

Wenn sich starke Emotionen in deinem Bauch im Kontakt mit einem Mann oder einer Frau melden – dann sei auf der Hut. Es ist eher verborgener Stress als Zuneigung und Liebe. Echte Zuneigung ist sanft – niemals intensiv. Nimm die Emotionen in deinem Bauch und das aufsteigende Verlangen ruhig wahr, aber folge ihnen nicht sofort. Sei ein Zeuge. Ein Zeuge muss sie weder verdrängen und bekämpfen, noch ihnen sofort folgen. Lass dein Gegenüber auf deine Gesamtheit wirken – auf allen Ebenen.

Frühling im Bauch

Diese Methode ist sehr wirkungsvoll, um deine Emotionen zu heilen und sie wieder in Gefühl zu verwandeln. Dann folgst du dem Gefühl bis zu der intuitiven Ebene in dir und ihr kannst du folgen zum Bewusstsein. Lass dir mit jedem Schritt dieser Übung ruhig etwas Zeit, bis sich die Wirkung ganz deutlich in dir zeigt und dadurch die Möglichkeit hat, sich fest in deinem Wesen zu verankern.

1. Lass Frühling in deinen Bauch einziehen. Lass ihn erblühen wie eine Wiese im Frühling – voll gesundem, frischen Gras, Blüten, Sonnenschein und Leben. Stelle dir vor, dass in deinem Bauch der Frühling aufgeht und dein Bauch genau wie diese Wiese im Frühling ist – frisch, lebendig und gesund.

2. Wenn du den Frühling in dir spürst, wenn er in deine Gefühle einzieht, dann lass die Vorstellungen und Bilder los und versuche den Frühling in dir einfach zu empfinden. Ohne die Bilder – reine Empfindung.

3. Wenn sich die reine Empfindung in dir eingestellt hat, dann suche nach der feinen Schwingung in dir, von der die Empfindung ausgeht. Verfolge die Empfindung zurück zu ihrer Essenz, die sehr fein – dafür aber beständig ist.

4. Wenn du zum Beständigen gefunden hast, der ganz feinen Essenz in dir – dann lasse los und achte auf den Zeugen, aus dem diese Essenz hervorgeht. Achte auf die Anwesenheit, die selbst diese feine Essenz noch wahrnimmt. Dann lasse dich auf den Zeugen ein und werde zum Zeugen. Das Bewusstsein erwacht.

Sich selbst von hinten betrachten

Versetze dich öfter in einen Zustand, als würdest du dich selbst von hinten beobachten. Nimm die Perspektive eines unabhängigen Beobachters ein, der dich von hinten wahrnimmt. Lass diesen Beobachter dich durch den Tag begleiten. Vor allem in emotional schwierigen Situationen entsinne dich daran und entspanne dich – dann nimm eine Perspektive von dir selbst ein als würdest du dich von hinten beobachten.

Sieh den Anderen als Ereignis

Versuche dir in den Begegnungen und im Umgang mit anderen Menschen bewusst zu machen, dass der Andere ein Ereignis ist. Er geschieht dir – er ist keine feste Einheit, sondern ein ständiges Geschehen. Er verändert sich laufend, sogar von Sekunde zu Sekunde. Versuche ihn im Alltag mehr auf diese Weise wahrzunehmen: Als ein Ereignis, das dir geschieht – nicht als etwas Statisches und Festes.

Leidenschaft – Das bist du

Wenn du ein sehr leidenschaftlicher Mensch bist, dann wird dir diese Übung helfen: Werde zur Leidenschaft. Der Verstand tendiert dazu, die natürliche Leidenschaft des Lebens in dir zu bekämpfen und versucht, sie zu unterdrücken und zu verstümmeln. Menschen, die sehr leidenschaftlich sind, leiden auf diese Weise am Leben. Das ist nicht nötig. Wenn sich die Leidenschaft in dir regt, lass sie einfach aufsteigen und werde zur Leidenschaft. Übergib dich ihr und nimm sie an als dein eigentliches Zuhause, als dein Wesen. Aber richte sie nicht auf ein Ziel. Verharre in ihr. Sei ein Zeuge in ihr – anwesend und vibrierend. Sei einfach Leidenschaft ohne Ziel und ohne Grund. Wenn du dieser Übung treu bleiben kannst – einfach Leidenschaft ohne Absicht und Ziel zu sein – wird sich in dir ein Zentrum bilden. Folge weder dem Verstand mit seinen Zielen, noch den Emotionen mit ihrem Drang zu handeln. Verharre in deiner eigenen Leidenschaft.

1. Warm up

Gehe ein bisschen in die Musik. Lasse dich erst sanft von ihr leiten. Stimme dich ein. Lasse dich von den ersten Takten in die richtige Stimmung tragen und werde locker. Die Energie wird sich nach und nach aus den Bewegungen und der Musik heraus in deinen Hüften zusammenballen und aufsteigen… lass dich leiten und dann geh hinein…

2. Hinein gehen

Gehe jetzt intensiv in den Tanz hinein. Gehe mit. Übergib dem Rhythmus die Führung. Wirf den Kopf über Bord und geh vollständig in die Musik. Nur noch die Musik, das Pulsieren, die Energie existiert. Lass die Energie aus den Hüften nun in den ganzen Körper emporsteigen. Lass dich tragen. Gib dich ihr ganz hin und dann… lass los…

3. Der Tanz des Göttlichen

Tanze so wild und so frei, wie es dich treibt. Vergiss alles um dich herum. Werde zum Tanz. Niemand ist mehr da in dir. Vergiss was du bist und wo du bist. Sei purer Sex beim Tanzen, sei pure Energie, lasziv, energetisch, pulsierend. Sei wild und frei. Vergiss alles… Nur noch Tanz ist da!

4. Das Zentrum

Je wilder und freier du dich treiben lässt, desto leichter wird irgendwann ein stilles Zentrum in dir hervortreten. Suche es nicht, noch versuche es herzustellen. Es wird sich zeigen. Es wird aus deinem Tanz hervortreten und du wirst wissen, wenn es da ist. Dann lasse dich dort hineinfallen. Ein Zeuge wird hervortreten – werde zum Zeuge. Werde zum Zeuge, wie Tanz geschieht. Öffne die Augen und sei dir des Zeugens bewusst – unbeweglich, still, anwesend – in all dem Trubel, der Musik, in den Bewegungen deines Tanzes. Schaue wie Gedanken vorbeiziehen und wieder verschwinden, während dein Körper tanzt und du in einem stillen Zentrum in diesem Tanz verweilst. Werde zum Zeuge deines eigenen Tanzes. Tanz geschieht und du bist…

Der Macher und Manipulator

Beobachte bewusst in dir den Impuls, der dich zum „tun, machen und manipulieren“ verleiten will. Es ist immer nur ein kurzer Impuls in dir – aber er hat enorme Auswirkungen auf dein Leben. Beobachte genau, woher er kommt, wie er plötzlich in dir auftritt, sich äußert und auswirkt in deinem Leben. Das ist der „Macher“, der „Manipulator“ – seine Idee vom Leben sind Kontrolle, erzwungene Veränderungen, das Ausüben von Macht und subtile psychologische Manipulation. Achte vor allem in deinen Beziehungen auf diesen Impuls des Machers – du bist auf einer unbewussten Weise gewohnt, dass dieser Impuls deine Beziehungen lenkt – entlarve ihn und decke ihn in dir auf. Jedes Mal, wenn in deinen zwischenmenschlichen Beziehungen das Bedürfnis aufsteigt etwas zu tun, zu lenken oder zu beeinflussen, dann nimm den Impuls ganz bewusst in dir wahr und beobachte ihn. Folge ihm nicht sofort – lass ihn in deinem Bewusstsein verharren und lerne ihn genau kennen.

Das stille Zentrum im Chaos

Wenn die Wellen im Alltag mal wieder hochschlagen und dich in Bedrängnis bringen, wenn Chaos und Stress dich einholen – dann halte für einen kurzen Augenblick inne und schaffe dir ein stilles Zentrum außerhalb von dir selbst. Verlagere für einen Augenblick deine gesamte Aufmerksamkeit außerhalb von dir selbst. Erschaffe ein Zentrum und gib deine ganze Aufmerksamkeit in dieses Zentrum – ein oder zwei Meter außerhalb von dir selbst. Links, rechts, oben, unten – ganz egal – so wie es dir instinktiv in den Sinn kommt. Von dort aus betrachte dich selbst – entzogen den Wogen und dem Stress des Lebens.

Den Zeugen finden

Versuche den Zeugen in dir wahrzunehmen. Du hast Gedanken – du kannst sie wahrnehmen, also kannst du nicht dein Verstand sein. Es muss eine Trennung existieren – sonst könntest du die Gedanken nicht selbst beobachten. Was ist dieses Selbst, das beobachtet? Du hast Gefühle und kannst sie wahrnehmen. Also kannst du auch nicht deine Gefühle sein – sie müssen an einer Wahrnehmung in dir vorbeiziehen, um für dich wahrnehmbar zu sein – was ist das, was wahrnimmt? Versuche, ein Gefühl für den Zeugen in dir zu bekommen. Die Entdeckung des Zeugen ist eine Rückerinnerung – versuche, dich öfter über den Alltag in diese Rückerinnerung zu begeben. Es reichen einige kurze Augenblicke zwischendurch, in denen du dich erinnerst: „Das bin ich nicht – das Zeuge-Sein ist…“ Und aus dem Zeuge-Sein entspringt das Sein. Lass dich darauf ein und lass dich auf diese Weise vom Sein durch den Alltag begleiten.

Was ist der Gast in dir?

Es gibt Menschen, die mit dem abstrakten Begriff „Zeugen“ Schwierigkeiten haben. Ihnen fällt diese Übung oft einfacher. Es ist eine Variation der vorangegangenen Übung „Den Zeugen finden“.

Halte Ausschau nach dem Gast in dir. Was ist anwesend in dir – egal was du machst, egal wo du bist, egal wie du dich fühlst? Wenn du schläfst, isst, liebst, streitest, dich ausruhst – was ist in allen Momenten der Gast in dir? Finde diesen Gast und seine Anwesenheit in dir – und dann erkenne die wahre Natur dieses Gastes in dir.

Anhang 2

Woher kommt dieses Buch?

Im Alter von 19 Jahren ist mir das passiert, was die Menschen das vollkommene Bewusstsein nennen, Nirvana. Plötzlich fiel ich aus allem heraus: Aus Verstand, Gefühlen, persönlicher Identität, Körper, Welt – nichts von all dem war noch anwesend. Es war eine vollkommene Leere, ein Nichts – und doch war dieses Nichts erfüllt von einer Gegenwart, die allumfassend und allgegenwärtig ist – lebendig, vibrierend, erfüllt von sich selbst und durch sich selbst. Worte können nicht ausreichen, diese Gegenwart zu beschreiben. Ich kann auch nicht sagen, dass es eine Erfahrung war – es gab nichts mehr, das hätte erfahren können, noch gab es irgendwas zu erfahren – es war pure, reine Gegenwart.

Diese Gegenwart ist der Urgrund und die Quelle allen Daseins. Würde ich behaupten, dass man sie erfahren, finden oder suchen kann – dann würde ich lügen. Aber sie kann sich zeigen – in uns und durch uns. Dieses Sich-Zeigen der allumfassenden Gegenwart hat die Qualität von Erwachen. Und dieses Erwachen ist eine große Seligkeit, denn dann erwacht das Leben in sich selbst. Dann öffnet Gott seine Augen durch unsere Augen und erfreut sich an seiner eigenen Schöpfung.

Als 19jähriger, der nur Frauen, Unsinn und Techno-Partys im Kopf hatte und gerade dabei war, von der Schule zu fliegen, konnte ich herzlich wenig mit dieser Offenbarung anfangen. Also schloss ich sie in mir ein und behielt sie für mich. Ich versuchte das sehr lange – aber die Menschen merkten natürlich, dass ich mich durch etwas unterschied, das sie nicht benennen, noch fassen konnten. Ich versuchte, so gut wie möglich ein Leben zu führen, das den äußeren Anforderungen gerecht wurde. Ich machte dieses und jenes, war mal hier und mal dort. Aber immer ohne Herz und innere Beteiligung, denn kein Tun konnte ersetzen, was in mir seit jenem Tag bewusst geworden war. Gegen nichts auf der Welt möchte ich diesen Segen eintauschen. Was damals ein intensives Herausfallen war, wurde über die Jahre zum beständigen Frieden und zu einer Seligkeit in mir selbst ohne Grund.

Nach und nach wurde mir über das Leben klar, dass ich diese Wahrheit nicht ewig vor der Welt verstecken konnte und auch nicht durfte. Mir war etwas zuteil geworden, um das sich andere Menschen Jahrzehnte lang in Meditationen, Gebeten und spiritueller Suche bemühen – und das von entscheidender Bedeutung für den derzeitigen Entwicklungsstand der Menschheit ist.

In einer besonders schweren und schwierigen Zeit begann ich, mein Schweigen zu brechen – auch auf Bitte meiner besonderen Freunde hin. In dieser Zeit entstand auch dieses Buch. Aber es wurde nicht von mir geschrieben – sondern durch mich. Es ist kein Buch, das ich erdacht habe oder das aus Nachdenken, Überlegungen und Reflektionen entstanden ist. Ich habe mich für den Prozess der Erstellung zur Verfügung gestellt, aber es stammt nicht von mir als Person und Identität. Die Quelle und die Ursache dieses Buches ist das Bewusstsein. Ich habe ihm innerlich zugehört und durch dieses innerliche Zuhören entstand unter meinen Händen dieses Buch. Innerhalb einer Woche war es fast vollständig geschrieben – und zwar in dieser Form, wie es jetzt vorliegt. Es wurden bis auf ein paar Unebenheiten in der Sprache und Rechtschreibfehler keine Änderungen daran vorgenommen.

Den Bereich des Tantras habe ich als Aufhänger verwendet, weil ich keine Schule kenne, die dem Reichtum des Menschen so gerecht wird. Sie unterteilt ihn nicht in gut oder schlecht, in göttlich oder menschlich, in „das darfst du" und „das darfst du nicht". Sie gewährt dem Menschen vollständige Freiheit. Damit wird sie dem Selbstverständnis des modernen aufgeklärten Menschen viel gerechter als die großen alten Religionen mit ihren Dogmen und Vorschriften. Tantra ist zwar wesentlich älter als die großen Religionen, aber interessanterweise moderner und zeitgemäßer als alle mir bekannten spirituellen Schulen und Richtungen. Die Absicht dieses Buches ist, Tantra wieder als echte moderne Alternative zur persönlichen Entwicklung in das Bewusstsein der Menschen zu bringen – fern ab von Stellungsspielchen und Sex-Ratgeberei, zu der es in den letzten Jahrzehnten verkommen ist.

Warum handelt dieses Buch in erster Linie von der Beziehung zwischen Mann und Frau? Weil das Verhältnis von Mann und Frau in unserer Welt bezeichnend ist für das, was dem Menschen innerlich geschieht. Unsere Beziehungen sind immer ein Spiegel unseres eigenen inneren Daseins – und alle Schmerzen, das Leid, die Verwirrung und der Kriegszustand mit dem anderen Geschlecht sind damit auch immer ein Abbild unseres eigentlichen Kampfes: Der Kampf des Verstandes mit sich selbst!

Nichts ist für den Menschen so elementar wie seine persönlichen Beziehungen – vor allem die zum anderen Geschlecht. Sie entscheiden über sein Wohlergehen in dieser Welt. Sein Glück aber auch seine

Dramen im Leben entspringen aus seinem Verhältnis zu anderen Menschen. So wie die Geschlechter in ihren Beziehungen untereinander gescheitert sind, ist auch der Verstand in der Welt gescheitert. Darum handelt dieses Buch in erster Linie von Mann und Frau und deren Beziehungen, die ganz deutlich und unmittelbar für jeden erfahrbar das Scheitern des Verstandes, eine lebens- und liebenswerte Welt zu erschaffen, widerspiegeln.

Solange der Verstand weiterhin den Menschen dominiert, werden die menschlichen Beziehungen vergiftet bleiben, Freundschaften brüchig, jede Gesellschaft ein Ort von Ausbeutung und Unterdrückung und die Erde ein Alptraum aus Kriegen, Umweltverschmutzung, verstörten Kindern und leidvollen Beziehungen.

Aber die Veränderungen sind nah: Die Zukunft gehört dem Bewusstsein. Die Zeit des Verstandes ist abgelaufen.

Kontakt für Briefzuschriften: Arun-Verlag, für Thomas Lojek,
Engerda 28, D-07407 Uhlstädt-Kirchhasel

Kontakt für Zuschriften per Email: thomas@liebelieberunbeschwert.de

Webseite: www.liebelieberunbeschwert.de